SAÚDE E DOENÇA NO TRABALHO

Uma perspectiva sociodramática

---

* Pesquisa apresentada à Faculdade de Saúde Pública da USP, para obtenção de título de pós-doutorado, e a Acto – Desenvolvimento Pessoal e Profissional, para obtenção de título de Psicodramatista Nível II – na modalidade socioeducacional.

Maria Luiza Gava Schmidt

SAÚDE E DOENÇA NO TRABALHO

Uma perspectiva sociodramática

Casa do Psicólogo®

© 2010 Casapsi Livraria e Editora Ltda.
É proibida a reprodução total ou parcial desta publicação, para qualquer finalidade, sem autorização por escrito dos editores.

1ª Edição
2010

Editores
Ingo Bernd Güntert e Juliana de Villemor A. Güntert

Assistente Editorial
Aparecida Ferraz da Silva

Capa
Carla Vogel

Projeto Gráfico & Editoração Eletrônica
Sergio Gzeschenik

Produção Gráfica
Fabio Alves Melo

Ilustrações
Paula Galasso e Helena Musa

Preparação de Original e Revisão
Luciane Helena Gomide

Dados Internacionais de Catalogação na Publicação (CIP)
(Câmara Brasileira do Livro, SP, Brasil)

Schmidt, Maria Luiza Gava
  Saúde e doença no trabalho : uma perspectiva sociodramática / Maria Luiza Gava Schmidt. -- São Paulo : Casa do Psicólogo®, 2010.

  ISBN 978-85-62553-17-2

  1. Psicanálise 2. Psicodrama 3. Psicoterapia de grupo 4. Relações interpessoais 5. Saúde mental 6. Sociodrama 7. Trabalhadores - Relações profissionais 8. Trabalho - Aspectos psicológicos 9. Trabalho e classes trabalhadoras - Saúde I. Título.

10-03402   CDD-158.7

Índices para catálogo sistemático:
1. Enfoque sociodramático e o campo da saúde no trabalho : Psicologia 158.7

Impresso no Brasil
Printed in Brazil

Reservados todos os direitos de publicação em língua portuguesa à

Casapsi Livraria e Editora Ltda.
Rua Santo Antônio, 1010
Jardim México • CEP 13253-400
Itatiba/SP – Brasil
Tel. Fax: (11) 4524-6997
www.casadopsicologo.com.br

Ao meu esposo Dinho e
a minha filha Ingrid

Agradecimentos

Ao Conselho Nacional de Desenvolvimento Científico e Tecnológico (CNPq) pela bolsa concedida para o desenvolvimento do Programa de Pós-Doutorado Junior (PDJ), processo n. 150.098/2006-5, do qual se consolidou a elaboração desta pesquisa.

Profª drª Frida Marina Fischer, orientadora junto ao Programa de Pós-Doutorado da Faculdade de Saúde Pública da USP, pelo consentimento em orientar este projeto e pela oportunidade propiciada em nossa trajetória profissional.

A Rosa Lídia Pacheco Pontes, supervisora do curso de formação em Psicodrama nível II, pela Acto – Desenvolvimento Profissional e Pessoal que, além de transmitir suas seguras e competentes orientações, abriu espaço para expressar minhas angústias ao longo desse processo.

A Dani, Magele, Alessandra, Flávia e Cristina, colegas do curso de formação em Psicodrama nível II – Acto 2005/2006. Obrigada pelo incentivo e troca de experiências em diferentes momentos.

A Daniela Reis Gutierrez, por seu apoio e sua contribuição brilhante na elaboração do planejamento das sessões.

Aos colegas do Departamento de Psicologia Experimental e do Trabalho da Unesp/Assis, pelo incentivo e apoio.

A Ceci, pelas intervenções linguísticas na correção deste trabalho, ajudando-nos a compreender e driblar a complexidade da língua portuguesa.

Durante a pesquisa de campo – momentos inesquecíveis para mim –, recebi grande ajuda de Mauro Breviglieri Fonseca, bolsista de Aperfeiçoamento do CNPq, processo 502.600/2005-5, colega prestativo que registrou e digitou as sessões; contribuiu, também, para as reflexões sobre os resultados.

Com o trabalho já razoavelmente adiantado, recebi sugestões do dr. Sérgio Roberto de Lucca. Obrigada pelo *insight* sobre qual seria o lugar do homem, na figura do Dodecaedro.

À coordenadora de enfermagem da instituição hospitalar, um agradecimento particular pela autorização concedida para nela atuarmos.

Aos colegas pesquisadores do Departamento de Saúde Ambiental – área de Saúde do Trabalhador da Faculdade de Saúde Pública.

Aos trabalhadores, protagonistas desta pesquisa que, por meio de suas expressões verbais e não verbais, colocaram-nos em contato com a complexidade do cotidiano de trabalho.

Este trabalho não teria sido concretizado sem o apoio e compreensão de duas pessoas especiais: meu esposo e minha filha.

Ao Dinho, não sei como agradecer. Caminhamos juntos o tempo todo. "Amar é reconhecer a totalidade do Outro, é percebê-lo na sua plenitude e na possibilidade de atualização." (Buber)

A Ingrid, a quem sempre tentei explicar o porquê de minhas ausências e que parece ter compreendido, quando me escreveu: "Todos nós somos superheróis, não com superforças ou supervisão, mas com poderes interiores: amor, amizade e consideração".

Sumário

Agradecimentos 7

Prefácio 13

Apresentação 15

1 - Introdução e objetivos 17

2 - Hipóteses e justificativas 23
    Considerações iniciais 23
    Repercussões metodológicas sociodramáticas no campo da saúde 27
    A arte de educar: um processo coletivo em saúde 27
    A questão da AIDS: novos olhares sobre a prevenção 29
    Enfoque sociodramático e o campo da saúde no trabalho 30

3 - Algumas reflexões acerca da construção e das contribuições da Teoria Socionômica 35
    Síntese da trajetória pessoal e científica de Jacob Levy Moreno e a construção da teoria socionômica 35
    A investigação psicodramática e as mudanças de paradigmas no campo científico 40
    A articulação "quali-quanti" da abordagem psicodramática e o predomínio de um dos polos 43

4 - Aspectos metodológicos 47
    O local de coleta de dados 47
    Organizando o grupo 48
        Contato com os participantes 48
        Fatores externos que afetavam o grupo 48
        Limites grupais e regras básicas 49
    Caracterização dos grupos 49
        Grupo aberto/fechado 50

Procedimentos metodológicos	51
Método: Sociodrama	51
Coleta de dados	56
Técnicas utilizadas no desenvolvimento das sessões	57
Recursos utilizados no desenvolvimento das sessões	59
Tratamento dos dados	62
Ordenação dos dados	62
Classificação dos dados	62
Análise dos dados	62
Limitações do estudo	63

5 - Apresentação de sessões: descrição e análise 65

Descrição da primeira sessão	65
Primeira sessão	65
Análise da primeira sessão	73
Descrição da segunda sessão	76
Segunda sessão	77
Análise da segunda sessão	89
Descrição da terceira sessão	92
Terceira sessão	93
Análise da terceira sessão	99
Descrição da quarta sessão	101
Quarta sessão	102
Análise da quarta sessão	109
Descrição da quinta sessão	112
Quinta sessão	112
Análise da quinta sessão	127
Descrição da sexta sessão	131
Sexta sessão	131
Análise da sexta sessão	150
Descrição da sétima sessão	156
Sétima sessão	156
Análise da sétima sessão	163
Descrição da oitava sessão	166
Oitava sessão	166
Análise da oitava sessão	171
Descrição da nona sessão	171
Nona sessão	172
Análise da nona sessão	180

  Descrição da décima sessão 183
    Décima sessão 183
    Análise da décima sessão.. 195
  Descrição da sessão de devolutiva 198

6 - Análise e discussão dos resultados 205
  A complexidade dos dados... 205
    O desafio metodológico 206
    O desafio sobre o objeto.. 206
    O desafio teórico... 206
  Resultados e discussão 215
    Papel profissional 215
    Processo de trabalho... 220
    Ambiências 222
    Remuneração 224
    Estrutura temporal 225
    Conteúdo do trabalho.. 227
    Questões de personalidade 229
    Estrutura hierárquica.. 232
    Fatores psicossociais 234
    Políticas de saúde e segurança... 239
    Desdobramentos institucionais.. 241
    Dimensão relacional... 242

Considerações finais 249

Referências bibliográficas... 253

Prefácio

Estamos vivendo em um mundo cada vez mais sem sentido, um mundo materialista, de coisificação das emoções e de substituição do subjetivo das pessoas. Enquanto elas perdem sua identidade, o mercado passa a experimentar sentimentos ("O mercado está nervoso", diz-se). Neste cenário, o significado do trabalho e das relações de trabalho, as relações sociais entre as pessoas e a autoestima precisam ser resgatados.

É com este objetivo que a autora, um dos principais pesquisadores da obra de Jacob Levy Moreno (médico psiquiatra, fundador, em 1921, do Teatro Vienense da Espontaneidade e do Teatro da Improvisação que foram constituídos nos alicerces das bases teóricas e metodológicas da Psicoterapia de Grupo e do Psicodrama), utilizando-se dos ensinamentos dele, propõe estudar o mundo do trabalho enquanto categoria da análise na determinação e na evolução do processo saúde e doença.

Dentro desta perspectiva, a leitura deste livro, além de demonstrar que o método sociodramático, é um importante instrumento para quebrar as "conservas culturais" dos protagonistas (no caso os trabalhadores de uma grande instituição hospitalar) e possibilita a análise das relações pessoais, sociais e de poder estabelecidas no mundo do trabalho. Essas relações podem ser fontes de prazer ou sofrimento psíquico, à medida que, em maior ou menor grau, "expropria a subjetividade" e a espontaneidade dos trabalhadores.

Por meio do enfoque sociodramático, a autora reuniu auxiliares, técnicos e enfermeiros de vários setores de um hospital e, após 10 sessões, obteve um número muito grande de informações, demonstrando a adequação do método escolhido, em especial para evidenciar a influência das relações interpessoais na saúde desses trabalhadores, ao mesmo tempo que conseguiu também resgatar a sua autoestima e possibilitar uma melhor convivência com os colegas e melhorar as relações de poder da organização.

Por fim, sendo o psicodrama um método qualitativo, a autora inova na sistematização dos olhares necessários ao profundo entendimento das relações pessoais, sociais, econômicas e políticas que permeiam o mundo do trabalho nas organizações e fora delas. Essa sistematização dá-se por meio do Dodecaedro, um poliedro de doze lados, cada um deles formado por um pentágono. Assim, os aspectos das relações de influência dialética desses trabalhadores e os fatores relativos às condições de trabalho foram agrupados em doze categorias, nas quais coube um destaque especial à "Dimensão Relacional", cujo desdobramento no pentagrama foram: interação social, capacidade télica, relações interpessoais, coesão grupal e mecanismos de poder.

A todos os trabalhadores e profissionais que atuam de alguma forma no mundo do trabalho este livro traz importantes reflexões para a ação, portanto, tenham uma ótima leitura.

Sérgio Roberto de Lucca
Especialista em medicina do trabalho, professor assistente, doutor da área de Saúde dos Trabalhadores da Unicamp e diretor da ANAMT.

Apresentação

Esse estudo leva em consideração o trabalho enquanto valor social que dá sentido à vida do homem e lhe confere identidade, satisfação e consciência de ser útil aos semelhantes. Esses benefícios, não raro, são ameaçados pelos efeitos nocivos que as condições de trabalho e sua organização impõem à saúde do trabalhador por serem permeadas por uma complexidade de fatores que interagem negativamente, afetando o bem-estar biopsicossocial do empregado.

Para retratar concretamente essa realidade, servimo-nos da figura do dodecaedro, também conhecido como gira-mundo, cujo papel simbólico consiste em expressar o universo todo. Composto por 12 pentagramas que se unem por um dos lados e se completam em espiral, configura um objeto sem início e sem fim e sinaliza a intenção dos complexos, uma vez que cada pentagrama relaciona-se com o contíguo delineando uma visão sistêmica.

Como a interação dos aspectos físicos, psicológicos e sociais (que ultrapassam a análise de causalidade e multicausalidade) é preponderante para a compreensão do processo saúde-doença no trabalho, buscamos sistematizar, por meio dessa representação simbólica, os dados coletados durante esse estudo, com o intuito de tornar mais palpável e eficaz a apreensão do fenômeno por parte dos profissionais de saúde e segurança do trabalho.

No capítulo 1, resgatamos referenciais acerca das questões relacionadas ao campo da Saúde no Trabalho, por meio dos quais delineamos nossos objetivos.

No capítulo 2, apresentamos nossas hipóteses e justificativas, mostrando a importância da metodologia de abordagem sociodramática para o desenvolvimento do tema.

A proposta do capítulo 3 foi a de apresentar alguns estudos embasados na vertente moreniana e os aspectos relevantes dessa abordagem teórico-metodológica, ressaltando seu caráter científico e sua importância para o campo da saúde.

No capítulo 4, explicamos a razão de ser dessa metodologia.

No capítulo 5, cada sessão é descrita na íntegra, e sua explicação é conduzida passo a passo, norteando o leitor quanto às etapas da metodologia sociodramática.

No capítulo 6, procedemos à interpretação dos dados coletados ao longo do nosso estudo, com o objetivo de elucidar o processo saúde-doença no trabalho, simbolizando-o por meio da figura do dodecaedro.

1

Introdução e objetivos

"O homem não é senão o seu projeto, e só existe na medida em que o realiza."

(Sartre)

O Ministério da Saúde (2001) concebe o campo da saúde do trabalhador como uma área da saúde pública, cujo objeto de investigação refere-se ao estudo e à intervenção das relações entre trabalho e saúde. Para isso, estabelece um conjunto de normas de segurança destinadas à prevenção de doenças próprias do ambiente de trabalho e, também, à promoção e à recuperação da saúde da população trabalhadora.

Os agravos à saúde do trabalhador correspondem a acidentes e doenças relacionadas ao trabalho. Os determinantes desses agravos são complexos e compreendem vários aspectos decorrentes de fatores sociais, econômicos, tecnológicos e organizacionais responsáveis pelas condições de vida e pelos fatores de risco ocupacionais.

Partimos, portanto, de reflexões que reconhecem que o papel do trabalho na determinação e evolução do processo saúde-doença dos trabalhadores articula-se com as mudanças ocorridas no mundo do trabalho, como: reestruturação produtiva, adoção de novos métodos gerenciais, implementação de novas tecnologias, terceirização, automação e precarização das relações de trabalho, entre outras geradoras de prejuízo à saúde dos trabalhadores.

Isso ocorre, sobretudo, porque, a partir dos anos de 1970, o capitalismo pós-guerra passou a ser substituído pela então denominada "nova ordem mundial", que, mediada pela globalização da economia e pela transnacionalização das estruturas de poder, vem impondo seus efeitos sobre a reestruturação mundial do trabalho.

No Brasil, a absorção da globalização e a transação para o novo capitalismo vêm ocorrendo à custa de ajustes estruturais na economia e na flexibilização do trabalho. Por conseguinte, novas formas de gestão constituíram-se, norteadas pelos princípios de qualidade total, adaptabilidade, polivalência da mão de obra e flexibilização produtiva, juntamente com a necessidade da criação de mecanismos de enxugamento baseados em estratégias de redução de pessoal, elevação das jornadas de trabalho e pagamento por mérito.

No tocante às condições de trabalho, registra-se a influência dos múltiplos componentes – relativos às condições físicas, químicas e biológicas – danosos ao organismo humano, como: as alterações neurológicas e psicossociais determinadas pelas intoxicações por metais pesados, como o mercúrio, o chumbo inorgânico e o manganês. Ainda quanto às condições de trabalho, registre-se a influência de sua organização temporal em turnos e noturnos assim como seu impacto no bem-estar físico, mental e psicossocial dos trabalhadores, conforme descrito por Fischer *et al.* (2006).

Já os desdobramentos patogênicos da organização do trabalho são destacados por Seligmann-Silva (2003), como fonte preponderante dos agravos psíquicos relacionados às atividades laborativas, e por Dejours (1992), que elegeu como os aspectos organizacionais do ambiente laboral mais nocivos à saúde do trabalhador: a divisão do trabalho, o conteúdo da tarefa, o sistema hierárquico, as modalidades de comando, as relações de poder, as questões de responsabilidades, entre outros.

Diante dessas concepções, verificamos uma complexa interação entre aspectos físicos, psicológicos e sociais relevantes para a compreensão do processo saúde-doença no trabalho, a qual ultrapassa a análise de sua causalidade e multicausalidade.

Neste estudo, pretendemos tecer reflexões sobre alguns fatores subjacentes às condições e à organização do trabalho tomando como referência a Teoria Socionômica, descrita por Jacob Levy Moreno nas primeiras décadas do século XX.

A escolha desse referencial teórico como norteador para nossas reflexões justifica-se, principalmente, por essa vertente ocupar-se dos modos de relação do homem consigo mesmo, da inter-relação com os demais e, também, das dificuldades que os permeiam. Além disso, a metodologia sociodramática apresenta-se como um caminho para o desvelamento desses entraves, e neles intervém em busca da sua solução (Menegazzo *et al.*, 1995).

Assumir uma perspectiva de análise do processo saúde-doença no trabalho, a partir da visão socionômica, pressupõe a retomada dos pilares da teoria moreniana descritos nos seus principais conceitos: espontaneidade-criatividade, *tele* e papel.

Ao descrever o conceito de espontaneidade-criatividade, Moreno (1978) salientou que o ser humano, ao nascer, traz consigo recursos inatos favoráveis ao seu desenvolvimento. Entretanto, os conteúdos engendrados pelos artefatos mecânicos e pela maquinaria tecnológica são importantes fatores que reduzem esses recursos.

Na vida adulta, quando o indivíduo adentra o mundo do trabalho, esses fatores tornam-se ainda mais comprometidos, principalmente quando o ambiente no qual realiza suas atividades laborais possui uma organização rígida, baseada em princípios de padronização, avessos ao exercício da criatividade e da espontaneidade.

Nessa perspectiva, para proceder a uma explicação socionômica sobre as determinações do contexto do trabalho à saúde, devemos tomar como referência a concepção de que, em um sistema psicodinâmico fechado, não há espaço para a espontaneidade, gerando ansiedade e produzindo um contexto predisponente para o adoecimento psíquico e sociológico (Martín, 1984).

A anulação da espontaneidade e da criatividade como fonte geradora de adoecimento no trabalho provém, sobretudo, da assimilação de novas tecnologias por parte das instituições. Mesmo sendo o homem o construtor dos novos artefatos mecânicos, ele se encontra incapaz e frágil para competir com a maquinaria tecnológica. E, então, deparamo-nos com as duas formas contrastantes de robô descritas por Moreno (1978): uma, como auxiliar do homem e construtora de sua civilização; outra, como destruidora do homem e ameaçadora da sua sobrevivência. Nessa posição antagônica, enquanto uma forma de robô favorece o progresso tecnológico e defende a dominância das forças produtivas, a outra subjuga os trabalhadores pelo modo civilizatório das formas de trabalhar.

O avanço tecnológico no mundo do trabalho criou formas estereotipadas de trabalhar. Por meio da repetição, criam-se seres robotizados, desapropriados da liberdade de invenção. Isso ocorre basicamente porque o trabalhador, à medida que é moldado às novas conservas tecnológicas, aprende modos de conduta estandartizados e, assim, passa a utilizar menos sua espontaneidade e sua atividade intelectual e cognitiva. Consequentemente, temos um mundo do trabalho enfermo de criatividade, visto que a informatização e a automação estão invadindo os processos laborais, sufocando a espontaneidade da população trabalhadora.

Do ponto de vista socionômico, avalia-se, portanto, que a repetição faz o homem não somente anular sua natureza criativa, mas também perder seu caráter espontâneo, pois as conservas culturais sufocam a espontaneidade, e o esgotamento desta última produz a doença psíquica (Martín, 1984).

O conceito de papel descrito por Moreno (1978) foi adquirindo conotações sociológicas à medida que o conteúdo descrito evidenciou que o homem não pode viver isolado e, convivendo com os demais, tem de se adaptar a certas normas de convivência (Martín, 1984). Assim sendo, o conceito de papel, quando estudado em si mesmo, revela características sociológicas, e quando se estuda sua influência na sociedade, ele possui aspectos psicossociológicos.

No contexto laboral, o desempenho do papel profissional pode ser influenciado pelos aspectos das condições e da organização do trabalho, pois a sofisticação tecnológica condiciona o aumento da racionalidade e, consequentemente, interfere na dinâmica psicossocial e isola a afetividade.

Conforme apontado por Gondim e Siqueira (2004), à medida que os trabalhadores passam a vivenciar mais profundamente a emoção relacionada ao papel profissional, confundem seus verdadeiros sentimentos.

Segundo esses autores, tem crescido o número de profissões que exigem uma forma padronizada de expressão de emoções. Eles citam, como exemplo, os comissários de bordo e atendentes, orientados sempre a sorrir e transmitir felicidade, independentemente de a vivenciarem no momento. Como outro exemplo de padronização do papel profissional, os autores mencionam a funcionária de teleatendimento que ouve desaforos de um cliente insatisfeito, mas continua a repetir pausadamente uma frase de distanciamento afetivo: "O senhor deseja mais alguma informação? A empresa agradece a sua ligação".

Os casos citados denunciam a opressão oficial que esses modelos exercem sobre os trabalhadores, com dispositivos que capturam a espontaneidade nas interações de trabalho em função da artificialidade na exteriorização de sentimentos e emoções.

O conflito estabelece-se, portanto, devido às circunstâncias impositivas, à injunção de papéis, propiciando o adoecimento. O trabalhador não desempenha o papel que deseja e, sim, o que lhe foi estabelecido, ou seja, um papel simpático, de uma pessoa equilibrada; ele passa a se comportar da maneira que dele se espera.

Observa-se, entretanto, que a maneira como a organização do trabalho está constituída traz repercussões na esfera social não somente nos papéis profissionais, mas também nos diversos papéis sociais desempenhados pelos trabalhadores.

Fischer *et al.* (2003), ao discorrer acerca da distribuição temporal do trabalho, aponta para os problemas sociais que os trabalhadores de turnos noturnos vivem, pois podem enfrentar dificuldades de convivência com os familiares e amigos, caminhando para o isolamento social, além de verem reduzidas suas possibilidades de participação em cursos e eventos triviais.

Além disso, segundo esses autores, a rede de sociabilidade possui características que tanto podem sobrecarregar o trabalhador como contribuir para que lide melhor com o trabalho em turno. Nesse sentido, concebe que "os papéis sociais" assumidos pelos trabalhadores, seja em casa – como cônjuge, pai/mãe, filho/a ou parente – seja fora do ambiente familiar, onde assumem papéis em relação à amizade, ao lazer e a atividades religiosas, podem atuar como fatores importantes no processo de tolerância ao regime de trabalho.

Socionomicamente, o papel indevidamente assumido pelo indivíduo trabalhador o adoece, seja porque a organização do trabalho impõe desvios de função, obrigando-o a exercer atividades que não desejaria cumprir, criando um estado de permanente frustração, seja porque o leva a desempenhar o papel profissional que não escolheu.

O conceito de *tele* foi descrito por Moreno (1978) para explicar a relação entre pessoas como um elemento de ligação entre elas, sendo um fator de coesão grupal; por isso é concebido como o cimento que mantém as relações e o fundamento de todas as relações interpessoais sadias (Vecina, 2005).

No contexto laboral, tanto as *condições* como a *organização* do trabalho possuem aspectos que podem comprometer os relacionamentos interpessoais entre os trabalhadores, produzindo efeitos desfavoráveis a sua saúde.

Ainda no que diz respeito aos aspectos das condições do trabalho, tomemos como exemplo os apontamentos de Seligmann-Silva (2003) sobre as consequências das perdas auditivas provocadas pelo ruído e o comprometimento nos relacionamentos nos locais de trabalho.

Segundo essa autora, a diminuição do sentido de audição relacionado ao exercício laboral afeta a comunicação e pode prejudicar os relacionamentos interpessoais, os desempenhos e a proteção contra riscos de acidentes – como nos casos em que orientações e avisos não são escutados. Ressalta, ainda, que essa modalidade de dano à saúde que as más condições de trabalho provocam pode levar à perda da autoestima, à insegurança e a frustrações, que convergem para estabelecer o isolamento social, com o agravante de que a dor psíquica produzida nessas situações pode ser mascarada pelo uso de bebidas alcoólicas.

Sobre essa situação, Seligmann-Silva salienta que, ao procuraem uma consulta médica, aos pacientes acometidos por perdas auditivas sobressaem as queixas físicas em detrimento das psíquicas em virtude de conflitos interpessoais frutos das dificuldades de comunicação produzidas por esse mal. A autora entende que essa forma de apresentação do adoecimento reside no fato de a maioria da população trabalhadora associar a figura do médico aos cuidados do corpo e, assim, apenas as informações sobre a dimensão orgânica são exteriorizadas, visto que o psiquismo oculta-se pelo corpo visível.

Seligmann-Silva (2003) acrescenta, ainda, entre as consequências negativas provocadas pelas relações de trabalho e que geram conflitos interpessoais no ambiente laboral: a perda da capacidade de memória, percepção e atenção (decorrentes de transtornos à saúde por parte de metais pesados). Nessas circunstâncias, os atritos podem surgir diante de críticas e depreciação aos trabalhadores devido a falhas no desempenho de suas funções.

Além disso, ainda sob a mesma perspectiva (organização do trabalho), não se podem omitir os recentes mecanismos desencadeadores de conflitos de relacionamentos interpessoais nos locais onde o labor é exercido. Registra-se, primeiramente, que, com a globalização, os padrões de qualidade e produtividade tornaram-se exigência em escala global. Novas regras de competitividade foram instituídas, e desses princípios passou a depender o *modus operandi* da maioria das empresas, baseado em estruturas seguidoras dos princípios de Taylor e Ford.

Se, por um lado, o Taylorismo prescreve os princípios da organização racional do trabalho por meio da individualização e da divisão dos modos operatórios, dos ritmos intensos ditados pela capacidade física dos trabalhadores, pela produtividade individual, e, em contrapartida, expropria sua subjetividade. O Fordismo, por sua vez, ao designar a organização mecânica do trabalho – com ritmos impostos, fixação dos trabalhadores nos postos de trabalho e automação flexível – caracterizou a imposição de uma "subjetividade interativa". Ambos os modelos de administração consolidam a disputa crescente por ganhos de produtividade e competitividade, o que engendra nos trabalhadores mais pontos de divisão que de união. A competição como forma de aumentar o lucro cria novos dispositivos de capitalização dos trabalhadores, de modo que suas forças e capacidades passam a ser controladas com o objetivo de garantir rentabilidade.

Os estímulos à competição individualizada prescrevem a cada trabalhador um papel diferenciador, a partir do qual o homem competitivo passa a ser dominado pelo estado de ansiedade, pois seus atos deixam de ter sentido e sua espontaneidade é empregada inadequadamente. A violência ideológica da competitividade cria um contexto predisponente à sujeição, pois o poder nela exercido desvela uma rede de relações de reconhecimento no grupo que se aprofundam na sociedade. Assim, ao mesmo tempo que a competição pode constituir-se em fonte de orgulho, fortalecendo a autoimagem do trabalhador, ela se revela também como fonte de sobrecarga mental e física, propulsora de adoecimento. Além disso, quando as imposições competitivas são feitas de forma humilhante, prejudicam os vínculos psicoafetivos, tornando as relações interpessoais conflituosas, o que, por sua vez, propicia um ambiente de trabalho desfavorável à saúde.

No plano jurídico, já são reconhecidos os danos morais decorrentes do denominado "assédio moral". Esses danos são naturais da violência psicológica da qual são vítimas muitos trabalhadores, e resultam no mal-estar que as conotações negativas dos relacionamentos humanos, evidentemente, produzem. A organização do trabalho assim constituída fragiliza os vínculos interpessoais e traz repercussões significativas na subjetividade dos trabalhadores, apresentando ressonâncias potencialmente desgastantes nos seus sentimentos, traduzidas em raiva, medo, apatia, vergonha, tristeza, mágoa.

Dejours (1992), estudioso da psicodinâmica do trabalho, ao descrever a "relação de trabalho", define que ela engloba todos os laços humanos que a organização laboral cria, como as relações com a hierarquia, com as chefias, com a supervisão, com os outros trabalhadores. Para o autor, temos o hábito de apresentar essas relações de trabalho em termos políticos ou de poder; mas a frustração, a revolta e a agressividade reativas muitas vezes não conseguem encontrar uma saída. Ele salienta que conhecemos muito mal os efeitos da repressão dessa agressividade sobre o funcionamento mental dos trabalhadores, mas que se deve presumir sua importância na relação saúde-trabalho.

Seligmann-Silva (2003), ao abordar o tema "Psicopatologia e saúde mental no trabalho", considera que o relacionamento interpessoal no interior dos locais de trabalho possui grande significado na proteção à saúde mental. Romaña (1992, p. 101) enfatizou "o fato de nossas relações interpessoais estarem, na nossa época, basicamente alicerçadas apenas na manifestação (voluntária ou não, consciente ou não) de nossos sentimentos e emoções através de expressões diretas ou distorcidas, bem ou mal canalizadas".

Segundo a autora, "isso favorece a mentalidade superficial e imediatista do mercado-consumista, criando um círculo vicioso de frustração, doença e morte".

Embora reconhecida a importância do tema *relações interpessoais no trabalho* com relação ao processo saúde-doença nos ambientes de trabalho, alguns aspectos não foram, a nosso ver, suficientemente estudados. Eis o motivo desta pesquisa: contribuir para um maior conhecimento dessas questões por meio de um estudo que teve como objetivo principal identificar aspectos das condições e da organização do trabalho que podem influenciar no processo saúde-doença dos trabalhadores no contexto laboral. Buscou-se também:

- apreender as percepções dos trabalhadores sobre os conceitos de saúde-doença;
- verificar como se estabelecem as relações interpessoais que fazem parte dos ambientes de trabalho da instituição;
- permitir que os participantes conheçam diferentes alternativas de lidar com situações conflitantes no cotidiano de trabalho;
- oferecer aos participantes oportunidade para fazer distinção entre modelos saudáveis e nocivos de relações interpessoais no trabalho;
- analisar as manifestações dos participantes produzidas por meio das expressões verbais e não verbais;
- contribuir para a ampliação do conhecimento da abordagem socionômica na esfera organizacional, nos aspectos teórico e prático, no campo da saúde no trabalho.

2

Hipóteses e justificativas

> *"No começo era a existência, mas a existência não existe sem um ser ou uma coisa existente. No começo era a palavra, a ideia, mas o ato era anterior. No começo era o ato, mas o ato não é possível sem ator, sem um objeto, meta do ator, e um tu que ele encontre."*
>
> (J. L. Moreno)

CONSIDERAÇÕES INICIAIS

Na tese de doutorado *O mundo do trabalho: o psicodrama como instrumento de diagnóstico da influência da organização do trabalho na saúde dos trabalhadores*, utilizamos, para a coleta de dados, a metodologia psicodramática, por meio da qual estudamos a influência das condições e da organização do trabalho na saúde dos trabalhadores de uma empresa multinacional de grande porte que atua no ramo industrial.

Entretanto, os resultados obtidos na pesquisa deixaram algumas lacunas e alguns pontos de questionamento, que pretendemos investigar de forma mais acurada neste estudo. Dentre eles, há o interesse em compreender a influência das relações interpessoais na saúde dos trabalhadores, partindo da hipótese de que as relações permeadas por conflitos em virtude da incivilidade nas relações de trabalho podem trazer danos à sua saúde.

O contexto do trabalho é constituído por conjuntos de pessoas que se relacionam por meio de papéis profissionais, e que podem ser definidos

> como o modo característico de percepção e de relação com diferentes personagens do mundo do trabalho: pares, subordinados, gerências, acionistas, clientes, sindicatos, assim como as relações com diferentes processos que permeiam o dia a dia de uma organização: financeiros econômicos, recursos humanos, administrativos etc. (Fontes, 2002, p. 48)

Na concepção de Bustos (2000), essas relações são denominadas, psicodramaticamente, vínculos assimétricos, pois são nomeadas pelos papéis de interação.

A metodologia tem sido bastante adotada na prática dos psicodramatistas e/ou sociodramatistas, ditos organizacionais. Entretanto, a inexistência, em sua obra, de uma teorização no campo das instituições limita a leitura do contexto organizacional, não atentando ainda, de forma efetiva, às questões relacionadas à saúde no trabalho.

Nesse sentido, aprofundar as ideias desse autor e sua doutrina (nesse contexto) permitirá a inserção dessa abordagem sob um novo enfoque, que certamente contribuirá para apreender a realidade do mundo do trabalho e compreender a complexidade de fatores que intervêm na saúde dos trabalhadores.

As relações interpessoais manifestam-se no vínculo grupal por meio do fenômeno conceituado por Moreno como *tele*. Para o autor, *tele* é a mais simples unidade de afeto transmitida de um indivíduo a outro. Esse fenômeno evidencia manifestações de atração, rejeição e indiferença dos indivíduos num grupo. Disso se depreende o conceito de "saúde" na teoria socionômica, pois, nessa vertente, "maior será a saúde de um indivíduo quanto maior for sua capacidade télica" (Bustos, 1979, p. 41).

Perazzo (1994), ao fazer uma revisão crítica acerca dos conceitos de *tele* e transferência, concebe que

> *tele* ora é definida como um fator, à semelhança do fator "e" (espontaneidade) que, próprio do indivíduo, é capaz de atuar num dado momento em uma dada relação, sendo responsável pela força de coesão de um grupo ou pela estabilidade desta mesma relação, ora como um canal de comunicação e expressão desobstruído de transferências e que viabiliza o encontro. (p. 35)

Os trabalhadores, mediados pelo ritmo intenso e pela sobrecarga de trabalho, vivem o cotidiano laboral em campo tenso, fato que interfere na percepção de como pensam, agem e reagem com relação aos colegas de trabalho. Assim sendo, o método sociodramático permitirá colocar os trabalhadores em campo relaxado, para que possam refletir, de um modo geral e espontaneamente, sobre os hábitos e comportamentos do grupo. A partir dessa reflexão, poder-se-á criar um espaço para que os trabalhadores pensem acerca de sua situação com relação ao trabalho, bem como das consequências dessa relação na vida em geral, especificamente no binômio saúde-doença.

Segundo Almeida (2006, p. 86),

> o *tele* atuaria desde os primórdios de qualquer encontro grupal, podendo ser débil no início para ir se fortalecendo no correr do processo inter-relacional, e as técnicas psicodramáticas serão mais eficientes à medida que o tele for se expandindo dentro do grupo.

Feitas essas considerações, verifica-se que, por meio do procedimento sociodramático, pode-se ter o resgate da espontaneidade, da dignidade e da identidade grupal, o que evidenciará a coesão grupal. Segundo Seligmann-Silva (2003), "a coesão, resultante da construção coletiva de laços de confiança e solidariedade, possui grande significado na proteção à saúde".

Em nossa pesquisa de doutorado, avaliamos que o trabalhador, ao executar atividades repetidas constantemente, tem seu corpo e mente adestrados, perdendo, assim, a capacidade de percepção de si, do outro e do contexto no qual está inserido. Inversamente, o espaço coletivo, construído para coleta de dados da pesquisa, permitiu a mobilização subjetiva e mostrou a importância de trabalhar com um agrupamento de pessoas no ambiente de trabalho.

Na opinião de Campos (2000, p. 31), o espaço coletivo "é importante para promover a expressão de necessidades, interesses, desejos, tornando-se assim um espaço para o exercício da subjetividade".

Dessa forma, o coletivo de trabalhadores agrupa-se por finalidades, e o trabalhador deve ser visto como "um Ser biológico, com uma subjetividade complexa, e mergulhado em um conjunto de relações sociais que alteram seus desejos, interesses e necessidades" (Campos, 2000, p. 67), ou seja, um ser imerso num grupo constituído com uma finalidade, num coletivo organizado para uma determinada produção.

Diante dessas hipóteses e justificativas, nossa proposta visa construir um espaço coletivo na instituição, desenvolver nele atividades sociodramáticas para, por meio dessa metodologia, atingir os objetivos propostos.

Segundo Marra e Costa (2002), essa vertente de pensamento parte do pressuposto de que os indivíduos relacionam-se pelos papéis que desempenham entre pares e complementares, por meio dos quais se estruturam as posições nos vínculos estabelecidos. Concebem, também, que é dessa interação de papéis que o indivíduo constrói o conhecimento, apreende a realidade e com ela se articula. E, dessa forma, analisa os fatos sociais de acordo com sua subjetividade, tornando-se ele mesmo agente de mudança social.

Se considerarmos as características gerais da metodologia sociodramática, compreenderemos que ela possui complementos essenciais para a apreensão da subjetividade. Sobretudo porque, conforme descreveu Rey (2002), a subjetividade individual é construída socialmente, sendo o indivíduo também constituinte da subjetividade social.

A prática moreniana foi sistematizada pelos seus adeptos brasileiros em dois focos: o terapêutico, caracterizado pelo atendimento clínico, e o socioeducacional, direcionado para espaços institucionais. Apesar de se realizarem em contextos diferentes, visam a um objetivo comum: a busca pelo bem-estar e aprimoramento do indivíduo. Portanto, independentemente do foco para o qual seja norteada a prática psicodramática, ela não pode ser desvinculada do conceito de saúde.

De acordo com Vieira (2002), a saúde do indivíduo, sob a ótica moreniana, decorre de sua tríplice capacidade: ser espontâneo-criativo, ter relações télicas, desenvolver papéis e dispor de recursos de sua própria imaginação.

Seu potencial criativo possibilita a transformação da realidade mediante a ação, pela qual os papéis sociais podem ser cristalizados, invertidos, recriados e utilizados como vivência.

Em sua trajetória profissional, Moreno aderiu ao movimento expressionista, que valorizava o subjetivismo e a apresentação da vida no aqui e agora. Por essa razão, rebelou-se contra as classificações sistemáticas adotadas pela área da saúde mental de sua época. Adotou, por conseguinte, uma visão psicossomática e optou por ser médico de família e do trabalho, inclinando-se para a área da saúde pública. Também atuou como médico de uma indústria têxtil em Bad Vöslau, pequena cidade ao sul de Viena, onde, segundo Ramalho (2002), praticava medicina domiciliar, visitando e atendendo doentes em suas próprias casas, prática incomum entre os médicos daquela época.

Essa práxis revela a compreensão moreniana de ser no mundo, epistemologicamente embasada na abordagem fenomenológico-existencial, uma das referências na construção metodológica, que concebe o mundo como uma realidade puramente humana na qual o indivíduo está completamente inserido.

Campos (2000), ao discutir as práticas de saúde pública e saúde coletiva, descreve que o ser humano é parte inseparável do mundo, mesmo que desfrutando de uma propriedade especial para afastar-se dele. Além disso, ele detém o poder de reflexão e condições para modificar a si próprio, aos outros e ao mundo – a este último principalmente porque cabe ao homem o direito histórico de transformá-lo. O autor destaca, a partir desse pressuposto, a inserção do construtivismo sócio-histórico no campo da saúde coletiva como um instrumento que propicia a reconstrução das pessoas, devido à interação dos sujeitos entre si e com o mundo.

Minayo (2006) também atenta para a importância das concepções da visão de mundo da coletividade para a compreensão do processo saúde-doença. E ao tecer suas considerações a respeito do tema, alerta para a urgência do atendimento de duas necessidades: a ampliação das teorias de participação social sobre a qualidade de vida e a promoção da saúde – formação de um conceito mais abrangente de saúde – com a colaboração de profissionais de diferentes áreas do conhecimento. A autora reconhece que esses profissionais, mesmo com seus saberes técnico-científicos distintos, são privilegiados para indicar parâmetros e prestar uma colaboração qualificada. Ela lembra, no entanto, que nem por isso são os donos da verdade, visto que a saúde só pode ser alcançada por meio da construção coletiva de toda a sociedade.

Há, portanto, proximidade entre a abordagem proposta por Moreno e essas concepções, sobretudo porque a metodologia psicodramática, em suas diferentes modalidades, valoriza as experiências e as respostas coletivas, fazendo da dramatização o palco de comunicação social por excelência e produzindo, ao mesmo tempo, a magia da transformação da realidade.

Preocupados com as questões de saúde-doença que afetam o bem-estar da coletividade e cientes do papel que ocupam na sociedade, profissionais de diferentes áreas do conhecimento dão prosseguimento, por meio de métodos sociodramáticos, à construção de estratégias que visam à compreensão dessa dicotomia.

REPERCUSSÕES METODOLÓGICAS SOCIODRAMÁTICAS NO CAMPO DA SAÚDE

A perspectiva sociodramática no campo da saúde tem-se revelado promissora, já que uma movimentação crescente de profissionais para a utilização dessa abordagem é percebida. Algumas experiências que privilegiam o enfoque socioeducacional serão expostas na sequência.

Vários são os aspectos reveladores da importância dessa metodologia no campo da saúde. Dentre eles, ressaltam-se: a liberação do potencial humano, a apreensão da realidade, a eleição do coletivo como público-alvo, a natureza das informações produzidas pelo conhecimento da população, as formas de expressão da linguagem (verbais e não verbais), o acréscimo do conhecimento, os efeitos da ação em destaque – a coconstrução da realidade – e, por fim, os critérios de confirmação de que os resultados estão estreitamente ligados à situação e ao próprio contexto (Wechsler, 2005).

Para trazer à tona esses apontamentos, demarcamos nossa apresentação em quatro subitens que mostram diferentes maneiras de inserir a metodologia sociodramática em saúde, seja no processo ensino-aprendizagem, na prevenção, no diagnóstico, ou nas possibilidades de intervenção.

A ARTE DE EDUCAR: UM PROCESSO COLETIVO EM SAÚDE

De acordo com Martín (1984), para Moreno a construção do processo ensino-aprendizagem deve ocorrer por meio da ação, com raízes na vida real. Dessa maneira, adquirir conhecimento dá-se pela experiência, sem a repetição de conteúdos, como propõem as teorias tradicionais de educação. Seus métodos didáticos, quando aplicados na educação em saúde, habilitam os futuros profissionais a resolverem adequadamente diversas situações que poderão apresentar-se em momentos posteriores da atuação profissional.

Nessa perspectiva, Cardoso (2002) utilizou, como recurso pedagógico, jogos psicodramáticos para trabalhar conteúdos de uma disciplina de graduação em enfermagem pediátrica em uma universidade pública. Ao discorrer sobre sua experiência com a metodologia sociodramática, a autora afirma que os jogos não só favoreceram a integração professor-aluno no desenvolvimento dos conteúdos e no estímulo da sensibilidade, como também contribuíram significativamente para a melhoria do atendimento aos pacientes por parte dos alunos.

Além disso, essa autora evidenciou a conveniência de deixar sua contribuição para o trabalho de futuros enfermeiros e outros profissionais da área da saúde, que poderão não só receber informações, mas também ser habilitados, durante o processo acadêmico, a levar em conta as particularidades e a individualidade de cada paciente, assim como as de si próprios.

Ramos-Cerqueira *et al.* (2005) utilizaram o psicodrama como instrumento facilitador para a manifestação de sentimentos e emoções em discentes do último ano do curso de Formação em Medicina, junto à Faculdade de Medicina de Botucatu, em São Paulo. Concluíram que há necessidade de se criarem mais espaços de encontro como forma de promover a humanização nas escolas médicas.

Um exemplo de merecido destaque da experiência da metodologia psicodramática, na vertente socioeducacional, como meio para estimular a humanização na assistência à saúde, foi desenvolvido por Pamplona e Baptista (2004). Essas autoras, com base nessa metodologia, realizaram a sensibilização, a mobilização e o treinamento de profissionais de hospitais, secretarias estaduais e municipais, durante a implementação do Programa Nacional de Humanização da Assistência Hospitalar do Ministério da Saúde – PNHAH. Elas confirmaram a importância desse instrumento no cumprimento dos objetivos do programa, destacando entre seus resultados positivos o desenvolvimento do papel profissional nas diversas instâncias do Sistema Único de Saúde, a melhoria da eficácia e qualidade na prestação de serviços aos usuários das instituições públicas de saúde, e a promoção da coesão grupal e do espírito de equipe entre os profissionais da área.

Na educação em saúde, L'Abbate (1994) serviu-se do psicodrama pedagógico – uma forma de construção do conhecimento –, por meio do qual desenvolveu atividades de capacitação de profissionais da saúde, funcionários da Rede Básica de Paulínia, São Paulo, e também do Hospital das Clínicas da Universidade Estadual de Campinas – Unicamp.

Com relação ao psicodrama, essa autora considerou como aspectos fundamentais a plasticidade, a rapidez e a capacidade de síntese que a metodologia oferece. Também incluiu no conjunto de suas considerações a importância de poder trabalhar os conteúdos que emergem do próprio grupo. Observou, ainda, que as transformações no nível da organização e do processo de trabalho surgidas como necessidades do grupo são mais facilmente implementadas porque, segundo ela, o compromisso é muito maior.

L'Abbate (1994) conclui que a educação em saúde deve valorizar o cotidiano da atuação dos profissionais estabelecidos entre si, com a instituição e, sobretudo, com o usuário. Em sua opinião, portanto, o psicodrama é uma abordagem adequada para a apreensão das relações estabelecidas pelos profissionais de saúde.

Conclusões similares foram descritas por Ruiz-Moreno *et al.* (2005). Esses autores, ao relatarem uma experiência com relação à metodologia psicodramática como estratégia de ensino-aprendizagem em saúde, enfatizaram a importância dessa abordagem no processo de ressignificação de conteúdos das práticas formativas em saúde.

De acordo com essas constatações, a vivência da metodologia psicodramática em saúde pode contribuir para estabelecer na relação professor-aluno uma visão crítica para os objetos e para a situação existencial real, visto que, concomitantemente à recepção das informações, os alunos analisam sua própria condição existencial.

Ramos-Cerqueira *et al.* (2006), utilizando as situações vivenciais de um grupo de futuros profissionais médicos, atentaram para a necessidade da humanização em saúde a partir do resgate da sensibilização.

Scudeler (2000) também abordou essa questão e descreveu que a formação dos profissionais da saúde – sejam técnicos ou universitários de diferentes áreas (medicina, odontologia, enfermagem etc.) – é voltada para o individual, para o órgão isolado, para uma parte do homem; com isso, esses profissionais enfocam a doença e olham para a parte doente sem enxergar o todo. E, ao fazê-lo, os estudantes do campo da saúde voltam-se para eliminar sintomas orgânicos, mesmo que tenham origem psicológica reconhecida.

Com esses exemplos da ação educativa em saúde, tomando como referência a metodologia sociodramática, nota-se que essa metodologia assume um caráter amplo, não se limitando às instituições formadoras, mas se estendendo por toda a vida profissional. É sob essa ótica da educação continuada que L'Abbate (1994) intervém sobre a práxis em saúde, considerando o profissional dessa área um agente capaz de transformar a realidade em que está inserido.

A QUESTÃO DA AIDS: NOVOS OLHARES SOBRE A PREVENÇÃO

Segundo Amaro (2005), vem crescendo consideravelmente no mundo todo o número de portadores do vírus da AIDS. Porém promover a prevenção desse mal tem sido um desafio constante em virtude de questões culturais e comportamentais passadas de geração a geração.

Para minimizar esse impasse, essa autora adverte que as mudanças com relação aos sentimentos, conceitos, valores e atitudes diante da prevenção de DST/AIDS requerem do educador em saúde, além do conhecimento do assunto, versatilidade, habilidade comunicacional e, sobretudo, criatividade para atuar. Ainda sobre esse assunto, a autora aponta que se faz necessária uma "revolução" nas ações educativas, para que se promovam mudanças importantes nas atitudes dos educadores de saúde, de modo a convertê-los em facilitadores.

Algumas experiências com a metodologia sociodramática têm-se revelado norteadoras para o enfrentamento desse desafio preventivo. Nessa direção, Scaffi (2002) seguiu a proposta da teoria moreniana para auxiliar na implementação de um programa de saúde voltado à prevenção da AIDS entre os índios terena, no estado do Mato Grosso do Sul. Com esse trabalho, o autor concluiu que as leis, as técnicas e os procedimentos de diagnóstico e terapêutica dessa abordagem mostraram-se ideais para pesquisar e intervir junto a essa população.

Outro trabalho que se relaciona à educação preventiva da AIDS, com base nessa metodologia, vem sendo desenvolvido por Zampieri (1996). Por meio do procedimento denominado Sociodrama Construtivista da AIDS, a autora tem realizado projetos com crianças, adolescentes e adultos em diferentes instituições. Para ela, essa abordagem facilita a busca de evidências e privilegia descobertas em nível coletivo com relação à doença como pensamentos, crenças, sentimentos, conceitos e preconceitos, e também estimula o surgimento de novas respostas para sua prevenção.

A tecnologia da ação, como instrumento para prevenir DST/AIDS, tem sido também uma estratégia aplicada por Amaro (2005) para atrair a atenção de crianças e adolescentes sobre o tema e dialogar com o campo do imaginário coletivo.

Esperamos, com a apresentação desses exemplos, ter ampliado a visão do leitor para o horizonte dessas ações em saúde com base na abordagem sociodramática, tanto para as possibilidades de diagnóstico como de intervenção.

ENFOQUE SOCIODRAMÁTICO E O CAMPO DA SAÚDE NO TRABALHO

Como profissionais da área da saúde no trabalho, temo-nos dedicado a utilizar a metodologia sociodramática nas questões voltadas para a saúde do trabalhador. A atuação de Moreno nessa área, apesar de muito rápida, foi considerada uma experiência valiosa e citada por ele em uma de suas obras de referência: *Psicoterapia de grupo e psicodrama*.

Para ele, a terapia por meio do trabalho segue os princípios que definiu em sua concepção de que o entendimento da realidade dá-se no contato com a própria realidade; assim sendo, propõe que as intervenções metodológicas devam ocorrer *in situ*, ou seja, no local onde o trabalho é executado – fábricas, escritórios, empresas comerciais. Dessa forma, a terapia deve fazer parte do processo de trabalho, pois os membros do grupo devem ser, e são, ao mesmo tempo, trabalhadores e pacientes.

Outro de seus apontamentos, que traduz a importância da sua metodologia no campo da saúde no trabalho, pode ser encontrado na sua descrição do conceito de *efeito sociodinâmico*.

De acordo com suas concepções, as possibilidades de sucesso e satisfação de um indivíduo nos domínios psicológico, social e econômico estão relacionadas ao seu *status* sociométrico, pois se constatou em seus estudos que os indivíduos isolados têm menos sucesso em sua escolha de emprego e são mais suscetíveis a sofrer acidentes de trabalho comparados a indivíduos que trabalham numa equipe unida.

Minayo (1999), ao discorrer sobre a metodologia qualitativa, enfatizou a importância da coesão grupal como fonte de proteção, mutualidade e apoio moral entre membros. Pontuou também que, em situação oposta, quando o grupo não está coeso, há conflitos e perda de confiança em virtude das revelações de segredos cultivados entre os membros.

Essas considerações revelam, portanto, a importância da metodologia sociodramática no contexto de trabalho como forma de promover a coesão grupal. Todavia, revelam-se, também, como uma abordagem capaz de apreender os fatos do cotidiano da população trabalhadora, em especial os determinantes da relação saúde-trabalho, como nos exemplos subsequentes.

Fassa e Fachini (1992) investigaram as precárias condições de trabalho na indústria de alimentação de Pelotas, no Rio Grande do Sul. Segundo os autores, a combinação dos jogos psicodramáticos com a técnica do modelo operário – formulada pelos trabalhadores italianos para compreensão dos processos de trabalho, identificação e controle de riscos ocupacionais e problemas de saúde – suscitou a participação dos envolvidos e favoreceu a manifestação de respostas coletivas. Os autores concluíram essa experiência ao apontar as potencialidades da fusão de técnicas utilizadas como forma de favorecer a dinâmica das discussões sobre condições de trabalho e saúde.

Fontes (2002), embasada na vertente moreniana, promoveu, junto à Caixa Econômica Federal de Campinas, atividades grupais com trabalhadores portadores de LER/DORT. Concluiu que o recurso utilizado contribuiu para que os participantes tivessem uma noção mais clara do papel profissional e dos sintomas produzidos pela patologia.

Schmidt (2003), por meio de técnicas psicodramáticas realizadas durante sua pesquisa de doutorado, verificou que essa metodologia constitui um suporte pelo qual o universo do cotidiano do trabalho pode ser apreendido. Em seu estudo, utilizou essa metodologia para diagnosticar aspectos das condições e da organização do trabalho e sua influência na saúde dos trabalhadores, em uma das unidades de produção de uma multinacional do ramo industrial. Com essa abordagem metodológica, foi possível criar uma mobilização subjetiva e, por meio das manifestações produzidas pelos participantes, pontuar os principais fatores de risco à saúde naquele ambiente de trabalho.

Lucca e Schmidt (2005), ao analisarem as contribuições dessa metodologia na área da saúde do trabalhador, destacaram o imediatismo dos resultados em virtude da experiência com o método.

Todavia, tem-se de considerar que existe uma lacuna a ser preenchida quanto à metodologia psicodramática no campo da saúde no trabalho, que nos é revelada diante da escassez de publicações sobre esse assunto.

O cenário atual, vivenciado pelas instituições de trabalho, acena para a necessidade da inserção de referências que possibilitem a construção coletiva da população trabalhadora no entendimento do processo saúde-doença no contexto laboral. Se vamos estudar o adoecer do homem em sua relação com o trabalho, temos de fazê-lo no contexto de sua realidade, envolvendo a coletividade trabalhadora.

Sob a ótica psicodramática, o adoecimento decorre basicamente de três aspectos: a inadequação da espontaneidade, a dimensão relacional e o conflito de papéis.

Na concepção moreniana, o adoecimento decorrente da espontaneidade inadequada estabelece-se porque seu emprego inadequado concorre para que o indivíduo seja tomado por uma sensação interna de constante insatisfação. Por conseguinte, sempre que a espontaneidade criadora é sufocada pelo mecanicismo e/ou pelas imposições normativas e culturais, a autorrealização do indivíduo é bloqueada e isso o faz adoecer.

Outra forma de adoecimento está associada à dimensão relacional do indivíduo no grupo. Nessa situação, o ser humano pode adoecer em função de conflitos e tensões, de isolamento e falta de coesão dos membros, entre outros fatores.

Ainda, do ponto de vista da teoria moreniana, o indivíduo desempenha diferentes papéis na sociedade em que vive. E durante esse processo, pode adoecer por duas razões: quando desenvolve papéis impostos pela sociedade sem desejar cumpri-los, ou quando, mesmo à sua escolha, é forçado a agir contrariamente aos seus desejos, frustrando-se. Nessas circunstâncias, pode ocorrer o que o autor denominou de "patologia do papel".

Mendes (1995), ao discorrer sobre o conceito de saúde, refere-se à importância do desempenho de papéis como uma forma de manter o equilíbrio entre o ser humano e seu ambiente (físico, emocional, social e espiritual).

Partimos do pressuposto de que esses três componentes – espontaneidade, dimensão relacional e desempenho de papéis – estão presentes nos locais onde as atividades laborativas são desenvolvidas, e a maneira como elas estão constituídas contribui para o adoecimento no contexto do trabalho, podendo ser determinante dos danos à saúde do trabalhador.

Tomando-se como referência o conceito de Tricotomia Social, vale acrescentar que, na opinião de Moreno,

> quanto maior for o contraste entre a sociedade oficial e a matriz sociométrica, mais intenso será o conflito, a tensão social entre elas. O conflito e a tensão social aumentam em proporção direta à diferença sociodinâmica entre a sociedade oficial e a matriz sociométrica. (Moreno *apud* Cokie, 2002, p. 343-344)

Essa mesma autora, referindo-se a esse conceito moreniano, descreve que

> tem valor heurístico a diferenciação do universo social em três tendências ou dimensões, a sociedade externa, a matriz sociométrica e a realidade social. Por sociedade externa, quero dizer todos os agrupamentos palpáveis e visíveis, grandes ou pequenos, formais ou informais que compõem a sociedade humana. Por matriz sociométrica, quero dizer todas as estruturas sociométricas invisíveis ao olho macroscópico, mas que se tornam visíveis através do processo sociométrico de análise. Por realidade social, a síntese dinâmica e a interpretação das duas tendências já mencionadas. É óbvio que nem a matriz sociométrica nem a realidade externa são reais ou podem existir sozinhas; uma é função da outra. Como opostos dialéticos precisam fundir-se, de alguma forma, para produzir o processo presente de vivência social. (Moreno *apud* Cokie, 2002, p. 343-344)

Compreender como esses componentes organizam-se no cotidiano do trabalho somente será possível, portanto, mediante o diagnóstico do grupo; por isso, sob a ótica psicodramática, o caminho para essa investigação é nos aproximarmos dessa realidade. Por conseguinte, o trabalho com grupos torna-se fundamental para favorecer o espaço de construção, educação e intervenção, visto que o coletivo de trabalhadores tem o conhecimento do trabalho real e da dinâmica dos modos operatórios vigentes no cotidiano laboral. Além disso, a participação dos trabalhadores promove-lhes o exercício da subjetividade (expressão de interesses, desejos, necessidades). Se o cotidiano de trabalho apresenta-se movido por uma organização rígida, condicionada por métodos administrativos alicerçados em dispositivos de poder (dominação, alienação, sujeição, coerção), haverá necessidade de construção de espaços de subjetivação como meio de assegurar a saúde nesse contexto.

Dessa forma, o resgate da espontaneidade e da criatividade propiciado pela abordagem psicodramática proporciona a conquista da autonomia no perceber, pensar, sentir e agir, desenvolvendo nos participantes o exercício do olhar crítico sobre si mesmo e sobre o mundo.

Com base nessas referências à metodologia psicodramática em saúde sob o enfoque socioeducacional, é possível pontuar três ações dela resultantes: diagnóstico, educação e promoção.

Assim como outras abordagens teórico-metodológicas identificam os fatores que influenciam a saúde de uma coletividade, o método psicodramático permite compreender as percepções dos atores sociais sobre as crenças, os valores, tabus e preconceitos e sobre modos de lidar com uma determinada situação que envolve o adoecimento – modos que podem levar ao diagnóstico do que está ocorrendo em nível de grupo, comunidade ou população, porém, de modo mais intrigante e abrangente, em função de sua natureza qualitativa.

A abordagem sociodramática desenvolve também uma ação educativa, destinada a favorecer uma visão mais humanizada dos indivíduos, e que, quando direcionada para profissionais da saúde, contribui para desmistificar a visão fragmentada de ser humano, bem como as conceituações cartesianas sobre saúde. Além disso, ao favorecer espaços para o exercício da criatividade e da espontaneidade, permite adquirir novos conhecimentos e promover o bem-estar da população.

O trabalho representa para o indivíduo garantia de subsistência, posição social, investimento afetivo. Portanto, qualquer ameaça à integridade física e/ou psíquica torna-se fonte de sofrimento, colaborando para a emergência de transtornos mentais.

Nossa experiência em pesquisa no campo da saúde do trabalho leva-nos a crer que, por meio de uma leitura sociodinâmica da constituição dos grupos, especificamente no que se refere ao contexto do trabalho, será possível esclarecer suas próprias características e, a partir daí, propor ações no sentido de gerar transformações inusitadas nas relações até então travadas que possam produzir determinantes para a constituição de uma organização do trabalho patogênica, com riscos à saúde dos trabalhadores.

Partimos do pressuposto de que atuar em saúde no trabalho requer a ação integrada com o coletivo de trabalhadores, pois eles se agrupam por finalidades, e a conscientização sobre o modo como se estabelecem as relações e os fatores que nelas intervêm pode direcionar para a solução de problemas aí existentes (Scaffi, 2002).

3

Algumas reflexões acerca da construção e das contribuições da Teoria Socionômica[1]

> *"O desejo se realiza em ato e, assim fazendo, constrói o real, enquanto produtor de sentido humano. E se constrói, dando um sentido a si mesmo."*
>
> (Massaro)

Síntese da trajetória pessoal e científica de Jacob Levy Moreno e a construção da Teoria Socionômica

Embora o percurso biográfico de Jacob Levy Moreno seja amplamente conhecido no meio científico, sistematizar sua vida e obra, neste trabalho, pareceu-nos oportuno para assinalar a dinâmica que caracterizou a abordagem teórico-metodológica psicodramática e também para pontuar, já de início, uma das concepções morenianas: a de indivíduo como autor e ator da própria história. Para isso, reportamo-nos aos trabalhos de Ramalho (2002) e Gomes (2005), que sintetizam dados da vida e obra desse autor, precursor do método psicodramático.

Consta que Moreno nasceu em 1889. Sua família saiu da Península Ibérica para se radicar na Romênia. Seu pai – Moreno Nissin Levy – era, além de comerciante, perito nos negócios de cereais e na indústria de petróleo. Viajava muito, e, por isso, estava ausente no nascimento do filho. Era sério, amoroso, porém inconstante nos hábitos, namorador e profissionalmente instável.

A mãe, Paulina, órfã dos genitores, criada pelos irmãos, foi aos 15 anos de idade entregue a Nissin, uma mulher carinhosa, socialmente ativa e dotada de incansável energia, que criou seis filhos sozinha. Apesar de judia, era leitora e admiradora do Novo Testamento, porém supersticiosa: acreditava em profecias, consultava ciganas, possuía dons premonitórios e

---

[1] Este capítulo foi publicado em forma de artigo na revista *Psicologia para América Latina*, México, n. 11, set. 2007.

praticava quiromancia. Teve uma vida conjugal infeliz e, apesar dos esforços de Moreno para harmonizar o relacionamento, acabaram separando-se.

Moreno era o predileto da mãe. Relata Ramalho (2002) que, com um ano de vida, estava tão raquítico, que ficou aparentemente paralítico. Desesperançada pelos médicos, Paulina recorreu a uma cigana, que, além de recomendar para o menino banhos de sol ao meio-dia, sentado na areia, vaticinou que ele seria bom, sábio e famoso: "chegará um dia em que esta criança se tornará um grande homem. Chegará gente de todo o mundo para vê-lo" (Marineau *apud* Ramalho, 2002, p. 22).

Esse fato, segundo a autora, pode ter incutido na mente da supersticiosa mãe a convicção de que o seu filho estava fadado a cumprir uma missão incomum. Seu despertar religioso mesclou-se, portanto, de crenças judaicas e valores cristãos, alimentado pela ideia de que tinha um destino especial, cuja fantasia (estimulada pela mãe) era a de ser Deus. Por volta dos seis anos de idade, mudou-se com a família para Viena. Marcada pelo afloramento desse devaneio singular, essa fase revelou-se embrionária da noção de espontaneidade e contexto nodal para seus estudos posteriores.

Gomes (2005), ao sintetizar essa biografia, descreveu:

> como criança valente, inteligente e sempre interessada pelas coisas do mundo, entrou na escola. Habituou-se desde então a sentar-se na primeira fileira. De um lado, isso facilitaria seu aprendizado, inclusive do novo idioma; de outro, ele se tornava alvo fácil de predileção dos professores, ao auxiliá-los. Saiu-se bem nos estudos, sendo o orgulho dos pais. (p. 157)

Ainda segundo a autora, por volta dos quatorze anos, Moreno mudou-se com a família para Berlim. Após conflitos com os pais, retornou para Viena, afastando-se definitivamente de seus familiares. Nesse período, manteve-se como professor particular. Ainda adolescente, recebeu influência de Sócrates, Nietszche, e passou por uma crise religiosa e filosófica. Conforme Gomes (2005), por sugestão do pai, seguiu a carreira médica, a exemplo de um tio. Em 1909, entrou na Universidade. "Enquanto estudava medicina, ele não se via como um especialista. Achava que se preparava para sua missão, que ainda não estava clara, mas parecia estar certo de que seria a de alguém que lidasse com curas" (Gomes, p. 158).

Entre 1907 e 1910, fundou, juntamente com amigos, o Seinismo (a Religião do Encontro), que expressava sua rebeldia diante dos costumes estabelecidos e exprimia seus ideais místicos. Liderava um grupo de jovens com quem se reunia, na Casa do Encontro, para ajudar os pobres, oprimidos e angustiados. Ostentava, então, uma longa barba e vestia um manto escuro, sentindo-se em plena atividade profética, como ele mesmo demonstrou em alguns escritos.

Nesse período, estava absorvido pelo misticismo, mas, ao mesmo tempo, era estudante assíduo e aplicado de medicina. Envolvia-se com filosofia experimental e arte (teatro). Paralelamente, fazia teatro experimental e improvisava jogos imaginativos com crianças nos jardins de Augarten, parque vienense. Contava-lhes histórias e contos de fadas, e depois as estimulava a recriá-los e a dramatizá-los. Dessas experiências nasceu o teatro infantil. "Na esteira do movimento expressionista, Moreno sempre buscou novas experiências, fossem elas nos parques públicos, nos tribunais ou nos campos de refugiados. Para ele, a ação era sempre mais importante que a palavra" (Gomes, 2005, p. 158).

Em 1912, ocorreu seu encontro com Freud na universidade. Assim relatou o episódio:

> Freud tinha acabado de fazer a análise de um sonho. Enquanto os estudantes se alinhavam, ele me perguntou qual era minha atividade. Eu respondi: "Bem, dr. Freud, comecei no ponto em que o senhor desistiu. O senhor atende às pessoas no ambiente artificial do seu consultório. Eu as encontro nas ruas, em suas casas, no seu ambiente natural. O senhor analisa seus sonhos e eu tento estimulá-las a sonhar de novo. Eu ensino as pessoas a representar Deus..." O dr. Freud olhou para mim como se estivesse perplexo e sorriu. (Marineau *apud* Ramalho, 2002, p. 44)

Em 1914, desenvolveu um trabalho com prostitutas, compondo para isso uma equipe multidisciplinar com um jornalista e um médico venereologista. Utilizando as técnicas grupais, logrou conscientizá-las da situação em que viviam, fato que levou à criação de um sindicato em Amspittelberg. No ano seguinte, provou os princípios do que posteriormente viria a ser a psicoterapia de grupo e publicou a mais marcante obra de sua fase inicial: *Convite a um encontro*.

No último ano de medicina, em 1916, produziu um trabalho grupal num campo de refugiados da Primeira Guerra Mundial. Segundo Gomes (2005, p. 159), "prestou serviços ao exército austro-húngaro, servindo em campos de refugiados". Nessa experiência, ele esboçou os rudimentos da sociometria.

Entre 1909 e 1917, escreveu alguns ensaios: "A divindade como comediante"; "A divindade como orador"; "A divindade como autor"; "O reino das crianças". Neste último ano, concluiu medicina, optando inicialmente por clínica geral, por ser avesso à psiquiatria tradicional da forma como era conduzida.

> Moreno era adepto de um movimento radical que abraçava o credo do subjetivismo e exigia que a vida se apresentasse como é experimentada no aqui-agora: o movimento expressionista. Este, estimulado pelo movimento existencialista, predominava na Arte e na Filosofia da época, projetando a visão de mundo que, no ramo psiquiátrico, tendia a compreender as necessidades singulares de cada pessoa. Era natural, portanto, que Moreno se rebelasse contra as classificações sistemáticas na área de saúde mental. Então preferiu ser médico de família e do trabalho, adotando uma visão psicossomática. Foi trabalhar na área de saúde pública, como médico de uma indústria têxtil em Bad Vöslau, pequena cidade ao sul de Viena. Nesta cidade, costumava visitar os doentes e atendê-los

em casa, de graça, exercendo uma medicina incomum, propagando a fama de fazer milagres. (Ramalho, 2002, p. 27)

Paralelamente, apaixonou-se por Marianne Lornitzo, com quem passou a conviver. Grande foi sua colaboração para que Moreno concretizasse seus ideais. Lornitzo, além de desempenhar os papéis de amante, secretária, assistente e musa, tornou-se inspiradora de muitos de seus empreendimentos.

Nessa época, adotando métodos intuitivos e sistêmicos de tratamento, passou a se interessar gradativamente pela saúde mental, baseando-se em experiências com um paciente.

Como médico, era intuitivo e carismático na maneira de falar com seus pacientes, de olhá-los e tocá-los. Suas primeiras experiências já tinham um sentido comunitário, colocando-o inclusive como precursor da Terapia Familiar Sistêmica. Era homem de ação, mas ainda incapaz de sistematizar seu trabalho, despertando então, em torno de si, no meio médico, sentimentos ambivalentes de amor e ódio, preconceito e ciúme. (Ramalho, 2002, p. 29)

Entre 1917 e 1920, foi editor e colaborador da revista expressionista e existencialista *Daimon*. Neste último ano, publicou o livro *As palavras do Pai*, tentando unir religião e ciência. Ressaltou que somos todos deuses, cocriadores de um universo inacabado, a ser recriado com energia e alegria. Seus inimigos, entretanto, avaliaram a obra como prova de desequilíbrio mental.

Em 1921, fundou o Teatro Vienense da Espontaneidade, fonte de suas ideias da psicoterapia de grupo e do psicodrama. Visualizava aí um campo alternativo e intocado, com infinitas possibilidades de investigar a espontaneidade no plano experimental. A primeira sessão psicodramática oficial foi realizada em primeiro de abril desse mesmo ano, no teatro vienense Komödienhaus.

"Busca de uma nova ordem" foi o tema da sessão que se realizou "no trono vermelho vazio com moldura dourada e encosto alto, com uma coroa e um manto púrpura, à espera de alguém que o assumisse como um novo líder do mundo pós-guerra" (Gomes, p. 159). A proposta sofreu severas críticas em Viena, tanto do público como dos jornais.

Nesse mesmo ano, criou também a técnica psicodramática do Jornal Vivo. Em decorrência dessas experiências, Moreno marcou a passagem do teatro espontâneo para o teatro terapêutico e, trabalhando com um conflito entre marido e mulher, inaugurou o psicodrama de casal.

Paralelamente, viveu uma fase de intensos questionamentos e autoanálise, objetivando ser mais cauteloso em suas proposições e abandonou a Áustria, pois se sentia incompreendido. No ano seguinte, abandonou Marianne e migrou para os Estados Unidos em busca de maiores oportunidades financeiras, sob o pretexto de patentear um invento seu (aparelho precursor do gravador).

Em 1924, publicou *O teatro da espontaneidade*, no qual sistematizou suas ideias e aproximou teatro e psicoterapia. Segundo ele, "o teatro das coisas últimas não é a repetição eterna do mesmo, por necessidade eterna (Nietzsche), mas o oposto disso. É a repetição autogerada e autocriada de si mesmo" (Martín, 1984, p. 78).

Nos seus primeiros cinco anos nesse país, voltou a vivenciar momentos de intensa reflexão e sofreu dificuldades econômicas, enquanto aguardava o reconhecimento de seu título de médico para poder trabalhar e expor suas ideias inovadoras. Por outro lado, conheceu Beatrice Beecher que, interessada em seus trabalhos sobre a espontaneidade infantil, propôs-lhe casamento como meio de ajudá-lo a obter a condição de imigrante (legal) no país. Moreno aceitou a proposta, e o casal casou-se em 1928, mas se divorciaram em 1939, após a obtenção do visto, como fora combinado.

Nesse meio-tempo, recebeu apoio também da cientista social Helen Jennings, com o qual conseguiu realizar alguns trabalhos, publicar obras e estabelecer importantes contatos com os psicólogos sociais americanos.

Em 1927, além de receber o certificado para exercer medicina em Nova Iorque, efetivou sua primeira apresentação fora da Europa.

No biênio 1931-1932, Moreno apresentou novas contribuições: introduziu o termo *psicoterapia de grupo* ao participar de uma reunião da Associação Psiquiátrica Americana; criou o teatro do improviso, publicou a revista *Impromptu* (a primeira do gênero sobre o assunto); e trabalhou numa pesquisa sociométrica, em que analisou as relações interpessoais numa prisão americana. Além disso, passou a ser diretor de pesquisa na escola de Reeducação de Jovens, localizada em Hudson. Nessa ocasião, seus trabalhos direcionavam-se para a investigação e mensuração das relações interpessoais, firmando-se, assim, os métodos da sociometria.

Na nova pátria, onde imperava o positivismo, para se fazer respeitar no meio científico, precisou renunciar temporariamente às suas ideias vanguardistas, preocupando-se em estruturar suas teorias com o apoio da estatística e da matemática. Criou o *teste sociométrico* e o aplicou em algumas instituições, motivo pelo qual foi aceito como representante da psicologia social, um ramo, até então, emergente.

Em 1934, publicou *Quem sobreviverá?* Nesse livro, voltou a insistir na tese de que sobreviverá quem deixar de ser autômatorobômato e for capaz de criar, sendo imaginativo e insubmisso às conservas; e também afirmou que não é necessário que religião e ciência estejam em oposição. Apresentou, ainda, os resultados de sua pesquisa sobre diagramas sociométricos e análise estatística na área da microssociologia. A repercussão dessa obra foi tamanha que, em 1937, foi convidado a lecionar sociometria na Escola de Pesquisa Social de Nova Iorque.

Data de 1936 sua mudança para Beacon House (NI), onde construiu um sanatório e o Primeiro Teatro de Psicodrama, onde funcionou (até 1982) o centro de formação de profissionais em psicodrama. Foi aí também que conduziu sessões semanais de Psicodrama Público. Já bastante amadurecido em seus conceitos técnico-metodológicos, passou a ser mais respeitado no meio psiquiátrico. Em 1937, fundou a revista *Sociometria*, publicação especialmente vantajosa para suas obras.

Em 1938 e 1949, respectivamente, concretizou seus outros dois casamentos formais, com mulheres muito mais jovens: a médica Florence Bridge, com quem teve uma filha e de quem se separou uma década depois; Celine Zerca Toeman, que conhecera em 1941 e identificara como companheira ideal para o futuro. Esta se tornou, gradativamente, sua inspiradora, coterapeuta e parceira de pesquisas e de publicações subsequentes: *Psicodrama* (1946), *Fundamentos do psicodrama* (1959) e *Psicoterapia de grupo e psicodrama* (1969). Fundou a Associação Americana de Sociometria. Tiveram um filho, Jonathan, que também se tornou psicodramatista.

Nos anos de 1960, enriqueceu seu currículo com o Primeiro Congresso Internacional de Psicodrama que organizou em Paris, e recebeu o título de doutor *honoris causa* da Universidade de Barcelona.

Moreno morreu serenamente em seu quarto, acompanhado por um de seus alunos e de sua enfermeira, tendo manifestado um último desejo – a inscrição desta frase em sua lápide: "Aqui jaz aquele que abriu as portas da psiquiatria à alegria".

Há de se constatar com Gomes (2005) o cumprimento da profecia da cigana, pois Moreno realmente se tornou um grande homem. Suas ideias foram divulgadas pelo mundo inteiro e muitas pessoas foram procurá-lo.

Finalizando essa apresentação inicial, é possível visualizar, na trajetória pessoal e científica de Moreno, seus deslocamentos, os processos de construção de algumas metodologias e o desenvolvimento de outras, assim como os conceitos de viver e vir a ser, o exercício do dinamismo inerente ao ser humano, por ele sublimado, porém pressentido por cada um de nós, peregrinos da elaboração de nossos próprios destinos.

A INVESTIGAÇÃO PSICODRAMÁTICA E AS MUDANÇAS DE PARADIGMAS NO CAMPO CIENTÍFICO

Como as inovadoras concepções morenianas afloraram numa época em que o complexo cenário epistêmico e os métodos científicos vigentes eram norteados pelo positivismo, Moreno teve de renunciar a elas temporariamente para ganhar respeito nesse meio, preocupando-se em fundamentar suas teorias com apoio da estatística e na matemática.

Porém, em vez de se submeter totalmente às conservas da cientificidade dominante, comprometeu-se com a transmutação de conceitos. "Embora as exigências racionais o tenham absorvido, criando técnicas e testes, métodos quantitativos, nunca perdeu o sentimento de fé no potencial humano e em sua busca cósmica" (Ramalho, 2002, p. 35).

Com isso, demonstrou que,

> a cientificidade tem que ser pensada como uma ideia reguladora de alta abstração e não como sinônimo de modelos e normas a serem seguidos. A história da ciência revela não um a priori, mas o que foi produzido em determinado momento histórico com a relatividade do processo de conhecimento. (Minayo, 2002, p. 12)

A partir do "teatro da improvisação", realizado em Viena (1921), Moreno revelou ter tomado "consciência das possibilidades existentes na representação, na vivência ativa e estruturada de situações psíquicas conflituosas" (Moreno, 1999, p. 27).

Na época da divulgação das ideias morenianas, a psicanálise ascendia como metodologia psicoterápica. Ao apontar detalhadamente em suas obras o contraste entre suas concepções e as de Freud, fez que as divergências entre ambos se ampliassem tanto na argumentação teórica quanto na prática terapêutica.

A organização de suas fundamentações teórico-metodológicas também atendia às exigências do tripé científico (objeto de estudo, método e teoria): seu objeto de estudo focaliza as relações humanas, seu método apoia-se na ação e sua teoria solidificou-se em diversos conceitos que elaborou a partir de suas pesquisas. Com isso, implementou uma nova prática psicoterápica que ampliou o campo da psicoterapia, anteriormente limitada ao indivíduo, estendendo-a ao grupo, e elaborando, dessa forma, um método diferenciado, em que se priorizam os variados agrupamentos sociais nos quais os indivíduos interagem.

Criou, também, a *psicoterapia de grupo* que, segundo ele, apóia-se em três contextos: medicina, sociologia e religião. O da medicina, primeiramente, visto que essa prática foi tratada de início como assunto médico. Habituados a cuidar apenas do corpo, os médicos passaram a abordar o indivíduo como um todo e também o grupo no qual estava inserido. O segundo suporte veio da sociologia em momento oportuno, pois à época em que a psicoterapia de grupo tornava-se reconhecida, "a sociologia não possuía nenhum método de investigação objetivo com o qual se pudesse fazer uma análise de grupos" (Moreno, 1999, p. 13). Para suprir essa lacuna, criou-se o *método sociométrico*, alicerce da ciência denominada sociometria, que ele definiu como a base para diagnosticar os aspectos indicadores de normalidade ou patogenia dos grupos.

A linha de pensamento percorrida pelo autor (suas reflexões teórico-metodológicas) evoluiu de uma pesquisa unidisciplinar ortodoxa para uma investigação de caráter interdisciplnar. Seu método passou, então, a ser referência em muitos contextos, propagando-se para diferentes áreas do conhecimento, não se limitando apenas à medicina. Com a sociometria, novas formas de pensar a psicoterapia de grupo constituíram-se, o que "abriu caminhos para as grandes contribuições, trazidas pelos sociólogos, educadores, psicólogos e assistentes sociais" (Moreno, 1999, p. 14).

O terceiro apoio advém da religião, visto que "esse termo vem de *religare*, ligar, é o princípio de 'tudo reunir', de ligar em conjunto, a imaginação de um universalismo cósmico" (Moreno, 1999, p. 14).

De acordo com Zampieri (1996),

> o médico vienense Moreno recebeu influências marcantes do hassidismo, praticado pelo grupo de jovens pensadores judeus da Viena pós-Primeira Grande Guerra. Pensavam de modo otimista diante da vida, acreditando que toda criatura trazia em si uma centelha da divindade criadora e que, por meio dessa presença, seria possível aproximar-se de Deus, no sentido de tornar-se criativo. (p. 92-93)

Cabe, neste momento, inserir uma breve diferenciação entre estes dois enfoques: psicoterapia de grupo e psicodrama.

O primeiro constitui "um método que trata, conscientemente, as relações interpessoais e os problemas psíquicos de vários indivíduos de um grupo dentro de um quadro científico empírico" (Moreno, 1999, p. 72). Uma metodologia de abordagem clínica que compreende o tratamento de vários indivíduos dentro de um grupo; não trata, porém, as queixas somáticas, exceto quando elas são causadas por perturbações mentais. Sua meta é a saúde do grupo e de seus membros. Difere da "terapia de grupo" porque, nesta, a prática terapêutica consiste em tratar os participantes sem seu consentimento explícito, de modo que os efeitos terapêuticos tornam-se secundários.

O segundo – psicodrama – constitui a terapia profunda de grupo; principia quando termina a psicoterapia de grupo e a amplia para torná-la mais eficaz. O método psicodramático utiliza-se de vários instrumentos que colocam os participantes em ação e, por meio dela, o grupo expressa-se.

No decorrer de seu desenvolvimento, a metodologia psicodramática foi reformulada, porém seu núcleo permaneceu inalterado diante das mais variadas formas de utilização, como: o psicodrama existencial, o psicodrama analítico, o hipnodrama, o sociodrama e o jogo de papéis, o etnodrama, o axiodrama, o psicodrama diagnóstico, o psicodrama didático, a psicodança, a psicomúsica e outras.

O número de técnicas psicodramáticas é grande – mais de trezentas – conforme apontado por Moreno (1999). As mais conhecidas são a autorrepresentação, o solilóquio, o duplo, o espelho e a inversão de papéis.

O desafio de Moreno era encontrar um método que atendesse concomitantemente ao indivíduo e ao grupo, abarcando também o descobrimento das estruturas peculiares de coesão e complexidade dos grupos. Seus objetivos repercutiram numa quebra de paradigma no pensamento terapêutico.

O procedimento terapêutico anterior a Moreno era assim desenvolvido: métodos individuais, com sessões no divã – atrás do qual se posicionava o terapeuta –, nas quais o paciente era confrontado com as situações pessoais, visto que o psiquismo era tratado isoladamente. A partir das concepções morenianas, um modelo diferente na maneira de proceder terapeuticamente foi implantado: os métodos grupais de atendimento foram introduzidos, as sessões passaram a ser realizadas no local de atuação dos pacientes, estes passaram a ser confrontados com situações reais de sua vida e com as de outras pessoas, e o terapeuta passou a ocupar posição no meio do grupo.

Diante do exposto neste tópico, devemos considerar que o precursor da metodologia psicodramática, ao construí-la, encarou um processo de eterno devir. Mergulhou em incertezas e contradições e realizou movimentos de construções e desconstruções. Moreno partiu de hipóteses e as sustentou epistemologicamente, alicerçando-se para poder arguir quando questionado. Parece ser esse o processo de produções científicas em que se estruturam teorias e métodos.

Para Minayo (2002, p. 12), "o labor científico caminha sempre em duas direções: numa, elabora suas teorias, seus métodos, seus princípios e estabelece seus resultados; noutra, inventa, ratifica seu caminho, abandona certas vias e encaminha-se para certas direções privilegiadas".

Simbolicamente, Minayo e Deslandes (2002) conceituaram *teoria* como uma espécie de janela através da qual o cientista olha a realidade que investiga, e conceberam *método* como os caminhos por onde passam as linhas teóricas. Assim, todo processo científico somente se efetua tendo como base a *teoria* e o *método*, somados às *técnicas* (instrumentos operacionais) por meio das quais o objeto de estudo é apreendido.

A atividade científica também está condicionada aos fatores da realidade sociopolítica e cultural, os quais, por sua vez, exercem influência decisiva no desenvolvimento da ciência.

> Mesmo pautada sobre quatro pilares (empirismo, racionalidade, inovação e verificação), a ciência é, antes de mais nada, uma comunidade sociocultural e histórica, que não poderá abarcar todas as questões da existência, nem encontrar nenhuma "verdade absoluta". (Ramalho, 2002, p. 15)

A ARTICULAÇÃO "QUALI-QUANTI" DA ABORDAGEM PSICODRAMÁTICA E O PREDOMÍNIO DE UM DOS POLOS

Moreno procurou fundamentar sua teoria por meio de estudos de natureza quantitativa, sobretudo porque se viu "intimado" a demonstrar, de forma métrica, o critério de confiabilidade de seus estudos para atender ao rigor científico positivista. Ele partiu para uma análise do social por meio de instrumentos padronizados, que oferecem a possibilidade de expressar generalizações com precisão e objetividade.

Vale salientar, todavia, que o teste sociométrico – instrumento quantitativo que desenvolveu – não se reduz apenas à seleção de pessoas num determinado grupo, mas sinaliza elementos potenciais que permitem o reconhecimento profundo das estruturas do grupo. Esse reconhecimento demonstra que há subestruturas de concepções qualitativas não aparentes, às quais não se permitiu que se tornassem visíveis, tendo em vista o momento de sua construção.

Nesse sentido, no que se refere ao teste sociométrico, os dados de natureza quantitativa e qualitativa complementam-se, pois se por um lado a avaliação sociométrica trabalha com a estatística para apreender os fenômenos concretos; por outro, a natureza qualitativa desse instrumento aprofunda o mundo dos significados das relações, um lado inapreciável e imperceptível nas médias graficamente apresentadas. Desse modo, podemos conceber que os pressupostos gerais do desenvolvimento da abordagem psicodramática estão alicerçados numa epistemologia qualitativa.

A inserção de uma epistemologia qualitativa encontrou um momento explícito na sua obra, a partir da concepção de que o "laboratório para o estudo da realidade é a própria realidade" (Martín, 1984, p. 78-79). Nessa citação, certamente Moreno referia-se a sua concepção de que, nesse cenário empírico, a produção do conhecimento acontece por meio dos indicadores expressos pelos atores sociais pertencentes a essa realidade.

A partir dessas considerações, o pesquisador colocou como tarefa central de sua metodologia a compreensão da realidade humana que se vive socialmente. E se preocupou em explicar a dinâmica dessas estruturas relacionais e mostrar que "toda situação social objetiva se expressa com sentido subjetivo nas emoções e processos significativos que se produzem nos protagonistas dessas situações" (Rey, 2002, p. 43).

Mediante esse princípio, torna-se evidente que na práxis profissional moreniana, comprometida com o coletivo construído e com o movimento das condições sociais que o determinam, a construção do conhecimento para a compreensão dos indivíduos inclui a realidade em que estão inseridos. Por esses motivos, é necessário pontuar que essa vertente é essencialmente qualitativa, sobretudo, porque "a realidade social é o próprio dinamismo da vida individual e coletiva com toda riqueza de significados dela transbordante" (Minayo, 2002, p. 15).

A metodologia psicodramática possui instrumentos capazes de desvendar de modo mais acurado a complexidade que é a vida dos seres humanos em sociedades. Para isso, os procedimentos abordam um conjunto de técnicas de expressão verbal e não verbal por meio das quais é possível reconhecer "a questão do significado e da intencionalidade como inerentes aos atos, às relações e às estruturas sociais, sendo estas últimas tomadas tanto no seu advento quanto na sua transformação, como construções humanas significativas" (Minayo, 1999, p. 10).

Consequentemente, o processo social – sob essa ótica – é entendido por meio das determinações e transformações dadas pelos sujeitos, sendo a própria metodologia um instrumento de transformação da realidade, pois ela concebe que a mudança social ocorre por intermédio do indivíduo com implicações éticas no que diz respeito à responsabilidade de cada um, uma vez que os indivíduos relacionam-se via papéis desempenhados com seus pares ou complementares, definindo o lugar de cada um na relação. É dessa interação via papéis que o sujeito constrói conhecimento, conhece a realidade a partir de uma certa concepção do que ela seja, organiza-se ao mesmo tempo em que organiza e articula com sua realidade, na perspectiva de abranger, ao mesmo tempo, uma dimensão do sujeito em sua subjetividade e seus papéis sociais vividos no contexto. (Marra e Costa, 2002, p. 114)

4

Aspectos metodológicos

"Esta é a lei do Universo: onde houver uma parte da criação, estará uma parte do criador, uma parte de mim."

(Moreno)

O LOCAL DE COLETA DE DADOS

A pesquisa foi realizada em uma instituição hospitalar de grande porte, localizada na cidade de São Paulo. A escolha do local deu-se, sobretudo, pelo fato de esse ambiente de trabalho estar submetido a uma organização que apresenta os seguintes aspectos: número elevado de trabalhadores, diferentes categorias profissionais, exigência de responsabilidade no desenvolvimento das atividades, modalidades de comando, trabalho em turnos que propiciam diferentes constituições vinculares e elevado número de trabalhadores afastados.

O local de coleta de dados foi o complexo de 73 ambulatórios-dia do hospital. Desse total, estabelecemos um contato mais efetivo com os trabalhadores de 45 ambulatórios, nos quais são atendidos pacientes com diferentes problemas de saúde, a saber: com problemas em virtude de doenças em membros superiores; plástica; ginecologia; tratamentos especiais para pacientes com dor; doenças neuromusculares; doenças cardiológicas; enfermidades do aparelho respiratório; atendimento de saúde do trabalhador da instituição; clínica geral; planejamento familiar; entre outros.

O atendimento nesses ambulatórios acontece nos períodos matutino e vespertino, e para isso, os trabalhadores da enfermagem são alocados em turnos de seis e oito horas diárias de acordo com o regime de trabalho, ou seja, seis horas para aqueles que trabalham em regime concursado e oito para celetistas[1]. Alguns ajustes são feitos nas escalas de trabalho para atender às necessidades de trabalhadores que possuem duplo vínculo empregatício.

O número de profissionais da enfermagem alocados nos respectivos ambulatórios no momento estudado era de aproximadamente duzentos. O quadro funcional estava assim constituído: 25 enfermeiros, 11 técnicos de enfermagem e 92 auxiliares. Desse total de trabalhadores, tivemos contato mais efetivo com 62. Foram selecionados 45 ambulatórios para o estudo, visto que em algumas unidades, devido ao número restrito de trabalhadores, não era possível dispensá-los para a participação nas atividades grupais durante o expediente.

---

[1] Aquele com vínculo empregatício regido pela Consolidação das Leis do Trabalho (CLT) brasileira.

As atividades aconteceram em salas da própria instituição que contam com uma estrutura favorável para o desenvolvimento de grupos, como privacidade, condições de conforto (boa iluminação, ventilação) e capacidade para abrigar todos participantes.

ORGANIZANDO O GRUPO

Contato com os participantes

A essa etapa demos o nome "peregrinação", ou seja, fase em que se despendeu bastante tempo e energia para contatar os participantes, informá-los de nossos propósitos e conseguir o número mínimo de adeptos para desenvolver as atividades grupais.

Ego: Coajudante

Foi preciso interá-lo da metodologia. Sua participação no grupo de estudos, na vertente sociodramática, foi importante para esse processo.

Sala

Buscar o local para o desenvolvimento das atividades requereu adequação (luz natural e artificial adequadas, boa ventilação, mesas, cadeiras etc.), facilidade de acesso, privacidade, instalações para servir café.

Tempo

O período de tempo estipulado para o projeto deveria ser adequado à programação institucional e à disponibilidade de horário dos participantes.

Materiais

Houve necessidade de comprar alguns materiais. Foi necessário, por exemplo, providenciar o aparelho de CD com antecedência.

Fatores externos que afetavam o grupo

São fatores que afetavam o grupo, embora o Diretor não tivesse controle sobre eles, como: limitação de horários da instituição, trocas de turnos, transporte, falta de funcionário no setor, entre outros.

Limites grupais e regras básicas

Todo grupo precisa de algumas "regras básicas" para se localizar e para que seus participantes familiarizarem-se com o que é esperado deles. Algumas dessas regras foram combinadas antes do início das atividades, a saber:

Regras sociais comuns: chegar no horário, não interromper, respeitar os outros etc.

Detalhes práticos: intervalo, idas ao banheiro, alimentação, fumo etc.

Contrato ético: importância do sigilo para que o grupo se sentisse protegido.

Participação: explanação do Diretor sobre a importância da participação.

Tempo da sessão: advertência sobre a importância de o participante permanecer durante todo o tempo estabelecido para a realização de cada sessão, evitando, assim, ao seu término, não só a descontinuidade dos trabalhos como a perda de seu conteúdo.

CARACTERIZAÇÃO DOS GRUPOS

Os trabalhadores foram atendidos em quatro grupos, classificados em A, B, C e D.

O Grupo A contou com a participação de 17 auxiliares e técnicos de enfermagem. Caracterizou-se como um grupo aberto, pois era permitido aos seus integrantes que participassem quando pudessem. Essa movimentação de pessoas no grupo fez-se necessária, pois nem sempre os trabalhadores podiam ser liberados do trabalho devido à demanda de atendimento. As sessões grupais foram previamente estabelecidas por meio de um cronograma. Os encontros aconteciam às segundas-feiras, no período da tarde, das 13 horas às 16 horas. O número de participantes nas sessões variou entre 6 a 12.

O Grupo B reuniu-se num único encontro, no qual realizamos um ato sociodramático. Contou com a presença de 15 trabalhadores, sendo 2 enfermeiras, 3 técnicos e 10 auxiliares de enfermagem. A sessão teve duração de três horas.

O Grupo C também se reuniu para um único encontro de três horas e contou com a participação de 13 trabalhadores, sendo 2 enfermeiras, 2 técnicos e 9 auxiliares de enfermagem.

O grupo D compunha-se de 16 enfermeiras e 1 enfermeiro. Com esse pessoal foram desenvolvidas nove horas de atividades grupais em 3 dias consecutivos.

Dentre as características dos participantes, observou-se: a predominância do sexo feminino, idade em torno de 40 anos, tempo de atuação na função superior a seis anos, tempo de instituição superior a cinco anos.

Grupo aberto/fechado

Optamos por trabalhar com grupo aberto, ou seja, para permitir que as pessoas entrassem e saíssem conforme sua vontade. Essa movimentação foi mantida, pois os participantes eram liberados, somente quando possível, de suas atividades laborativas. Todavia, o grupo, a partir da sexta sessão, assumiu espontaneamente uma característica de grupo fechado pois os mesmos participantes permaneceram até a décima sessão.

Escolhemos dez sessões para serem apresentadas, que correspondiam ao Grupo A. A escolha deu-se pelo fato de se tratar de um grupo contínuo, e essa sequência permitiu mostrar a evolução do grupo ao longo de um período de tempo e o modo como sua sociodinâmica modificou-se.

Os encontros foram quinzenais, às segundas-feiras, no período da tarde.

As sessões seguiram o mesmo formato:

- Aquecimento inespecífico de 10-30 minutos, seguido por aquecimentos específicos de 20-45 minutos.
- Dramatização: 30-45 minutos.
- Comentários: 30-40 minutos.
- O tempo disponível para as sessões era de três horas, e o planejamento foi elaborado anteriormente, considerando-se essa mesma carga horária.

Tabela 1 - Demonstrativo de frequência de participantes no Grupo A

Nº Partic.	1ª Sessão	2ª Sessão	3ª Sessão	4ª Sessão	5ª Sessão	6ª Sessão	7ª Sessão	8ª Sessão	9ª Sessão	10ª Sessão	Devolutiva
1											
2											
3											
4											
5											
6											
7											
8											
9											
10											
11											
12											
13											
14											
15											
16											
17											
Total	9	9	6	11	12	10	10	10	7	9	8

Presença

Ausência

PROCEDIMENTOS METODOLÓGICOS

Método: Sociodrama

Moreno (1978) preocupou-se em explicar a dinâmica das relações humanas, ressaltando a importância das expressões subjetivas da situação social por meio da manifestação das emoções e dos processos significativos elaborados pelos protagonistas dessa situação.

Sob esse prisma, fica evidente o comprometimento da práxis profissional desse autor com o coletivo construído e com a dinâmica das condições sociais que o determinam, um procedimento que também reflete os princípios da abordagem qualitativa. De acordo com Minayo (1999), o conhecimento para a compreensão dos indivíduos só se constrói mediante a inclusão da realidade em que eles estão inseridos. Por esse motivo, pode-se confirmar que a metodologia psicodramática é essencialmente qualitativa, pois valoriza os significados emergentes da realidade social.

Conforme descreveu Zampieri (1996), isso ocorre, sobretudo, porque o tema emergente do grupo é concretizado na ação dramática e, desse modo, os aspectos do drama social representados nos papéis sociodramáticos interconectam-se de modo a possibilitar a visualização do assunto em pauta. Desse modo,

> por meio de uma microrrealidade detectada pelas relações de um grupo, podemos chegar à compreensão de uma macrorrealidade. O sociodrama, como método que propõe a ação das relações sociais, evidencia essa microrrealidade e seus aspectos coconscientes e coinconscientes. (p. 94)

Por conseguinte, concordamos com a concepção dessa autora de que o sociodrama pode

> conduzir à realidade objetivada, por meio da subjetivação do grupo, em que, a partir da vivência entre o possível e o impossível, o permitido e o impedido, o real e o imaginário, o grupo poderá voltar a uma compreensão mais ampliada de seu contexto, de sua existência. (Zampieri, 1996, p. 94)

Segundo Vieira (2002), tanto as coincidências entre psique e drama quanto a abertura para o social podem ser aproximadas por meio da ação dramática.

O espaço grupal possibilita o encontro existencial, quando as verdades e inverdades coletivas e culturais podem ser resgatadas; e, nele, a coesão grupal resultante da interação dos indivíduos constitui força e poder de transformação da realidade social, pois os métodos socionômicos conduzem-nos "para uma Pesquisa-Ação Existencial, pessoal e comunitária e, até mesmo, transpessoal, uma vez que a finalidade de transformação da realidade social passa pela necessidade de uma participação essencial e experencial do 'si-mesmo'" (Wechsler, 2005, p. 4).

De acordo com Martín (1984), o campo científico das concepções morenianas determinou não só um novo objeto de estudo para a compreensão do homem como construiu um método para confrontar a relação objetividade-subjetividade.

Toda ciência, para ser reconhecida, necessita de um objeto e de um método; e quando envolve o homem, deve-se considerar que ele tem sua subjetividade, portanto, se quisermos fazer ciência autêntica, devemos estudar o indivíduo a partir de sua exterioridade e também de sua interioridade.

Assim sendo, os procedimentos utilizados somaram um conjunto de técnicas de expressão verbal e não verbal por meio das quais foi possível reconhecer os significados inerentes aos atos, às relações e às estruturas sociais. O processo social foi entendido por meio das determinações e transformações dadas pelos participantes, e a própria metodologia foi instrumento de transformação da realidade, posto que, sob a ótica qualitativa, a mudança social ocorre por intermédio do indivíduo com implicações éticas no que diz respeito à responsabilidade (Minayo, 1999). Na vertente moreniana, psicodrama e sociodrama são por excelência métodos de investigação social, pois trabalham com

> a intersubjetividade, com a intuição e intencionalidade, do ponto de vista dos processos de inter-relação e, ao mesmo tempo, com a redução fenomenológica, a atitude "ingênua" e a arte da compreensão, do ponto de vista dos procedimentos. (Wechsler, 1997, p. 8)

Diante dessas considerações, sublinhamos que dentre os métodos de apreensão da subjetividade a vertente sociodramática destaca-se pelo pioneirismo no campo científico com a valiosa contribuição de objetivar o subjetivo, visto que se considerarmos as características gerais dessa metodologia, compreenderemos que ela possui elementos essenciais para a apreensão da subjetividade (Naffat Neto, 1979).

> No psicodrama se busca a objetivação de uma experiência subjetiva, enquanto no sociodrama se busca a subjetivação de uma realidade objetiva; por perspectivas diversas, é a mesma unidade entre sujeito e objeto, entre o ator e o drama, que constitui a meta básica a ser atingida. (p. 239)

O sujeito do psicodrama não responde de forma linear e isomorfa às intervenções advindas das técnicas psicodramáticas. Realiza, sim, verdadeiras construções implicadas nas diferentes formas de expressão verbal e não verbal. Todavia, essas construções são complexas e exigem perícia do psicodramatista para definir a inserção de diferentes técnicas.

Segundo Martín (1984), no momento de atuar, o sujeito perde a consciência de todo o resto e exterioriza seu interior tal qual é. A ação dramática conduz à própria realidade, sendo esta mais complexa e totalizadora do que a palavra.

Massaro (1994), ao descrever sobre psicodrama e subjetividade, afirma ser a dramatização um dispositivo do processo de subjetivação, devido aos dois movimentos que compõem a cena: a imaginação trazida pelo protagonista e o drama que ele representa. Segundo Wechsler (2005), os atos socionômicos revelam informações do imaginar dos participantes do grupo. Imaginar é uma função vital do indivíduo; sem ela permaneceríamos nos estreitos limites da necessidade e da sensopercepção, pois imaginação é

> uma expressão e uma atuação de nossa liberdade, que nos permite projetar e traduzir para o plano do possível a trama complexa e contraditória que constitui a configuração anímica. Projetamos essa configuração de diversas maneiras: as imagens caleidoscópicas, o devaneio e as fantasias mais variadas são as expressões corriqueiras. Mas existe uma outra forma de expressão imaginante, associada tanto à inteligência quanto à sensibilidade: a criatividade. (Romero, 2002, p. 308)

Segundo Massaro (1994), a imaginação inerente ao protagonista interage com a percepção dos demais participantes do grupo; assim sendo, imaginação e realidade complementam-se na cena.

Por isso, durante a dramatização psicodramática, "a imaginação e a realidade se imitam e se namoram e se copulam num abraço tão forte que se tornam quase a mesma substância" (Massaro, 1994, p. 175). O movimento trazido pelo drama coloca o indivíduo perante o não ser. E, ao colocá-lo

> em contato com esse não ser, trazendo à tona o imaginário, a cena pode transformá-lo. Ao perceber a quase realidade de nosso desejo, podemos exteriorizá-lo e incorporá-lo ao real. Criar subjetividade a partir desse desejo permite singularidade a partir do virtual. (Massaro, 1994, p. 175)

Sobre o assunto, o autor prossegue apontando que

> na vida cotidiana, compenetrados nas tarefas e obrigações práticas que ela impõe, pouco nos preocupamos em discernir o puramente imaginário daquilo que entendemos por real; pensamos que temos condições para diferenciar esses dois âmbitos. Se exigidos pela situação e pelas circunstâncias, podemos fazê-lo sem maiores dificuldades. (Romero, 2002, p. 308)

O homem deve ser estudado tanto a partir de sua exterioridade quanto de sua interioridade, pois ele é produto dos fatores objetivos e também dos subjetivos (Martín, 1984). Subjetivo, aqui, significa "tudo aquilo que pertence à ordem do sujeito, assim como o objetivo que pertence à esfera do objeto" (Romero, 2002, p. 139).

> Ao sujeito corresponde tudo aquilo que subjaz, o que sustenta, o que aparece como manifesto na conduta. É a pessoa enquanto núcleo vivencial do que lhe acontece. É o centro unificador da experiência, centro estruturado parcialmente, com seus vetores disposicionais, suas constantes afetivas, suas atitudes predominantes, seus valores. Embora seja usado frequentemente como sinônimo de pessoa, eu diria que pessoas é um conceito mais abrangente, incluindo especialmente a conduta e o desempenho de papéis, além do ego, que é a representação que a pessoa se faz de si mesma de acordo com os valores do meio e do papel que lhe corresponde no contexto social. (p. 139)

Assim sendo, concordamos com Rey (2002) que subjetividade é

> um sistema complexo de significações e sentidos subjetivos produzidos na vida cultural humana e ela se define ontologicamente como diferente dos elementos sociais, biológicos, ecológicos e de qualquer outro tipo, relacionados entre si no complexo processo de seu desenvolvimento. (p. 36)

E acrescenta que a subjetividade constitui-se em dois momentos essenciais: o individual e o social.

> A subjetividade individual é determinada socialmente, mas não por um determinismo linear externo, do social ao subjetivo, e sim em um processo de constituição que integra de forma simultânea as subjetividades social e individual. O indivíduo é um elemento constituinte da subjetividade social e, simultaneamente, se constitui nela. (p. 37)

Diante dessas considerações, sublinhamos que, dentre os métodos de apreensão da subjetividade, o psicodrama destaca-se pelo pioneirismo no campo científico com a valiosa contribuição de objetivar o subjetivo conforme descreveu Naffat Neto (1979).

Se considerarmos as características gerais da metodologia psicodramática, compreenderemos que ela possui elementos essenciais para a apreensão da subjetividade, pois os métodos socionômicos via espontaneidade e criatividade garantem a autonomia e explicitam a coconstrução do conhecimento.

O sujeito (protagonista da investigação) atua espontaneamente e, dessa forma, poderemos ver o que se passa em sua subjetividade *in status nascendi*, pois uma das características da ação é que, enquanto atua, o indivíduo perde todo seu controle sobre si mesmo e torna-se puro ato, permitindo ao diretor do experimento chegar ao conhecimento direto do que está ocorrendo no seu psiquismo. (Martín, 1984, p. 105)

Por conseguinte, o sujeito passa a se reorganizar no grupo, passando de ator social para autor social responsável pelas suas escolhas, pois

> a subjetividade individual se constitui em um indivíduo que atua como sujeito graças a sua condição subjetiva. O sujeito é histórico, uma vez que sua constituição subjetiva atual representa a síntese subjetivada de sua história pessoal, e é social, porque sua vida se desenvolve na sociedade, e nela produz novos sentidos e significações que, ao constituírem-se subjetivamente, se convertem em constituintes de novos momentos de seu desenvolvimento subjetivo. (Rey, 2002, p. 38)

Acrescente-se, também, que na metodologia moreniana os participantes são ao mesmo tempo sujeitos da experimentação e experimentadores, e o pesquisador é tão experimentador quanto os sujeitos, na medida em que está implicado na coprodução do vivido em cena, e, nos métodos socionômicos, é considerado observador participante, "implicado no grupo e com o grupo, o qual é soberano" (Wechsler, 2005, p. 2).

> Por não aceitar a importação de métodos de outras ciências para o estudo do ser humano, não concordar com a possibilidade de haver um observador neutro, e compreender que inexiste uma apreensão pura da realidade, propôs um método que procurasse objetivar a subjetividade. Em grupos, sugeria a participação de todos os envolvidos na experimentação, para evitar o distanciamento e a presença do observador que necessariamente altera as circunstâncias. Trabalhava, assim, também com a intersubjetividade. (Pontes, 2006, p. 37)

Por meio da dramatização, "os participantes do grupo tornam-se conscientes de seus problemas, das necessidades e dos seus objetivos, motivando-se a uma participação ativa" (Scaffi, 2002, p. 30).

Isso ocorre, principalmente, porque

> o homem é um ser-no-mundo; e o mundo manifesta-se não de um modo abstrato, como um espaço indeterminado; mostra-se como uma configuração concreta, constituída por entes de variada significação. Como indivíduo, emerjo num campo específico constituído por pessoas, coisas e objetos. Atuo num determinado lugar, sempre. É o que denominamos situação (do latim, *sit* = lugar e ação). (Romero, 2002, p. 124)

Os componentes acima abordados não são independentes; inversamente, eles interagem com as dimensões do humano e com as ideologias do coletivo. Dessa forma, o paradigma psicodramático "apresenta-se como um caminho metodológico e facilitador da apreensão do conhecimento. Sua proposta de intervenção no universo objetivo e subjetivo dos sujeitos e suas redes sociais apoia-se na espontaneidade e criatividade" (Marra; Costa, 2002, p. 106).

O objeto do sociodrama "é o sistema com uma estrutura relacional própria que procura ajuda porque se torna incapaz devido a bloqueios de escapar às 'conservas culturais', ou seja, descobrir novas formas de relacionamentos funcionais" (Seixas, 1994, p. 133).

Com essa estrutura, seus integrantes são coconstrutores de histórias em ação conjunta que, "por meio de uma gama de relações recursivas, acaba por englobar toda humanidade em um sistema auto-organizável" (Seixas, 1994, p. 131).

> É inegável que Moreno tenha compreendido perfeitamente o problema do método na investigação psicológica, e que, se realmente conseguiu o que se propôs, deu um passo gigante neste campo de investigação. Os psicólogos lhe serão eternamente agradecidos porque o que ele metodologicamente propõe é uma revolução. (Martín, 1984, p. 104)

Coleta de dados

A coleta de dados foi realizada por meio de visitas aos postos de trabalho e de atividades grupais.

Visitas aos postos de trabalho: num primeiro momento, visitamos 45 ambulatórios da instituição, acompanhados da enfermeira coordenadora. Nessas visitas tivemos contato pessoal com os sujeitos para que eles conhecessem o objetivo da pesquisa e participassem espontaneamente. Aproveitamos as visitas também para conhecer o contexto de trabalho no qual eles estavam inseridos. Em alguns ambulatórios, estabelecemos contatos mais efetivos com os trabalhadores e, por meio desses, conversamos sobre o cotidiano de trabalho. Os dados desses contatos foram registrados à mão e considerados, para esse estudo, os discursos mais relevantes.

Atividades grupais: após esse contato preliminar, organizamos as atividades grupais, as quais foram metodologicamente embasadas na vertente sociodramática. Em cada sessão, seguimos as três etapas da metodologia sociodramática, a saber: aquecimento (inespecífico e específico), dramatização e compartilhar.

Durante as sessões, a etapa de aquecimento inespecífico iniciou-se por determinadas instruções (consignas) do Diretor, como forma de transportar os participantes de campo tenso para campo relaxado, do contexto social para o contexto grupal. Utilizamos diferentes recursos a partir de interações verbais, posturais e gestuais. O aquecimento específico foi direcionado com base nos objetivos das sessões. Procedeu-se, após essa etapa, à dramatização, momento em que os participantes, individualmente ou em grupo, protagonizaram e, por meio de gestos, palavras e representações, puderam manifestar-se sobre o cotidiano de trabalho.

Técnicas utilizadas no desenvolvimento das sessões

Partindo de suas considerações, o precursor do psicodrama engajou-se na elaboração de um conjunto de técnicas com o duplo objetivo de viabilizar a apreensão da realidade e desenvolver a espontaneidade e o potencial criativo dos seres humanos.

Dentre a infinidade de técnicas descritas na metodologia sociodramática, as empregadas em nossas sessões foram: solilóquio, espelho, inversão de papéis e interpolação de resistência.

a) Solilóquio

Nessa técnica, o protagonista ou Ego-Auxiliar, a pedido do Diretor, faz um "aparte" e diz, em voz alta, o que sente ou pensa no momento da dramatização.

Assim sendo, expressa-se

> diante da plateia, em "monólogo", na situação, reflete em voz alta e faz livres associações a respeito da ação ou da representação dramática que acaba de ser realizada. Desse modo, podem aparecer ideias ou sentimentos que não afloraram durante o movimento interativo interior. (Menegazzo *et al.*, 1995, p. 201)

b) Espelho

Moreno criou essa técnica baseado no desenvolvimento da Matriz de Identidade. Esse procedimento pode ser aplicado de diversos modos.

Eles de quando o Ego-Auxiliar ou um participante do grupo adentra o cenário e, a pedido do Diretor, repete diante do protagonista seu movimento corporal, suas atitudes e seu modo de agir. Assim ele pode observar-se no outro e refletir sobre seus modos de atuar.

A técnica do espelho pode também ser realizada por meio de jogos, como os de imitação e de movimentos. Nestes, os participantes podem estabelecer trocas entre si, propiciando a percepção por meio do outro.

Por meio de filmagem de sessões, também é possível o protagonista autoperceber-se pela reprodução exata de sua própria imagem.

É possível, ainda, desenvolver essa técnica com a caricatura, caracterizada por exageros do Ego sobre os movimentos, gestos e condutas do protagonista.

A escultura, pela imagem corporal, é outro recurso que pode ser utilizado como espelho. Ao utilizar o próprio corpo, o protagonista autopercebe-se e também percebe o outro.

Enfim, existem formas variadas de experienciar essa técnica, e as utilizamos de diversas maneiras no decorrer das sessões.

c) Inversão de papéis

De acordo com Menegazzo *et al.* (1995, p. 111), a inversão de papel é utilizada como técnica "reatualizadora e reestruturadora, que visa o *insight* ou compreensão integradora do protagonista". Sua vivência permite a intervenção nos conteúdos projetados transferencialmente que são produzidos por conteúdos fantasmáticos e estereotipados, proporcionando o desenvolvimento do *tele*.

Moreno (1978) sistematizou essa técnica, tomando como referência suas concepções de desenvolvimento do ser humano. Por meio dela, o protagonista é direcionado a representar um papel complementar, enquanto o Ego ou outro participante assume seu lugar.

d) Interpolação de resistência

Consiste na inserção de um estímulo na cena, seguindo uma hipótese diagnóstica do Diretor. Esse estratagema objetiva desestruturar uma situação sem que o protagonista a conheça (Menegazzo *et al.*, 1995).

Por meio do emprego desses procedimentos clássicos, foi possível desenvolver nos participantes a liberação da espontaneidade e da criatividade, devido ao momento criativo e transformador propiciado nos encontros.

As técnicas verbais e de ação foram empregadas entrelaçadamente, pois nos servimos

> não só de dramatizações conjuntas, que produzem novas vivências e percepções de mundo, comprometidas com o novo contexto em que são realizadas, criando novas histórias, mas também de questionamentos que produzem novas descrições, discursos e significados, que transformam a visão e a compreensão que o sistema tem de sua própria realidade. (Seixas, 1994, p. 131)

Nesse sentido, na medida em que o sociodrama não abandona o verbal, mas o hierarquiza, ele favorece ainda mais o afloramento da espontaneidade. E, assim, vemos que a expressão verbal e a ação não são opostas, mas, sim, complementares.

RECURSOS UTILIZADOS NO DESENVOLVIMENTO DAS SESSÕES

No desenvolvimento das sessões foram utilizados diferentes recursos, como os jogos psicodramáticos e os objetos intermediários.

a) Jogos psicodramáticos

Quanto à definição ou o conceito de jogo, há uma polêmica entre os psicodramatistas, como se observa nas concepções apresentadas a seguir.

De acordo com Monteiro (1994, p. 21),

> o jogo se insere no psicodrama como uma atividade que propicia ao indivíduo expressar livremente as criações de seu mundo interno, realizando-as na forma de representação de um papel, pela produção mental de uma fantasia ou por uma determinada atividade corporal.

Yozo (1996, p. 17), ao descrever o conceito de jogo, concebe que ele "está inserido na teoria do psicodrama, diferenciado do termo de jogos dramáticos utilizado no teatro, com o objetivo de desenvolver somente o papel de ator".

Para Militão e Militão (2000, p. 24), "o jogo é um procedimento vivencial, naturalmente. É um exercício laboratorial, portanto, uma vivência. É uma técnica, uma dinâmica: exige relação entre as pessoas".

Temos a concepção de que "o jogo é um instrumento eficiente, pois, por meio deste, é possível desenvolver a espontaneidade. O resgate do lúdico propiciado pelo jogo auxilia no relaxamento e favorece a liberdade de expressão" (Schmidt, 2003, p. 113).

Concordamos que o "jogo no psicodrama surge da necessidade de uma terapia em um baixo nível de tensão, em uma situação preservada, onde o indivíduo não está trabalhando diretamente seu conflito" (Monteiro, 1994, p. 21).

> Pelo fato de o indivíduo estar diretamente jogando, já se elimina a possibilidade de ser para ele uma situação angustiante ou ansiógena, pois o jogo cria uma atmosfera permissiva que dá condições ao aparecimento de uma situação espontânea e criativa no indivíduo, proporcionando-lhe a possibilidade de substituir respostas prontas, estereotipadas, por respostas novas, diferentes e livres de uma conserva cultural trazida no decorrer do tempo, pelas mais diversas situações em que é restringida a sua capacidade criativa. O jogo permite, pois, que o indivíduo descubra novas formas de lidar com uma situação que poderá ser semelhante a outras situações de sua vida. (Monteiro, 1994, p. 21)

Diante dessas vantagens do jogo, o inserimos, durante o desenvolvimento das sessões, em diferentes momentos de nossas atividades grupais; observamos a etapa de evolução do grupo e dos participantes, adequando a escolha do jogo à guisa dos resultados dessa observação. Como salientou Datner (2006, p. 32), "uma boa leitura de grupo é fundamental como guia de planejamento". Por isso, entender como o grupo evolui é imprescindível para saber o tipo de jogo a ser aplicado.

Datner (2006) concebeu quatro fases de desenvolvimento do grupo que foram consideradas no desenvolvimento de nossas sessões. Segundo a autora, existe um primeiro momento do grupo que é de estranhamento. Ela denominou essa primeira fase de amorfa. "Cada um está voltado para si, os outros não existem ainda" (p. 32). Nessa fase, "nenhum relacionamento se estabelece, não há trocas, até porque os objetivos e as expectativas não estão definidos e claros. Não há contrato entre os participantes" (p. 33).

Do ponto de vista psicodramático, é o momento de identificação do indivíduo no grupo: corresponde, pois, à primeira fase da Matriz de Identidade: EU COMIGO. Assim sendo, nessa fase inserimos jogos como forma de propiciar os primeiros espaços de expressão: os "jogos de apresentação", que envolveram apresentação dos participantes de maneira diferenciada e informal, os "jogos de expectativas", e os de "aquecimento", com o objetivo de produzir um campo relaxado. E também os "jogos de interiorização", que visam à descoberta da própria identidade no grupo, e os "jogos de sensibilização", destinados a promover a sensibilidade e a percepção.

Como segunda fase Datner (2006) considerou o momento em que os participantes se interessam pelo conhecimento recíproco, que ela denominada de uma fase da possibilidade do EU-TU.

Para tanto, nessa segunda fase, inserimos "jogos de percepção", "jogos de duplas" e de "espelho" como uma forma de aproximar os participantes. Enfim, "um movimento em prol do encontro, sem exigir um resultado *a priori* nem cobrança das pessoas" (p. 34).

Aplicamos ainda, nessa fase, "jogos de pré-inversão", que propiciaram aos participantes o colocar-se no lugar do outro. Enfim, todos os jogos aplicados nesse estágio revelaram características de princípio de comunicação e sensopercepção.

A terceira fase foi denominada pela autora como "fase da ação", visto que é nesse momento que o grupo estabelece seu funcionamento e suas regras, organizando-se. Essa

> conjuntura levará a um maior ou menor ritmo e vitalidade, facilidade de andar junto e de coconstruir e codesenvolver-se. É a fase em que se viabilizam possibilidades de formação de subgrupos, por consistir no momento das descobertas do que há de comum e de diferente no grupo, e, sob essas condições, constituem-se subgrupos, em que há a convergência de referências em comum, em que há complementariedades, cooperação e energia de coconstrução. (p. 34)

Nessa fase, realizamos várias atividades que propiciaram aos participantes a criação conjunta da ação dramática. Os jogos que a correspondem envolveram trabalhos em dupla, trio, quarteto e até com o grupo todo.

Por fim, passa-se à quarta e última fase, caracterizada pela autora como a fase de relações mútuas e de afloramento de sentimentos de reciprocidade. Nela, direcionamos atividades com "jogos de sensibilização", "jogos de inversão de papéis" e de "identidade grupal", que traduzem "a fusão entre o EU-TU de modo renovado, revitalizado e único" (Yozo, 1996, p. 121).

b) Objeto intermediário

Conforme descrito por Schmidt (2006), o termo "objeto intermediário" foi introduzido na teoria e na prática psicodramática por Rojas-Bermúdez (1970), como um recurso para o favorecimento do aquecimento dos pacientes psicóticos crônicos durante as sessões de psicodrama que ele conduziu; assim foi denominado, devido à qualidade de promover a passagem do estado de alarme (campo tenso) para o campo relaxado.

Do ponto de vista prático, o "objeto intermediário" "é qualquer objeto que funcione como facilitador do contato entre duas ou mais pessoas" (Castanho, 1995, p. 32). Desse modo, assinala que "uma bexiga, uma folha de jornal ou um barbante servem para intermediar a comunicação e são veículos da expressão de afetos" (p. 32).

Nesse sentido, o objeto intermediário parte da utilização de uma infinidade de materiais, como música, papéis, figuras, desenhos, entre outros, que, aplicados sob uma variedade de técnicas – dançar, pular, desenhar, recortar, colar, imaginar, modelar etc. – favorecem o envolvimento dos participantes, o aparecimento da comunicação (verbal e não verbal) e a expressão dos sentimentos (Schmidt, 2006).

Rojas-Bermúdez (1970) descreveu oito classificações para mencionar as qualidades do "objeto intermediário", a saber: existência real e concreta, inocuidade, maleabilidade, transmissor, adaptabilidade, assimilabilidade, instrumentabilidade e identicabilidade.

Ao discorrer acerca da teoria dos papéis, Rojas-Bermúdez (1970) enquadra o "objeto intermediário" referindo-se ao limite psicológico da personalidade e apontando que ele atua como uma função protetora para o limite do "si mesmo". Para esse autor, os estados de alarme mantêm o si mesmo expandido. Assim, à medida que se introduz o objeto intermediário, ele reduz esses estados e permite a vinculação dos papéis, que são, então, colocados em funcionamento, contribuindo para o maior envolvimento dos participantes nas atividades propostas (Schmidt, 2006).

Isso ocorre porque o "objeto intermediário" é um facilitador para o aquecimento e os participantes aquecidos "se veem tão envolvidos na situação que atuam praticamente sem o Eu observador" (Rojas-Bermúdez, 1970, p. 94).

No decorrer das sessões, utilizamos vários recursos como "objeto intermediário", como: desenhos, figuras, objetos pessoais e do ambiente e música. Particularmente, as fábulas revelaram-se um instrumento valioso para a reflexão de papéis e sobre seus complementares.

TRATAMENTO DOS DADOS

A pesquisa atendeu aos critérios estabelecidos pela Resolução n. 196/96, que trata de pesquisa envolvendo seres humanos, sendo o projeto aprovado pelo Comitê de Ética da Faculdade de Saúde Pública da USP.

Além de atendermos aos critérios descritos na Resolução, fizemos também um contrato ético grupal, no qual foram estabelecidas regras básicas de sigilo das situações que eram presenciadas no grupo e de anonimato perante a divulgação dos resultados à instituição. Esses cuidados são considerados fundamentais para preservar a autoconfiança dos participantes no que tange às suas percepções acerca das situações desenvolvidas nas atividades grupais, bem como visa garantir a confidencialidade e a fidedignidade dos resultados.

A operacionalização dos resultados foi realizada à luz da abordagem qualitativa, tomando-se como referência as concepções de Minayo *et al.* (2002). Seguindo a proposta desses autores, o tratamento dos dados passou por três fases consecutivas: ordenação, classificação e análise.

Ordenação dos dados

Num primeiro momento, fizemos um mapeamento de todos os dados obtidos no trabalho de campo e colhidos por meio das observações e atividades grupais. Fez parte desse mapeamento a releitura dos dados de observação dos postos de trabalho, a releitura das sessões grupais (expressões verbais e não verbais) e a organização dos dados por itens mais relevantes.

Classificação dos dados

Por meio da leitura dos itens do material, considerando os mais relevantes, identificamos os emergentes grupais, ou seja, determinamos o conjunto de informações presentes, e, com base nelas, elaboramos categorias específicas de modo a estabelecer articulações com os objetivos da pesquisa.

Análise dos dados

Nessa fase, promovemos a relação entre a teoria e a prática. Os conteúdos analisados tomaram como referencial teórico-metodológico a vertente sociodramática.

LIMITAÇÕES DO ESTUDO

Por se tratar de um estudo em que se utilizaram atividades grupais como procedimento para coleta de dados, muitos dos trabalhadores que manifestaram interesse em participar foram impedidos de fazê-lo, devido, sobretudo, a aspectos da organização do trabalho, como: número reduzido de trabalhadores, sobrecarga de trabalho, duplo vínculo empregatício, horário de trabalho, rotinas de atividades do cotidiano da enfermagem, medo de se expor ao coletivo, entre outros.

Ressalte-se que a constituição dos grupos somente foi possível perante acordos institucionais para liberação dos participantes. Esse viés, porém, não prejudicou a coleta de dados, pois as manifestações que os participantes trouxeram retrataram temas significativos sobre como estão as relações interpessoais no trabalho. E por ser uma pesquisa de natureza qualitativa, a fala de um representa a fala de muitos, conforme descreveu Minayo (1999). Por meio de seus discursos e como personagens das cenas, os participantes retrataram a realidade do contexto de trabalho e conduziram uma construção coletiva dos problemas vivenciados no dia a dia.

Entretanto, deve ser levado em conta que a participação de um maior número de trabalhadores poderia ter enriquecido as trocas coletivas, bem como as reflexões e discussões acerca dos temas emergentes nos grupos, mas, infelizmente, os modos de funcionamento da organização do trabalho tendem a criar estratégias para evitar que o coletivo encontre-se. Salienta-se, assim, a vantagem da metodologia sociodramática sobre os demais métodos, pois enquanto outros procedimentos de coleta de dados em saúde do trabalhador produzem resultados a médio e longo prazos, o sociodrama, pelas suas características, prima por um resultado que ocorre no aqui-agora.

5

Apresentação de sessões: descrição e análise

> *"Cada sessão é uma experiência ímpar para seus participantes."*
>
> (Moreno)

DESCRIÇÃO DA PRIMEIRA SESSÃO

Primeira sessão

Tema: "Estimulando e Apreendendo as Percepções"

Data: 07/08/2006

Diretor: Maria Luiza

Ego: Mauro

Número de participantes: 10

Objetivos:

- Conhecer os participantes.
- Apresentar a proposta do projeto.

O Diretor e o Ego chegaram ao local às 13h30. O início da atividade estava previsto para as 14h00. Eles foram informados pela recepcionista de que a enfermeira encarregada de acompanhar a organização do grupo havia passado mal e estava em observação no atendimento médico, portanto não poderia comparecer.

M, auxiliar de enfermagem, já estava no local aguardando o início da atividade e informou que os demais colegas de seu setor não iriam participar devido a um problema de transporte. Nesse dia a cidade havia sofrido ataques de facções criminosas, e todos temiam o retorno para casa.

Às 14h00, o Diretor e o Ego dirigiram-se à sala onde as atividades seriam desenvolvidas e permaneceram no aguardo da chegada do grupo. Às 14h20, iniciaram-se os trabalhos com a presença de cinco participantes. Os demais chegaram aos poucos, de modo que, minutos depois, já havia nove pessoas para a sessão.

A sala foi organizada com as cadeiras em círculo para melhor visualização de todos entre si; disposição que se manteve no decorrer de todas as sessões posteriores.

Aquecimento inespecífico: jogo de fantasia sobre o Diretor

Objetivo:

- Descontrair o grupo e apreender percepções dos participantes com relação ao Diretor.

O Diretor agradeceu a presença de todos, retomou os objetivos da pesquisa e enfatizou a importância da participação deles para a compreensão do cotidiano de trabalho. A seguir, adiantou como seriam desenvolvidas as atividades grupais, fazendo uma breve explicação sobre as técnicas psicodramáticas e esclarecendo que, num primeiro momento, eles se apresentariam como forma de se conhecerem. Relatou que essa familiarização era oportuna, pois iriam participar de vários encontros juntos.

Comentou que acreditava que eles tinham algumas curiosidades sobre a pessoa do Diretor e introduziu o "jogo de apresentação do diretor".

Começou a jogar com os participantes, fazendo a seguinte pergunta: – O que vocês gostariam de saber de mim?

Colocada essa questão, os participantes começaram a lhe fazer perguntas. Enquanto o indagavam, o Diretor não respondia, apenas anotava as questões na lousa.

Eis os questionamentos:

"Onde você trabalha e qual a finalidade da pesquisa?"

"Por que escolheu este grupo?"

"Qual sua profissão?"

"Por que 'saúde do trabalhador'? O que a deixa curiosa? Qual a aplicação prática? Vai abordar empresa, pessoas, funcionários?"

O Diretor percebeu que as perguntas estavam muito focadas no papel profissional, por isso inseriu a seguinte consigna: *"o que vocês gostariam de saber sobre a pessoa Luiza?"*

Seguiram-se as questões:

"O que você faz?"

"Você tem família?"

"Você já fez terapia? O que achou?"

"Por que fez psicologia?"

"Outros projetos?"

Novamente o Diretor indagou: *"o que vocês gostariam de saber da Luiza?"*

Continuaram as perguntas:

"Gosta de dançar?"

"Gosta de beber, sair?"

"Para que time torce?"

"Gosta de fofoca saudável?"

"Quem a trouxe para cá?"

"Gosta de estar casada?"

"Gosta de viajar? Para onde?"

"Gosta do que faz?"

"É feliz?"

"É realizada?"

Após se certificar de que não havia mais perguntas, o Diretor dividiu a sala em dois subgrupos e deu esta consigna: – Agora a proposta é a seguinte: cada subgrupo irá responder as questões que vocês levantaram sobre mim.

Participante: – Como vamos responder sem conhecer? Na primeira impressão não dá pra responder.

Diretor: – Tentem pensar em algumas respostas, depois iremos falar sobre isso.

Esse jogo tem como um de seus objetivos avaliar a *capacidade télica*, ou seja, perceber o outro sem distorções, além de contribuir para uma reflexão sobre os preconceitos que criamos com relação às pessoas.

Uma participante perguntou se o Mauro (Ego) fazia parte do grupo. O Diretor respondeu que sim e que logo o apresentaria.

Comentário de uma participante, enquanto se organiza no subgrupo: – Dá vontade de voltar quando a Luiza visitou o ambulatório, pra perguntar essas coisas pra ela.

Enquanto organizavam as subdivisões, chegou mais um participante, e o Diretor direcionou para um dos subgrupos, dizendo: – Olha como o grupo cresceu! Temos mais uma participante.

Uma participante disse: – Pois é, o... dormiu – referindo-se ao líder da facção criminosa responsável pelos ataques aos transportes coletivos.

Na sequência, o Diretor estabeleceu um prazo de dez minutos para que os subgrupos pudessem trocar ideias sobre as questões.

O subgrupo 2 terminou a atividade antes do prazo preestabelecido e pressionou o subgrupo 1 para terminar.

Após ambos terem terminado, o Diretor solicitou-lhes a apresentação do que haviam discutido e respondido.

Durante as apresentações, o Diretor foi confirmando os erros e acertos com relação à percepção que os participantes tiveram de sua imagem.

Comentários

Após todas as apresentações, o Diretor explicou que no dia a dia nós nos relacionamos com diferentes pessoas e que, muitas vezes, distorcemos a imagem do outro. Disse também que essas distorções prejudicam o bom relacionamento e podem contribuir para criar conflitos interpessoais.

Adiantou também que durante os encontros posteriores, algumas atividades a serem desenvolvidas tratariam de temas referentes aos relacionamentos entre as pessoas.

Na sequência, solicitou que o Ego se apresentasse e esclareceu o motivo de sua presença. Perguntou aos participantes se alguém gostaria de comentar sobre a atividade, fazer mais alguma pergunta, ou então esclarecer alguma dúvida.

Participante: – Gostaria de saber sua religião.

O Diretor respondeu e, na sequência, certificando-se de que não havia mais questionamentos dos participantes, solicitou-lhes que comentassem como foi fazer essa atividade. De um modo geral, as respostas apontaram que foi importante para descontrair.

Aquecimento específico: jogo de expectativas sobre o projeto
Objetivo:

- Avaliar as expectativas do grupo com relação à participação no projeto.

Diretor: – Agora vamos fazer a seguinte atividade: vou entregar-lhes esse pedaço de papel e, enquanto estiver tocando uma música, gostaria que vocês refletissem sobre suas expectativas com relação aos encontros. Após pensarem individualmente, tentem resumir suas reflexões e escrevam-nas nesse papel que lhes entreguei, sem se identificar.

Dramatização
Minutos depois, após o Diretor constatar que todos haviam atendido ao que foi proposto, solicitou-lhes que ficassem em pé e que, à medida que caminhassem pela sala, fizessem a troca dos papeizinhos várias vezes. Na sequência, pediu que se sentassem e, a seguir, determinou que lessem em voz alta o que estava escrito no papel que receberam.

Conforme os participantes liam as expectativas, o Ego as anotava na lousa. Eis os relatos:

- Acalmar a mente.
- Sociabilidade.
- Conhecimento (duas vezes).
- Apoio.
- Chefe achou que era bom.
- Melhorar as condições de trabalho e humanização dos povos.
- Achou o tema interessante.
- Dar ao trabalhador melhor qualidade de vida.

Comentários
O Diretor adiantou-lhes que, no final dos encontros, seria realizada uma avaliação para verificar se houve ou não atendimento dessas expectativas.

Um participante informou que precisava sair devido a um compromisso anteriormente agendado para aquele mesmo horário num ambulatório. O Diretor quis saber dos integrantes do grupo qual seria o melhor horário para se reunirem de modo a não coincidir com suas respectivas atividades no local de trabalho. E, após uma breve discussão, chegaram a um consenso: o período ideal seria das 13 horas às 16 horas.

Aquecimento inespecífico: jogo de apresentação dos participantes

Objetivos:

- Conhecer os participantes.
- Promover a integração do grupo.

O Diretor solicitou que todos caminhassem lentamente pela sala e aproveitassem para se cumprimentar. Pediu também que olhassem os demais participantes do grupo e identificassem, entre eles, os colegas com quem tinham, respectivamente, maior e menor contato no dia a dia de trabalho. Feito isso, deveriam aproximar-se daquele com quem tinham menos contato e formar duplas para, em seguida, sentarem-se e conversarem por determinado tempo. As duplas compartilhariam informações e depois cada membro do par apresentaria seu colega.

A seguir, tem-se um resumo de alguns itens dessa apresentação. Como forma de garantir o anonimato, os nomes foram identificados com letras do alfabeto, alteradas com relação ao nome do participante.

M e F: conhecem-se há 19 anos.

MJ e L: não se conheciam, não têm intimidade. L diz que MJ é trabalhadora, tem dois filhos, estuda muito, concluiu a faculdade de enfermagem e no momento cursa direito.

MJ disse que L também é trabalhadora, teve um começo de vida parecido com a sua, trabalhou dezessete anos no centro cirúrgico. Ambas emocionaram-se enquanto narravam trechos da vida. MJ falou da colega I, que estava presente no grupo, disse que a amizade sempre foi muito forte, que estava viajando quando I perdeu o bebê e esse fato a fez sentir-se mal, depois soube que I havia tido aborto.

K e N: não se conheciam, não tinham amizade. K comentou que N é mãe solteira, tem uma filha de 17 anos e uma neta de dois. Por sua vez, N comentou que K é mineira e não teve condições de estudar.

D e V conhecem-se há mais de 20 anos, mas só têm vínculo profissional.

Finalizando as apresentações, o Diretor convidou o grupo para um breve intervalo para o café.

L comentou: – Vai ter café? Lembra que perguntei no dia que você foi ao ambulatório se teria café? Porque aqui costuma ser a sala da senzala, porque toda vez que a gente vem pra cá é pra levar bronca.

Tomaram café e durante o intervalo N comentou que não tinha mais corpinho de Xuxa.

N pediu para sair às 16h00, alegando que precisava ficar com o neto para a filha poder ir à escola.

O Diretor e o grupo entraram em acordo para encerrar as atividades às 16h00.

Convite à dramatização

Dando continuidade às atividades, o Diretor formou dois subgrupos e lhes distribuiu um texto (fábula do carvalho e da raposa) e lhes solicitou que, após a leitura, refletissem e discutissem sobre o conteúdo da fábula, para verificar se tinha ou não ligação com o cotidiano do trabalho.

Texto: *O carvalho*

Em uma noite tempestuosa, o vento norte, atingindo vertiginosa força, investiu com todo seu poder contra um magnífico carvalho, o qual imediatamente foi ao chão. Um grande número de labaredas espalhou-se e o vegetal ficou fragmentado, despedaçando-se, levando tudo abaixo.

Uma raposa, que estava em seu covil um tanto longe, viu o carvalho todo destruído na manhã seguinte. Surpresa, ela gritou: o quê? Uma árvore? Eu nunca havia pensado que ela fosse tão grande e magnífica.

Após um tempo, o Diretor liberou-os para os comentários. Ei-los:

Compartilhar

"*As pessoas nunca prestam atenção umas às outras, só sentem falta quando uma sai do seu lado.*"

"*A falta de observação leva uma atendente a não prestar atenção em uma pessoa doente e a maltratá-la.*"

"*Você deve prestar atenção em tudo que ocorre à sua volta.*"

"*Prestando atenção, você pode ajudar as outras pessoas.*"

"*Se você olhar no olho das pessoas, você pode dizer tudo do outro.*"

"*A falta de resposta e comunicação pode atrapalhar a outra pessoa.*"

Em um dos grupos, uma participante comentou: – Fui atacada por desmaiar e ouvi dizer que era fajuta a condição. Por isso vejo alguns amigos como o carvalho, o magnífico. Vim aqui por causa do que me aconteceu, pra conversar. Não recebi apoio do setor onde trabalho. Lutei pelas minhas filhas. Estudei tarde, não quero ficar doente e ficar em casa. Nunca fui tratada como trato os pacientes.

Outra participante fez comentários referentes a uma situação que enfrentou por ocasião da doença de uma amiga.

– Fui atrás do médico pra saber o que ele ia falar de minha amiga e não deixei falar nada dela.

– A universidade é boa para doutor, para o povo lá fora, mas para funcionário não é nada bom.

– Tanto tempo que a árvore estava ali, e a raposa não viu, precisou cair a árvore pra ela ver.

– As pessoas não se olham, ignoram-se. O poder do médico é grande.

O Diretor fez uma pirâmide utilizando as mãos e explicou como percebia essa relação de poder. Disse que via a enfermagem na base, como alicerce da instituição.

Verbalizou ainda: – O poder também está em nós. E ninguém vê isso. O poder está em nossas mãos. Nós não sabemos, temos medo.

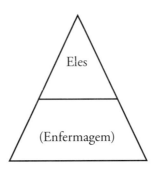

Outra participante comentou uma situação em que necessitou da ajuda de um advogado para conseguir afastamento do trabalho para uma colega que estava doente.

– Os atropelos acontecem por falta de equilíbrio, e não conseguimos nos expressar, não observamos as pessoas.

– Às vezes, precisamos de uma pessoa para nos ouvir, e não do remédio, apenas.

Uma participante sugeriu que os funcionários que atendem a outros funcionários deveriam buscá-los na fila, pois todos estão identificados com o crachá.

Diante do fato de que alguns participantes precisavam sair, o Diretor encerrou as discussões dizendo que voltariam a falar sobre esses assuntos em encontros posteriores. Para finalizar, perguntou ao grupo como foi ter participado das atividades nesse dia.

Eis os comentários:

"Tudo depende de expressão e observação."

"Importante falar, se reunir."

"Saio bem melhor porque falei."

"Vou voltar, mas estou na expectativa."

"Estou curiosa."

"Gostei, volto."

"Volto porque estou aprendendo."

"Volto porque vou conversar e ficar boa."

Nesse dia não foi possível cumprir todo o planejamento da sessão. As atividades teriam sequência partindo para a dramatização, porém, como muitos inscritos tiveram problemas com o transporte, e outros estavam ajustando os horários no setor e na vida fora do trabalho para poder participar, foi necessário encerrar as atividades com uma hora de antecedência.

Análise da primeira sessão

Com o desenvolvimento do tema "Estimulando e Apreendendo as Percepções", fizemos nosso primeiro contato com o grupo. Os objetivos que nortearam o desenvolvimento desse tema foram:

- Conhecer os participantes.
- Integrar o Diretor e os participantes.
- Avaliar as expectativas com relação às atividades grupais.
- Apresentar o projeto de pesquisa e esclarecer dúvidas relacionadas à sua realização.
- Avaliar aspectos relacionados à capacidade télica.

Para essa sessão, tínhamos a estimativa de 21 participantes. Essa referência partiu das manifestações de interesse dos trabalhadores durante nossas visitas aos ambulatórios. Entretanto, nesse primeiro encontro, compareceram apenas dez dos interessados.

As ausências foram justificadas pelo problema de transporte. Diante das preocupações com os ataques, algumas pessoas faltaram ao trabalho, e muitos dos que foram trabalhar resolveram voltar para casa mais cedo por questões de segurança.

Mesmo com número reduzido de participantes, propusemos aos presentes iniciar os encontros e depois fazer os ajustes necessários às demais participações.

Para a atividade de aquecimento inespecífico, introduzimos um jogo de percepção com o objetivo de colocar os participantes em campo relaxado e também de avaliar as fantasias, curiosidades e distorções perceptuais relacionadas à figura do Diretor. Por meio desse jogo, procuramos, ainda, estabelecer a interação entre os participantes e o Diretor e vice-versa.

Outro aspecto que merece ser descrito sobre esse jogo remete à mensagem que o Diretor passa para o grupo, pois, à medida que se permite desvendar, paralelamente se revela que, naquele espaço, é permitido manifestar-se com transparência. Com esse jogo, é como se o Diretor assegurasse ao grupo: – olha, eu estou me mostrando aqui. Sendo assim, ele quebra as conservas e desfaz o medo da expressão.

Além disso, o jogo proporciona também a exposição subjetiva, e, dessa forma, é possível levar os participantes a perceberem que existem percepções diferentes sobre as coisas, as pessoas e o mundo.

Ao término do jogo, percebemos que nossos objetivos foram atingidos, portanto seguimos para a etapa de aquecimento específico, cujo desenvolvimento foi realizado com o jogo de expectativas. Finalizando essa atividade, constatamos que as expectativas apontadas traziam conteúdos que representavam alguns indicadores, como os descritos no Quadro 2.

Tabela 2 - Demonstrativo das expectativas e de seus indicadores

Expectativas	Indicadores
Acalmar a mente	Sobrecarga mental.
Sociabilidade	Necessidade de espaço para relacionamento; isolamento busca de coesão grupal.
Conhecimento	Busca de desenvolvimento e aprendizagem.
Apoio	Busca de ajuda; desamparo,
O chefe achou que era bom	Obrigação; funcionamento hierárquico; falta de questionamento; agradar o chefe.
Melhora as condições de trabalho	Indica que as condições não são favoráveis.
Humanização dos povos	Percepção de mundo desumanizado, retratando a superficialidade das relações da pós-modernidade.
Achou o tema interessante	Revela importância da discussão do tema; falta de opinião.
Dar ao trabalhador melhor qualidade de vida	Revela percepção de que há pouca qualidade de vida.

Com a apresentação das expectativas, apontamos aos participantes nossos limites quanto ao desenvolvimento do projeto, dizendo que os dados diagnosticados seriam analisados e, posteriormente à apresentação dos resultados dessa análise, faríamos um relatório a ser entregue à coordenação de enfermagem. Salientamos que a avaliação de possíveis intervenções de nossas proposições seriam feitas pelos dirigentes da instituição, cabendo-lhes a implementação das ações.

Terminada nossa explicação, alguns participantes perguntaram sobre o horário previsto para o término das atividades. Mediante seus apontamentos, definimos, em comum acordo, qual seria o melhor horário para o encerramento da sessão e também para a realização dos próximos encontros.

Vemos nessa adequação de horário, realizada no primeiro encontro, um fator importante para facilitar a participação dos trabalhadores. Sempre que realizamos atividades sociodramáticas em instituições, atentamos para esse item, visto que estamos cientes de que somos desconhecedores do funcionamento real da estrutura temporal; e, sendo assim, ouvir as sugestões dos trabalhadores e acatá-las permite amenizar os impedimentos das participações decorrentes desse fator.

Após o intervalo para o café, realizamos um segundo aquecimento específico, por meio do qual procuramos estabelecer um momento de compartilhar o eu-outro. Para essa atividade, introduzimos um jogo conhecido na metodologia psicodramática pelas seguintes nomenclaturas: Cosme e Damião, jogo de duplas, entre outras.

Por meio das expressões, alguns participantes revelaram que os vínculos interpessoais são fortalecidos entre pares e se formam pelo contato de trabalho num mesmo setor, permanecendo após serem afastados por motivo de transferência (de serviço, de setor e de local de trabalho). Outros revelaram que, apesar de trabalharem há bastante tempo na mesma instituição, não se conheciam, o que denota falta de interação.

Terminadas as apresentações e os comentários dessa etapa, percebemos que tínhamos um tempo bastante restrito para o encerramento da sessão, uma vez que acatáramos a sugestão do grupo de encerrar as atividades uma hora antes do previsto. Assim, nosso planejamento ficou comprometido devido à redução do tempo e, por conseguinte, foi preciso rever a etapa da dramatização.

Em nosso planejamento, havíamos programado a leitura de uma fábula para, mediante a reflexão do seu conteúdo, propor ao grupo a criação de uma cena. Entretanto, isso não se concretizou, e utilizamos a fábula apenas para manifestações verbais.

Apesar desse imprevisto, verificamos que as ações verbalizadas foram extremamente ricas de conteúdos, que traduziram questões do cotidiano de trabalho; além disso, fizeram emergir sentimentos com relação ao contexto laboral com ênfase nos aspectos relativos à dimensão relacional, dentre os quais destacamos: percepção sobre a estrutura de poder organizacional, percepção sobre a constituição dos vínculos e imagem da instituição, entre outros.

Na etapa dos comentários, os apontamentos revelaram que nossos objetivos foram atingidos apesar da redução do tempo da sessão.

Dentre os aspectos relacionados ao processo saúde-doença no trabalho, é importante notar que questões externas, como a violência urbana, por exemplo, também afetam os trabalhadores pelo fato de lhes incutir medo, preocupações e insegurança no itinerário entre o local de trabalho e a residência. Não encontramos estudos sobre essas tensões e seus impactos na saúde da população trabalhadora; não podíamos, contudo, deixar de registrar que essas situações geram ansiedade.

A seguir, apresentamos a categorização dos principais personagens emergentes nessa sessão, as percepções expressas sobre esses personagens e os principais sentimentos e necessidades aflorados no decorrer das atividades.

Tabela 3 - Demonstrativo dos personagens sociodramáticos emergentes na sessão

Personagens	Caracterização
Médico	Poderoso, dominador.
Amigo	Solidário, admirado, ausente, presente.
Profissional da Enfermagem	Desatento, falta de autovalorização, não reconhecido, submisso, dominado.
Doente/Paciente	Desprezado, maltratado, negligenciado.
Colega de setor	Não mostra apoio.

Tabela 4 - Demonstrativo dos principais sentimentos manifestados na sessão

Indiferença
Desrespeito
Preocupação
Acolhimento
Medo
Solidariedade
Insegurança
Surpresa
Insatisfação
Desamparo

Tabela 5 - Demonstrativo das principais necessidades manifestadas na sessão

Reconhecimento
Percepção de si e do outro
Expressão
Espaço para expressão

Tabela 6 - Demonstrativo das principais preocupações presentes na sessão

Controle/Poder
Relacionamento
Cuidado de si
Vinculação

DESCRIÇÃO DA SEGUNDA SESSÃO

Segunda sessão

Tema: "Papel Profissional: Escolha e Local de Desenvolvimento"

Data: 21/08/2006

Horário: das 13h00 às 16h00

Diretor: Maria Luiza

Ego: faltou

Número de participantes: 9

Objetivo:

- Colocar os participantes em campo relaxado e oferecer oportunidades para que experienciem diferentes formas de expressão que não apenas a verbal.

O Diretor partiu da concepção de que o grupo ainda estava num momento caótico, e necessitava de atividades que trabalhassem o eu-comigo, o eu com o outro, por isso iniciou as atividades com técnicas de autopercepção, sensibilização e percepção do outro. Considerou que para chegar ao sociodrama propriamente dito o grupo deveria estar bem aquecido para então fazer fluir a espontaneidade.

Aquecimento inespecífico

As participantes chegaram aos poucos, por volta das 13h00. A primeira delas chegou e logo disse que as colegas viriam, e que apenas uma avisara de que não participaria. Na sequência, chegaram mais duas, depois outras duas. O Diretor aguardou até as 13h15, pois uma das colegas comentou que MJ estava almoçando, mas iria participar. Enquanto aguardavam o início da sessão, duas integrantes começaram a conversar e comentar sobre outras fases da vida, quando saíam à noite para dançar. Recordaram situações que seu grupo de amigos vivenciava naquele período, e as demais riram muito das estórias. Com a chegada de MJ, iniciaram-se as atividades. O Diretor justificou a ausência do Ego Auxiliar.

O Diretor percebeu que esse bate-papo inicial das participantes contribuiu para criar uma boa atmosfera e ajudou-as a relaxar. Por isso, considerou esse momento como aquecimento inespecífico.

Aquecimento específico: desenho e apresentação

Objetivo:

- Apreender as percepções dos participantes sobre o papel profissional.

O Diretor solicitou que os participantes se posicionassem um pouco distante uns dos outros e buscassem uma posição confortável em suas respectivas cadeiras. E informou que se quisessem poderiam fechar os olhos. Em seguida, iniciou as consignas:

– Deixem vir à mente o momento em que vocês depararam com a profissão da enfermagem. Como a escolheram? Onde vocês estavam? Quantos anos faz? Quais foram os sentimentos que vieram com relação à profissão? Como é atuar hoje na enfermagem? Se você pudesse formar uma imagem do que sente com relação à profissão de enfermagem, que imagem seria? Imaginem um desenho, que desenho seria? Imaginem que esse desenho comece de um ponto. Formem esse desenho. À medida que idealizam a imagem, sinalizem-me.

Após perceber que todas já haviam terminado essa etapa, o Diretor continuou:

– Agora vou entregar-lhes uma folha de papel. Ela contém um ponto. Comecem em silêncio a desenhar o que vocês pensaram a partir do ponto.

O Diretor colocou à disposição dos participantes lápis e giz de cera colorido. Inseriu uma música de interiorização, objeto intermediário para o aquecimento específico e disse:

– Comecem a desenhar lentamente e centralizem a atenção nesse processo de desenhar.

Uma participante perguntou se poderia escrever alguma coisa sobre o que havia desenhado e a resposta foi positiva.

Após se certificar de que todos os participantes haviam terminado os desenhos, o Diretor solicitou que ficassem em pé e caminhassem em silêncio pela sala mostrando seus desenhos para o grupo e também detectando, nos desenhos das colegas, características semelhantes.

Diretor: – Quais semelhanças e diferenças observam nos desenhos?

Em seguida, solicitou que os participantes se agrupassem por imagens análogas. Após o agrupamento, formaram-se quatro duplas.

A seguir, o Diretor pediu que as duplas conversassem entre si sobre a construção dos desenhos:

– Agora dediquem cinco minutos para compartilhar suas observações e discuti-las. Compartilhem o que experimentaram ao discutir os desenhos. Neste momento, vamos fazer uma apresentação de modo que todos do grupo possam assisti-lo, para isso segurem o desenho de maneira que todos possam vê-lo. Quero que um de cada vez expresse sua percepção do processo do desenho.

Feito isso, um componente por vez, de cada dupla, fez a apresentação individual do desenho, relatando sobre alguns pontos que levaram à elaboração da imagem. A primeira participante quis fazer a apresentação em pé na frente do grupo e, depois dela, as demais também escolheram essa forma de apresentação. Ao término de cada apresentação individual, as demais aplaudiam.

Figura 1 - Demonstrativo de desenho

– Então, gente, aqui fiz dois desenhos juntos. O antes diz como comecei: um dia saí na rua e vi um cartaz em que estava escrito 'Curso de Atendente de Enfermagem'. Naquela época eu trabalhava numa fábrica e via que fábrica não dava para o futuro. Antes tinha muito tropeço na vida. Fiz o curso e me identifiquei. Vim aprender o que era maldade depois que fiz o curso, antes achava que todos eram bonzinhos. Na enfermagem fui crescendo como ser humano, fui me realizando como ser humano. O ser humano sempre me surpreende. Cresci muito como ser humano e não como pessoa (financeira e economicamente). Embora algumas pessoas pensem que eu sou fechada, eu sou um ser humano. E só.

O Diretor perguntou quem seria o próximo. Uma participante respondeu: – Vai por parzinho? E todas concordam.

Figura 2 - Demonstrativo de desenho

Participante: – eu vou chorar.

Grupo: – não chora.

– Bem, eu vim lá do Sertão. Tinha muita dificuldade, há quarenta anos tudo era muito difícil, comi o pão que o diabo amassou e vomitou. Meu casamento era um fracasso, meu marido bebia, tinha quatro filhos. Eu tinha que arrumar um jeito de sair do casamento. A enfermagem foi um anjo que surgiu na minha vida. Dos quatro filhos só um estava na escola. Fiz o curso carregando os filhos. Eu era feia, magra e sofrida. Terminei o curso e comecei a trabalhar. Tinha nódulos nas pernas, mas mesmo assim passei no exame médico. Não me lembro do meu primeiro paciente, acho que porque naquela época não tinha tempo pra pensar. Depois do primeiro emprego os caminhos foram abrindo-se. Meu marido morreu, perdi dois filhos em acidente. Fiz o curso técnico, fiz um ano de graduação em enfermagem, não me senti realizada. Vejo a enfermagem como um anjo, nem sempre somos anjo. Lá fora também nos veem como anjo contrário. Queria dizer, não desistam, mesmo que os turbilhões venham. Mesmo com as perdas e com as dores, tem que continuar.

Figura 3 - Demonstrativo de desenho

– Não foi difícil entrar para a enfermagem, fiz direito, meus pais me ajudaram. Casei, separei, hoje minha filha tem 33 anos, tenho uma neta de dez anos. Escolhi o jardim porque uma flor sobrevive num jardim bem cuidado.

Figura 4 - Demonstrativo de desenho

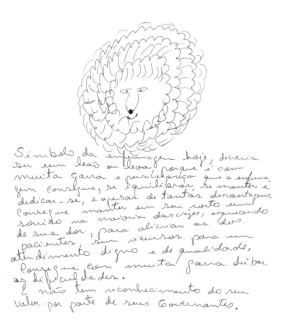

– Hoje, pra trabalhar na enfermagem, nós temos que ter muita garra. Você não tem condições para trabalhar. Hoje no meu setor não tinha copo, eu peguei dinheiro meu e fui comprar copo. Não há respeito para com a gente, nem pelos de dentro, nem pelos governantes. É aqui que a gente cura os doentes. Na TV toda hora está passando a situação dos hospitais. Às vezes, a gente olha pro paciente e quer matar. Se está com problema em casa. Outro dia minha irmã tava atendendo e um paciente disse pra ela 'vem logo, sua vagabunda'. Às vezes, você tem que esquecer a sua dor. Se você perde um filho, uma mãe, acabou a licença, você tem que estar lá para trabalhar. E sempre tem que chegar com um sorriso. Com o chefe, com a equipe de trabalho, você tem que estar sempre sorrindo. Você tem que se manter, ninguém reconhece o que você faz. Penso que deveríamos ganhar mais pelo que nós fazemos. Tem que ter condições econômicas pra criar os filhos. Comprar um terreno e construir. Consigo me manter na faculdade com muito sacrifício. Como entrei em contato com a enfermagem? Passei na avenida e vi um cartaz sobre um curso. Na época fazia comida congelada junto com uma amiga, não aguentava mais. Terminei o curso, um dia comecei a trabalhar no amparo maternal. Ali, aprendi tudo, o que é ser mãe solteira, o que é ser mãe jogada na rua. Tudo o que aprendi no curso eu aplicava lá. Conheci lá amparo, o respeito. A... (instituição) foi minha segunda mãe. Tenho um carinho muito grande pela... (referindo-se à instituição), quando acontece alguma coisa eu fico chateada, porque você tem as pessoas no coração. Aqui eu fui ficando, e é capaz que eu me aposente aqui.

Chorou ao finalizar sua fala e foi acolhida por uma colega do grupo, que lhe ofereceu um lenço de papel.

Às 14h00, chegou uma participante que não tinha vindo para o primeiro encontro e, portanto, não havia sido informada sobre a mudança de horário.

Figura 5 - Demonstrativo de desenho

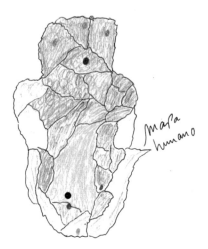

– Nós da enfermagem, imaginei... aonde a gente vai, sempre tem alguém que precisa de cuidados. Quando comecei na enfermagem, ninguém da minha família conhecia enfermagem. Eu sempre fui muito meiga. No ponto de ônibus, onde eu embarcava para outro emprego, sempre alguém me perguntava se eu era enfermeira. Eu falava não, eu trabalho em casa de família. Isso foi despertando em mim curiosidade. Daí comecei fazer o curso aos domingos porque era o único dia que eu podia. O curso era muito bom. Quando eu terminei, queria trabalhar no hospital. Vivi de novo para vida. Comecei a trabalhar de atendente, dava banho nos pacientes. Meu primeiro paciente tinha feito uma cirurgia no coração, ele tinha recebido alta. Lembro que depois que eu dei banho nele, ele infartou e morreu. Eu ganhava pouco, o suficiente para pagar o aluguel. Ganhava hortaliças de uma irmã de caridade que trabalhava no hospital, ela sabia que eu passava fome. Muitas vezes, dei banho em paciente com a barriga roncando.

– Um dia, o hospital aqui tava contratando em regime de urgência e então eu vim pra cá. Estou aqui há 23 anos. Nunca reclamei do salário, não vivo apertada. Faço tudo com muito amor, não faço a profissão pra ganhar. Minha vida até aqui foi um mapa. Quando comecei na enfermagem percebia que a gente trabalhava com mais união, hoje a gente vê que muitos trabalham na profissão por falta de emprego.

– Faço enfermagem porque gosto do paciente, não do papel. A enfermagem, hoje, em si, é parte burocrática. Está muito largada, como um campo de emprego, hoje não há dedicação. O pessoal novo não sente amor pelo paciente, faz curativo com nojo, injeção sem cuidado.

Figura 6 - Demonstrativo de desenho

– Venho com uma história de longe, vim de um casamento que não deu certo. Meu marido saía pra trabalhar de mecânico e eu saía pra fazer cursos escondida dele. Pagava o curso passando roupa. Estava me preparando porque sabia que o casamento não ia dar certo. Um dia tirei todas as coisas de casa e fui embora com minhas filhas. Comecei a trabalhar numa creche, falei que sabia cozinhar, mas não sabia. Eu tinha só o curso de atendente, morava num quartinho com três filhas. Um dia saiu um caroço no meu pescoço, eu fui ao hospital e falaram que eu tinha que arrumar um lugar pras minhas filhas. Deixei elas com meu marido, eu sentia muita saudade delas.

– Daí comecei a trabalhar na enfermagem, mas minhas meninas não saíam da cabeça, tudo o que eu fazia era só pensando nelas. Vim aqui, fiz uma prova e passei. Entrei em serviço prestado, depois fiz concurso, passei. Arrumei a casa toda. Hoje tenho duas filhas casadas, quatro netos e uma solteira.

– A profissão de enfermagem preenche o meu ego, tudo pra mim é muito bom, tudo eu faço com muito amor.

Figura 7 - Demonstrativo de desenho

– Sempre gostei da enfermagem, quem não me conhece me acha amarga, mas eu não sou. Seja qual for a hora, estou à disposição.

– O primeiro paciente de que cuidei, eu tinha 17 anos. Ele tinha tuberculose. Os médicos disseram: joguem a menina pra cuidar dele, se ela pegar não vai fazer falta no hospital. Cuidei dele com muito carinho, amo a enfermagem o... (instituição) é como se fosse minha casa.

Figura 8 - Demonstrativo de desenho

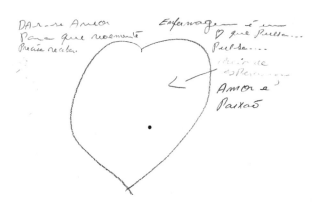

– Quando eu fechei os olhos, eu imaginei só coisa boa, fechei os olhos e pensei: quero ver os olhos de quem precisa de amor. Quando você cuida do paciente você vê os olhos dele brilhando. É um coração vermelho que pulsa, pulsa, com muito amor. Eu me arrumo para meus pacientes, gosto quando eles falam que estou bonita, cheirosa. Eu não penso em me aposentar. Eu não falo do lado feio da enfermagem.

A participante que chegou após o início da atividade também se apresentou, dizendo:

— Bem, vejo algumas no dia a dia, mas não sei o nome. Estou aqui há 21 anos. Antes eu era atendente. Saí, me decepcionei, depois fiz curso de auxiliar e, em 1985, prestei concurso e estou aqui desde aquela época. Fiz outra faculdade (psicologia), mas não estou atuando.

COMENTÁRIOS

Terminadas as apresentações, o Diretor solicitou às participantes que comentassem sobre como foi realizar a atividade:

— Agora que cada um de vocês já descreveu a própria experiência, quero que reflitam em silêncio sobre isso. Até que ponto vocês expressaram no desenho o papel profissional? O que observaram no desenho dos outros? Quais diferenças e semelhanças vocês veem ao olharem para eles? Agora vamos dedicar cinco minutos para vocês compartilharem suas observações. Como foi fazer essa atividade?

Eis os relatos:

— Foi bom explicar.

— Foi bom ver a visão de cada um. Cada um tem uma visão diferente. Juntando cada um de uma cultura diferente, vemos que todos sofreram, ninguém está abatido, está é vitorioso. Nunca tivemos isso aqui.

— Gostei, fechei os olhos e lembrei de um paciente de que cuidei. Ele fazia hemodiálise, e toda vez que ele me via descendo as escadas, ele cantava: 'linda, só você me fascina...' Amava esse paciente, sempre me apego a alguém de que eu cuido. Quando ele morreu, parecia que eu tinha morrido junto. Tenho o disco, o CD com a música que ele cantava pra mim.

— Gostei de saber que todos têm mais ou menos o mesmo tempo de casa.

Após o término dos comentários, o Diretor inseriu dez minutos de pausa para o café.

AQUECIMENTO ESPECÍFICO
Objetivo:

- Refletir sobre o dia a dia de trabalho e pensar numa escultura para o setor.
- Dar oportunidade para os participantes experimentarem a expressão corporal.

Ao retornar do intervalo, o Diretor solicitou que todos ficassem sentados e esclareceu que nessa nova atividade iriam manifestar-se por uma escultura com o próprio corpo. Explicou como fazê-la, dizendo que se expressariam por meio de um diálogo de imagens e movimentos, e iniciou as consignas:

— Pensem no setor onde vocês trabalham: como ele é, quais os procedimentos que são feitos lá, quais os atendimentos? Se você pudesse moldar esse setor numa escultura, como ela seria? Imaginem essa escultura.

Dramatização

Na sequência, o Diretor pediu para que ficassem em pé e se posicionassem na forma de escultura:

– Não falem. Apenas façam movimentos e, se quiserem, ruídos. Inclinem-se e olhem a pessoa ao lado. Movam-se em direção a um colega do mesmo setor. Quem não tiver colega de setor presente, interaja sem falar, num diálogo de movimentos. Continuem a interagir por algum tempo. Agora vamos agrupar por setor.

Com esse agrupamento, formaram-se duas duplas, e os demais ficaram sozinhos.

Diretor:

– Agora vamos observar as esculturas: os que estão em dupla conversem sobre o que pensaram e por que formaram essa escultura.

O Diretor organizou a sala em dois espaços (palco e plateia), e solicitou aos participantes que, individualmente ou em dupla, apresentassem-se sucessivamente, enquanto os demais observavam.

Escultura 1. Apresentação do setor onde são atendidos os pacientes com enfermidades pulmonares.

Um participante apresentou-se com os braços abertos e levemente levantados, cabeça elevada para cima, boca aberta.

O Diretor solicitou um solilóquio: – O que você está sentindo?

Participante: – Estou buscando ar.

Diretor: – Se essa escultura tivesse um som, como ele seria?

Participante: – assopra. E faz movimentos de estar com falta de ar, necessitando de bombinha.

Escultura 2. Em dupla, representaram o setor responsável pela assistência à saúde dos profissionais da enfermagem.

As duas participantes ficaram em pé com os braços estirados em posição de Cristo crucificado. Uma posicionou-se mais à frente, e a outra ficou na posição de "sombra".

O Diretor perguntou para a participante que estava à frente da imagem: – Quem é você aqui?

Participante: – Eu sou o Cristo Redentor do Rio de Janeiro, todos querem ir lá.

Diretor: – Como é ser o Cristo Redentor?

Participante: – Bem, na verdade, o Cristo do Rio está com os braços pra cima, mas eu, no meu setor, me vejo de braços para baixo.

Nesse instante abaixou os braços.

Escultura 3. Representaram, em dupla, um setor de pré-consulta. Entraram no palco caminhando com o corpo posicionado de forma tortuosa.

O Diretor perguntou a uma das participantes:

– Por que o seu setor está assim, torto?

Participante: – Os pacientes que chegam lá não têm postura correta. Chegam torto. Não têm cadeiras, chá, prato pra sopa, muitos deles vêm sem dinheiro, com fome, e nós, as funcionárias, temos que fazer o papel de assistente social. O setor só tem cinco cadeiras, são cinco lugares. Se chegar mais paciente, não tem onde ficar.

Escultura 4. Uma participante perfez um pequeno trajeto pela sala, mexendo nas carteiras e dizendo que o setor era assim:

– Um bando de criancinhas mexendo em tudo.

Com essa movimentação, representou a pediatria.

Escultura 5. Uma participante entrou sozinha no palco, caminhando e olhando para cima.

O Diretor perguntou: – O que você está olhando?

Participante: – O topo de um morro.

Diretor: – Fale mais sobre isso.

Participante: – No meu setor os pacientes chegam com muita dor. Vão subindo até se aliviar da dor. A quarta-feira é um dia muito difícil para trabalhar lá, porque é dia de quimioterapia. É triste, tem uma moça de 20 anos que passou pela psicóloga, ela diz que vê pessoas de 26, 32 anos que vão morrer e comenta que vai morrer também, só que não queria partir agora. Aí, ela fica agressiva.

Segundo a participante, era daquela maneira que poderia representar seu setor, onde se aliviam as dores dos pacientes.

Escultura 6. Uma participante posicionou-se em pé, com os braços abertos, no palco.

O Diretor aproximou-se e perguntou:

– O que esta estátua diria se falasse?

Participante: – Diria que está com um braço quebrado e dedinho em gatilho.

Terminadas as apresentações, o Diretor aproximou-se da participante que havia chegado atrasada, explicou-lhe o conteúdo da atividade e perguntou se teria alguma exposição para fazer. Ela respondeu que não, que ainda não se sentia relaxada. Na sequência, o Diretor propôs uma junção coletiva das imagens que foram apresentadas.

Diretor: – Fiquem em pé confortavelmente, quero que permaneçam na posição de escultura. Quero que explorem os movimentos e, aos poucos, aproximem-se e tentem formar uma escultura única. Como é essa escultura? Que características ela tem?

O grupo começou com a imagem do Cristo Redentor, a ela os integrantes acrescentaram as características das outras estátuas.

No final dessa junção, todos se posicionaram na escultura do Cristo Redentor, e adotaram as seguintes características: braço direito quebrado, dedo mínimo da mão direita em gatilho, corpo torto, boca aberta, emitindo um som de sopro.

Após um breve tempo nessa posição, o Diretor perguntou-lhes qual parte do corpo sentiam pesada ao se posicionarem nessa escultura e, em unanimidade, responderam que os braços doíam muito.

Como forma de explorar ainda mais a percepção do corpo, o Diretor introduziu um exercício de respiração:

– Dediquem algum tempo para se conscientizarem do corpo... Agora centralizem a atenção na respiração... Observem os detalhes da respiração, quando o ar flui sem esforço e quando se move com dificuldade... Sintam o ar, inspirem e expirem, sintam o peito e a barriga expandirem-se. Façam isso durante alguns minutos...

O Diretor solicitou movimentos de inspiração e expiração, levantando os braços ao inspirar e soltando ao expirar. Recomendou que refletissem um pouco sobre os movimentos exigidos para efetuar ambos os procedimentos, comentando que, no dia a dia, as pessoas em suas relações tendem a fazer movimentos semelhantes de inspirar ou expirar, ou seja, ir ao encontro do outro ou esperar que ele venha.

Após essa atividade, o Diretor solicitou que todos ficassem sentados e iniciou a etapa final.

COMPARTILHAR

O Diretor pediu aos participantes que, oralmente, fizessem um breve comentário individual sobre o encontro.

– Os que não estão participando não sabem o que estão perdendo.

– Ficamos mais tempo juntos.

– Conhecer cada um é bom, não se acha tempo para isso durante o trabalho.

– Vamos ser mais parceiros.

– Foi bom o conhecimento. Como, por exemplo, na relação eu vou, ou você vem a mim. Às vezes, somos nós no nosso pensamento que pensamos errado sobre o outro.

– A gente vai quebrando as barreiras.

– Vai nascendo uma semente de amizade.

– Estou mais leve, não estou mais com aquelas coisas que eu tava, magoada, sentida.

– O tempo foi curto, não deu pra falar tudo.

– Também, vinte anos de senzala acumulados.

Terminada a atividade, o Diretor entregou o cronograma com as datas dos próximos encontros, que ficou estabelecido da seguinte forma:

Tabela 7 - Demonstrativo do cronograma dos encontros

Dias dos encontros
04 de setembro
25 de setembro
09 de outubro
25 de outubro
06 de novembro
20 de novembro
04 de dezembro
18 de dezembro
Data de devolutiva a ser agendada

Análise da segunda sessão

Os primeiros quinze minutos foram marcados por conversas informais entre os participantes. Enquanto aguardavam a chegada das colegas, aproveitaram a ocasião para relembrar e contar experiências pessoais e profissionais. Isso favoreceu a descontração e, então, o Diretor considerou esse momento como um aquecimento inespecífico.

Ao perceber que o grupo estava descontraído, o Diretor iniciou o aquecimento específico, em cuja primeira parte desenvolveram-se consignas de reflexão sobre o papel profissional, a saber: momento da escolha, atuação e desenvolvimento do papel, crenças, valores, ideias e sentimentos relacionados ao papel.

Os desenhos tiveram a função de objeto intermediário para facilitar a expressão. Os resultados foram interessantes, principalmente porque mostraram dificuldades semelhantes e também vitórias perante os obstáculos. De acordo com Liebmann (1995, p. 55), "em um grupo novo, o fato de todos mostrarem seus desenhos pode auxiliá-los a se conhecerem".

Dentre as principais manifestações expressas nos comentários dos desenhos, podemos listar:

- Busca da profissão como garantia de subsistência.
- Crescimento pessoal e profissional.
- Realização profissional.
- Sentimento de luta, persistência e esperança.
- Sentimento de gratidão à instituição pela oportunidade de emprego.
- Dificuldades enfrentadas nas trajetórias e travessias profissionais, dentro e fora da instituição.
- Identificação com a profissão.
- Fatores psicossociais (conflitos familiares, conjugais, financeiros e de relacionamento).
- Falta de infraestrutura no setor para desenvolver o papel.
- Conflitos interpessoais com pacientes.
- Estratégias individuais de enfrentamento de problemas.
- Percepções comportamentais de si mesmo.
- Ascensão profissional.
- Decepções com as escolhas profissionais.
- Dedicação profissional.
- Vitórias e conquistas no percurso profissional.
- Relevância da profissão para a sociedade.
- Críticas ao sistema governamental no que se refere à saúde.

Ao término da atividade, as participantes, com seus comentários, manifestaram gratidão pela conscientização que a atividade proporcionou. Houve apontamentos sobre a importância de poder conhecer o outro. Uma participante sensibilizou-se ao falar que a atividade trouxe lembranças de um paciente de que ela cuidou. Esse relato mostra o apego desses profissionais pelos pacientes que estão sob seus cuidados.

Na segunda parte da sessão, o Diretor buscou, por meio de esculturas corporais, apreender características do funcionamento dos setores. Contudo, ao focalizarem a atenção no corpo, os participantes tomaram consciência também das partes do corpo.

A atividade permitiu-nos o conhecimento do funcionamento dos ambulatórios, como:

- Condições de infraestrutura do espaço físico e dos materiais.
- Condições de conforto.
- Problemas cotidianos.

- Tipos de atividades desenvolvidas.
- Exigências biomecânicas.
- Exigências posturais.
- Sentimentos relacionados ao cotidiano de trabalho.

A junção coletiva da escultura proposta pelo Diretor objetivou colocar, simultaneamente, os participantes em diferentes posições para que pudessem, ao mesmo tempo, sentir o próprio corpo e refletir sobre suas sensações, como o alívio e a tensão. Ainda como forma de desenvolver a percepção corporal, o Diretor realizou uma atividade de respiração.

Por fim, os comentários revelaram que a coesão grupal foi, aos poucos, constituída, facilitada pelas atividades.

A manifestação de uma das participantes proporcionou-nos um indicador dos modos de funcionamento da estrutura hierárquica. Em seu discurso, no final da sessão, disse:

– Vinte anos de senzala acumulados.

O conteúdo indica que não há por parte dos trabalhadores o controle sobre o trabalho, ou seja, eles são subjugados às ordens de comando. Dessa forma, é necessário o olhar atento do Diretor sobre esse assunto no decorrer das sessões, sobretudo porque se não há liberdade para a expressão, ocorre o bloqueio da espontaneidade. E do ponto de vista sociodramático, é do adoecimento da espontaneidade que se origina o adoecer humano.

Diante das manifestações dos participantes, tornou-se evidente que para trabalhar na enfermagem é preciso ter as garras de um leão e a bondade de um anjo.

Tabela 8 - Demonstrativo dos personagens sociodramáticos emergentes na sessão

Personagens	Caracterização
Amigo	Companheiro de bons momentos sociais.
Trabalhador	Desafiador, lutador, persistente, curioso, sofrido, sem opção, decepcionado, frustrado.
Familiares	Dependentes, apoiadores.
Auxiliar de enfermagem	Desrespeitado, cuidador, dedicado, amoroso, anjo, leão, carinhoso, bondoso, acolhido, não reconhecido.
Paciente	Com problemas financeiros e sociais, dolorido, desesperançado, negligenciado.
Colegas de trabalho	Apoiador.

Tabela 9 - Demonstrativo dos principais sentimentos manifestados na sessão

Indiferença
Desrespeito
Inquietude
Acolhimento
Medo
Solidariedade
Insegurança

Mágoa
Insatisfação
Tristeza
Amor
Carinho
Gratidão
Luta, garra, força
Bondade
Fracasso
Leveza
União

Tabela 10 - Demonstrativo das principais necessidades manifestadas na sessão

Reconhecimento
Acolhimento
Expressão
Atenção
Proteção

Tabela 11 - Demonstrativo das principais preocupações presentes na sessão

Reconhecimento
Relacionamento
Expor-se
Vinculação
Saúde e bem-estar de si mesmo e dos familiares

DESCRIÇÃO DA TERCEIRA SESSÃO

Terceira sessão

Tema: "Concepção do processo/saúde e doença"

Data: 04/09/2006

Horário: das 13h00 às 16h00

Diretor: Maria Luiza

Ego: Mauro

Objetivo:

- Apreender as percepções do grupo sobre os conceitos de saúde e de doença.

Das nove participantes, apenas seis compareceram para a atividade. As razões para a ausência foram justificadas: uma delas estava em licença por motivos de saúde; outra teve de resolver problemas bancários (era dia de pagamento); e uma terceira veio pessoalmente justificar que não permaneceria na atividade por estar com fortes dores nas costas.

Aquecimento inespecífico

O Diretor iniciou a atividade às 13h20. Lamentou o número reduzido de participantes, pois o ideal seria contar com no mínimo dez pessoas para desenvolver o projeto. Determinou, porém, que prosseguiria mesmo assim e que, no decorrer da semana, intensificaria os contatos para atrair mais voluntários.

Comentou que nesse dia deveria fechar formalmente o contrato ético por meio do termo de consentimento, mas que, no entanto, considerou melhor reunir um maior número de integrantes para então poder formalizá-lo.

Algumas participantes perguntaram se poderiam convidar colegas de trabalho para fazer parte do grupo, e o Diretor respondeu afirmativamente.

O Diretor observou que o grupo estava bastante comunicativo; iniciaram com comentários sobre a saúde dos funcionários dos setores. Uma participante comentou que uma colega passou mal no metrô ao retornar do trabalho. Outra falou sobre o falecimento de uma colega e sobre a arrecadação de dinheiro que fizeram para comprar flores para o velório. Comentaram também sobre a condição financeira dos funcionários, afirmaram conhecer um auxiliar de enfermagem que dorme na rua, é alcoólatra e não vai para casa por não ter dinheiro para o transporte.

Após ouvir os comentários, o Diretor iniciou um aquecimento corporal, com o objetivo de desenvolver as expressões corporais.

O Diretor solicitou que ficassem em pé e inseriu as consignas:

– Bem, hoje está muito frio. O que sentimos vontade de fazer quando estamos com frio?

Os participantes juntaram-se num abraço grupal.

Diretor: – Quando está frio, nós ficamos encolhidos, retraímos o corpo, não é? Então, vamos começar nossa atividade alongando o corpo.

O Diretor introduziu consignas de alongamento e de inspiração e expiração.

Na sequência, solicitou que caminhassem descontraidamente pela sala.

Depois, recomendou que procedessem a diferentes formas de caminhar (de lado, de costas, com um pé só).

Utilizando um objeto intermediário (uma toalha), propôs:

– Agora vamos fazer uma atividade assim: uma de vocês segura a toalha e caminha fazendo movimentos: daí, as demais seguem a colega. Depois de um tempo, passa-se a toalha para outra. E, assim, sucessivamente, até que todas possam fazer os próprios movimentos e experimentar os movimentos das outras.

Aos poucos, cada uma explorou as possibilidades de fazer diferentes movimentos com a toalha. Dessa forma, puderam explorar também os movimentos das colegas.

Aquecimento específico
Objetivo:

- Identificar as percepções dos participantes sobre os conceitos de saúde e de doença.

Depois que todos os participantes apresentaram suas formas de caminhar, o Diretor solicitou que continuassem a se movimentar e pensassem nos conceitos de saúde e de doença. Então, após um tempo, pediu que caminhassem como uma pessoa saudável, e depois como uma pessoa doente.

O Diretor perguntou: – Como é o caminhar de uma pessoa doente?

Participante: – Depende da doença.

Outro participante: – O psiquiátrico anda cumprimentando os outros. O catatônico anda assim..."

Saiu pela sala imitando um andar catatônico. Quando ela iniciou o andar dessa forma, o Diretor pediu que os demais a imitassem. Na sequência, cada um fez um caminhar diferente e todos imitaram.

Eis as formas de caminhar doente que foram apresentadas: com cólica, com dor nas costas e no quadril e mancando.

Dando continuidade, o Diretor inseriu uma nova consigna:

– Agora vamos pensar no corpo saudável. Como caminha um corpo saudável?

Surgiram expressões corporais e faciais que representavam várias maneiras de caminhar: andar tranquilo, sorridente, seguro de si, com a cabeça erguida, saltitando e, por fim, dançando.

O Diretor solicitou que os participantes mentalizassem a fisionomia de pessoas doentes (e as manifestassem):

– Então, vamos ver como é a fisionomia do doente?

Apareceram expressões de tristeza, apatia, tensão.

Diretor: – E o rosto saudável, como se apresenta?

Surgiram expressões sorridentes.

Diretor: – Vamos refletir sobre os conceitos de saúde e de doença. Andando pela sala, reflitam sobre qual conceito têm de saúde. E de doença? Quando tiverem com esse conceito já formado, parem no lugar onde estiverem.

Na sequência, pediu que se sentassem e, individualmente, falassem sobre seus conceitos. Seguem os comentários:

– Pra mim é qualidade de vida, espiritual, financeira e psicológica. Doença é quando falta qualidade em algum desses itens, não é só quando o corpo adoece, mas também quando a cabeça está com problemas.

– Saúde nem sempre é ausência de doença; mesmo com alguma patologia, podemos ser uma pessoa saudável.

– Saúde é olhar ao redor e se sensibilizar com as outras coisas, deixando cair uma lágrima; se eu não me sensibilizar, estou doente, sempre tem alguém pior. Se olhar o próprio umbigo, você está doente.

– Saúde é poder compartilhar e ajudar as outras pessoas. Doente é a pessoa que só pensa em si.

– Saúde é bem-estar físico, mental e financeiro. Doença, a pior que existe, são os maus governantes, omissão a uma doença. Doença crônica é a omissão. Chefes que não assumem nada, sentimento de desamparo com a substituição do chefe, sindicato não atuante.

– Saúde é viver, ajudar as pessoas. Doenças, pior do que falta de respeito não existe, não tem cura.

Após essas expressões, o Diretor comentou que há diferentes formas de pensar sobre o processo saúde-doença. Na sequência, fez-se a pausa para café.

DRAMATIZAÇÃO

Ao retornarem, o Diretor dividiu o grupo em dois trios e indicou que cada subgrupo pensasse numa situação envolvendo o processo saúde-doença. Após um tempo, pediu que apresentassem uma situação semelhante à de um cinema mudo. Só com expressões, nada de falas. Após o término das tarefas, seguiram-se as apresentações:

Cena do subgrupo 1: uma participante deitou-se no chão enquanto as outras duas circulavam ao seu redor e observavam; depois, tentaram levantá-la.

O Diretor perguntou por que estava deitada: – Quem é você aqui?

Personagem: – Sou doente, estou com fome, não tenho emprego, não sou bêbada, nem vagabunda.

O Diretor perguntou para as demais: – Quem são vocês aqui?

Personagens: – Somos ajudantes.

O Diretor pediu aos participantes do subgrupo que manifestassem um sentimento sobre a cena apresentada.

Sentimento: "Abandono".

Cena do subgrupo 2: das três, apenas uma participante entrou em cena. Caminhou pela sala de um lado para outro, enquanto as outras duas companheiras permaneceram sentadas.

O Diretor aproximou-se da personagem e perguntou: – Quem é você aqui?

Personagem: – Sou Flávia.

Diretor: – O que está acontecendo com você?

Personagem: – Estou desempregada, sem dinheiro, não sei o que fazer... Você pode me ajudar?

O Diretor voltou-se para o subgrupo e perguntou: – Quem poderá ajudar?

Uma participante levanta-se e vem oferecer ajuda.

Diz: – Tenha calma, você resolverá seus problemas.

O Diretor solicitou que o subgrupo apontasse um sentimento aflorado durante a dramatização.

Sentimento: "Preocupação".

Após a apresentação das cenas, o Diretor dirigiu-se à lousa, dividiu-a em duas partes. De um lado escreveu a palavra saúde, e do outro a palavra doença. Depois pediu aos participantes que expressassem palavras sobre o que haviam presenciado nas cenas, tomando como referência os conceitos de saúde e de doença. No Tabela a seguir estão registradas as expressões referentes aos dois conceitos.

Tabela 12 - Demonstrativo dos conceitos de saúde e doença expressados na sessão

Saúde	Doença
Solidariedade	Desemprego
Ajuda	Preocupação
Compreensão	Fome
Amor	Falta de moradia
Iniciativa	Falta de apoio
Colaboração	Desmotivação
Amizade	Falta de esperança
Comunicação	Injustiça
Confiança	Exclusão social
Dinheiro	Discriminação
Deus	Falta de conhecimento
Autoestima	Arrogância
	Orgulho
	Autoritarismo

Aquecimento específico

Após listar as palavras, o Diretor pediu que cada participante escolhesse uma de cada coluna que melhor definisse suas vivências no dia a dia de trabalho. A seguir, solicitou a todos os presentes que, em pé e em círculo, conversassem e elegessem palavras e depois pensassem numa situação para representá-las.

Com relação à saúde, foram escolhidos os seguintes vocábulos: solidariedade, amor, colaboração, dinheiro. Já com relação à doença: desemprego, falta de apoio, arrogância, orgulho.

Dramatização

Feitas as escolhas, os participantes organizaram-se para elaborar a cena. Após cerca de dez minutos, fizeram a apresentação.

Na cena, duas colegas cumprimentaram-se, e uma delas pediu ajuda a uma terceira colega que precisava de apoio. O pedido foi negado sob a alegação de que ela não o merecia por ser muito orgulhosa. Passaram, então, a questionar por que algumas pessoas são arrogantes. Ainda na cena, uma pessoa, que ficou sem dinheiro, mostra-se revoltada porque ninguém a ajuda. Algumas tentam colaborar dando-lhe conselhos sobre não fazer dívidas. A conversação evoluiu para as condições financeiras dos funcionários da instituição, com ênfase naqueles em situação financeira menos favorável. De repente, uma participante disse que nem todos os problemas eram de ordem econômica e apontou outro tipo de dificuldade vivenciada no seu setor que a deixou muito angustiada.

Nesse instante o Diretor percebeu que a participante estava muito emocionada e desejosa de falar sobre o ocorrido, por isso interveio e recomendou que ela expusesse seus sentimentos. Ela desabafou, revelando que certa vez se sentira arrasada por ter recebido de sua chefe uma advertência descabida, mediante a alegação de que se ausentara indevidamente de seu setor, quando, na verdade, havia ido auxiliar um médico em outra sala, cumprindo, portanto, uma ação necessária e justificada.

O Diretor solicitou-lhes, então, três ações: escolher alguém do grupo para ser sua chefe, organizar uma cena compondo no espaço o seu ambiente de trabalho – onde o incidente havia ocorrido – e, por fim, aí introduzir outros personagens (colegas) que o presenciaram. Ela escolheu dois participantes para representar a recepcionista e o médico, respectivamente.

Revelou ainda que desde que recebeu a injusta advertência passou a se controlar com remédios, pois sentia tremores no corpo. Atualmente, é atendida pelo setor de psiquiatria. Embora estimasse muito sua chefe, agora não consegue mais dirigir-lhe o olhar por causa da mágoa que ficou. Mesmo assim, não lhe deseja mal.

Em vista disso, o Diretor pediu-lhe que olhasse para a pessoa que havia escolhido para ser sua chefe. Solicitou um solilóquio, e recomendou que expressasse seus sentimentos com relação a ela.

Diretor: – Olhe para essa pessoa como se fosse sua chefe. Verbalize o que você sente com relação a ela, o que gostaria de lhe dizer...

Na cena, a participante, encarando a chefe, desabafou: – Não lhe quero mal, eu gostava muito de você, agora não consigo olhar para você.

O Diretor: – Tem mais alguma coisa que você gostaria de desabafar?

Participante: – Não, é só isso mesmo.

A seguir, o Diretor pediu a todas as demais que traduzissem em palavras o sentimento que havia ficado da história relatada pela colega.

Relataram: impotência, tristeza, fechar-se, injustiça (2).

O Diretor inseriu outra consigna, solicitando que todas falassem algo de positivo para a colega.

Uma participante aconselhou-a a rebater sem medo no momento que acontecer o fato. Outra abordou os aspectos legais da questão. Esclareceu que o episódio ocorrido configurava um caso de assédio moral. Uma terceira afirmou ter percebido uma ponta de inveja por parte da chefia.

O Diretor perguntou à protagonista como ela se sentia após ter participado da atividade.

Ela respondeu: – Parece que tirou um peso das minhas costas.

Comentários

Após a dramatização, o Diretor solicitou que todos expressassem suas avaliações das atividades de que participaram, e ouviu os seguintes relatos:

Uma participante disse: – Gostei.

Outra respondeu: – Você sempre diz que gostou, mas antes de vir não quer vir. Por quê?

– Não gostaria de expor o meu caso, mas depois que comentei senti que foi bom ter falado, me sinto mais aliviada.

Seguem os relatos dos demais:

– Eu tenho vergonha.

– Estou começando a me soltar.

– Está sendo bom escutar, olhar, ver as pessoas.

– Muito bom, mas é pouco tempo pra nós falarmos. Tenho um problema de que, quando a pessoa fala, meu pensamento já está longe, observando os detalhes. Não temos que ter medo de enfrentar as situações. Não guardo as coisas, eu falo o que tem que falar.

O Diretor assegurou-lhes que teriam oportunidades de falar nos próximos encontros, que o espaço do grupo destinava-se a propiciar essas expressões. Declararam que era bom falar e que estavam gostando de participar. A seguir, agradeceu a todas pela presença e atentou para a data do próximo encontro.

Análise da terceira sessão

Essa sessão foi planejada para a apreensão das percepções dos participantes sobre o conceito de saúde e o de doença.

A etapa de aquecimento inespecífico foi realizada por meio de exercícios físicos, que consistiram em andar de diferentes formas. Incluiu também um objeto intermediário: fazer gestos utilizando uma toalha.

O aquecimento específico foi realizado por meio de atividades de diálogo, movimentos e técnica de espelho. Durante essa etapa, o Diretor explorou também aspectos corporais, como a tomada de consciência do que é corpo doente e corpo saudável. Utilizando o próprio corpo para fazer máscaras dos outros, o Diretor preparava os participantes para falarem entre si, usando algo familiar (o doente).

Os contornos fisionômicos das imagens de corpo sadio e doente que os participantes escolheram foram importantes para desenvolver a criatividade e a espontaneidade. Após esse aquecimento, o Diretor introduziu uma consigna, e ao perguntar sobre os conceitos que tinham de saúde-doença, ficou muito claro, diante de suas expressões, que percebem o adoecimento nas relações.

Em ambas as cenas produzidas e apresentadas na etapa de dramatização, os aspectos sociais e financeiros tiveram destaque.

O tema desemprego, por exemplo, foi central nas duas cenas da primeira dramatização, associado aos sentimentos de abandono e preocupação.

O conteúdo dramatizado retratou, na microrrealidade do grupo, um problema crucial que afeta milhões de trabalhadores. Isso mostra o que Moreno (1983), pontuou ao descrever que a microrrealidade representa a macrorrealidade.

O temor de perder o emprego é um traço constante da nossa realidade social, e o sentimento de estar abandonado diante do mercado de trabalho ressoa entre os milhões de trabalhadores, traduzidos nas palavras eleitas pelo grupo.

Na segunda dramatização, novamente os problemas sociais e financeiros foram retomados. Todavia, uma protagonista reverte o conteúdo ao enfocar que existia outra forma de adoecimento, e então, ao comentar sobre uma situação vivenciada no cotidiano de trabalho, procurou mostrar que adoeceu devido a um conflito interpessoal. Ao relatar seu sentimento de angústia, expôs seu sofrimento psíquico e ético.

Embora não seja possível comprovar a relação entre o ocorrido e o adoecimento da trabalhadora, nossa visão moreniana direciona-nos para examinar o fato e perceber quais relações permeadas de conflito são desfavoráveis ao bem-estar no ambiente de trabalho. Infelizmente, o tratamento parece ter sido estabelecido por meio de uma boa dose de antidepressivos como forma de controlar a angústia.

Através dos relatos finais, o Diretor pôde perceber que os participantes desenvolviam a percepção de si e do outro e demonstraram gostar dos encontros, vendo neles a possibilidade de se integrar.

Diante do conteúdo produzido no grupo, percebemos que os objetivos do planejamento da sessão foram atingidos.

Tabela 13 - Demonstrativo dos personagens sociodramáticos emergentes na sessão

Personagens	Caracterização
Pessoa doente	Dolorida, encolhida, triste, apática, tensa, olhar caído, pessoa que só pensa em si (egoísta), desempregada, faminta, abandonada, preocupada.
Pessoa saudável	Andar tranquilo, equilibrada, olhar vibrante, sorridente, descontraída, feliz, apoiadora, cultiva valores éticos (respeito).
Chefe	Indiferente, injusto, poderoso, onipotente.
Trabalhador	Desamparado, doente, desprezado, desempregado, com problemas financeiros, injustiçado, temeroso, impotente, excluído, solitário, isolado, retraído, humilhado, pressionado.

Tabela 14 - Demonstrativo dos principais sentimentos manifestados na sessão

Indiferença
Desrespeito
Inquietude
Acolhimento
Medo
Solidariedade
Insegurança
Mágoa
Insatisfação

Tristeza
Amor
Retraimento
Ingratidão
Luta
Inveja
Fracasso
Leveza
União

Tabela 15 - Demonstrativo das principais necessidades manifestadas na sessão

Reconhecimento
Acolhimento
Expressão
Atenção
Proteção

Tabela 16 - Demonstrativo das principais preocupações presentes na sessão

Reconhecimento
Relacionamento
Expor-se
Vinculação
Financeiras
Medo do desemprego
Insatisfação com o mercado de trabalho

DESCRIÇÃO DA QUARTA SESSÃO

Quarta sessão

Tema: "O processo saúde-doença"

Data: 25/09/2006

Horário: das 13h00 às 16h00

Diretor: Maria Luiza

Ego: faltou

Número de participantes: 11

Objetivo:

- Verificar a percepção dos participantes sobre os conceitos de saúde e de doença.

O Diretor iniciou as atividades com a presença de oito participantes. Explicou que nessa data haveria novos membros no grupo; retomaria, portanto, a apresentação dos objetivos do projeto.

Enquanto o Diretor explicava, os três participantes restantes chegaram, com atraso de meia hora, de modo que às 13h30 estavam presentes os 11 participantes.

É importante citar que nesse dia, no período da manhã, o Diretor telefonara para todos os interessados e 13 haviam confirmado a presença. As participantes que tiveram contato com as faltantes informaram que uma delas havia desistido e que a outra teve um atendimento no setor, portanto não poderia vir.

AQUECIMENTO INESPECÍFICO

Objetivos:

– Integrar os novos participantes.

– Esclarecer sobre a importância do envolvimento no projeto.

O Diretor dissertou sobre a proposta do projeto como pesquisa e diagnóstico, destacou a importância do contato com os trabalhadores para conhecer como funciona o cotidiano de trabalho, e apontou a relevância da participação deles também para a elaboração de um diagnóstico a respeito dos afastamentos que ocorrem na instituição com relação ao trabalho. Por último, explorou o conceito de diagnóstico por meio da seguinte consigna:

Diretor: – O que é um diagnóstico?

Participante 1: – É o que faz para identificar a doença.

Participante 2: – É um procedimento.

O Diretor correlacionou o diagnóstico médico e a forma como conduziriam sua investigação para definir esse termo. Exemplificou ao apontar os instrumentos utilizados pelo médico, como raios x, ultrassonografia, entre outros. Esclareceu que, no projeto em questão a construção seria coletiva. Eles se manifestariam sobre o cotidiano de trabalho para juntos verificarem quais eram os possíveis aspectos desse processo que poderiam levar os trabalhadores a adoecer.

O Diretor falou sobre a devolutiva que seria feita à instituição com a entrega do relatório; explicou sobre a importância de nela constarem propostas (sugestões) de ações para possíveis mudanças. Falou dos limites, das mudanças impossíveis e das possíveis no curto, longo e médio prazos.

Perguntou se havia dúvidas ou se tinham alguma coisa para falar.

– Quando a gente tira férias, causa transtorno pra quem fica. Não temos substituto de férias.

– Saúde no trabalho é uma utopia, porque médico dá atestado de trabalho pra um dia com diagnóstico de labirintite.

– Nós ficamos apreensivos, porque funcionário fica doente e leva dois meses pra fazer um exame.

O Diretor comentou que acredita nas pequenas mudanças, que são pequenas ações.

Outro participante fez o seguinte relato:

– Na enfermagem a maioria dos erros ocorre por pressão, sobrecarga. Quando eu infartei, porque eu estava com sobrecarga, levei bronca, fui assediada, a outra pessoa que trabalhava comigo foi pressionada. Pode saber que por detrás há sempre um Hitler pressionando.

Como forma de ampliar a visão do grupo e mostrar que os problemas de saúde no trabalho também acontecem em outras instituições, o Diretor acrescentou: – No geral, o mundo do trabalho está funcionando assim.

– Discordo de você, porque há outros locais que têm as melhores condições de trabalho, aqui há uma displicência com o funcionário. Falta respeito. Os médicos não afastam por doença. Quero saber de onde vem a ordem pra não dar mais atestado.

O Diretor perguntou: – Existe a norma?

– Não sei, só sei que não dão mais atestado.

– Eu fiquei cega no meio da rua, me perguntaram por que não procurei um médico..

– Eu fui casada com um engenheiro da [empresa x], lá uma vez afastaram um funcionário por alcoolismo, assistente social ia todo dia na casa. Aqui o funcionário fica na sarjeta, é tratado como mendigo. Eu me destruo quando vejo essas coisas acontecendo – emocionou-se.

O Diretor perguntou o que os demais achavam do atendimento prestado aos funcionários. Os que se pronunciaram a esse respeito denunciaram a falta de assistência e de cuidados.

O Diretor também perguntou se havia assistente social na instituição.

Responderam afirmativamente, e uma participante acrescentou:

– Ah, mas já viu... (fez expressão de descrença e continuou). Ah, a psicóloga daqui é doida, anda com um cara que puxa fumo...

(Risos).

Após os risos uma participante comentou:

– Fiquei no pronto-socorro porque não queriam me dar atestado, fiquei sentada com pressão alta, passando mal. Minha amiga tava com enxaqueca, vomitando e os médicos mandaram ela trabalhar.

Outra comentou: – Existe excesso de cobrança e falta atendimento e assistência para os funcionários.

Uma terceira acrescentou: – Dizem que os funcionários gostam muito de atestado.

E uma outra expressou: – Falta valorização dos funcionários.

O Diretor tentou sensibilizá-los sobre a importância da participação, esclarecendo que seus depoimentos são muito úteis para o entendimento do que acontece com os trabalhadores. Disse-lhes que deveriam sentir-se participantes de um projeto benéfico à sociedade. Para arrematar essa etapa, entregou a cópia de uma fábula: "A visão do futuro, o jovem e a estrela do mar", convidando para que alguém, voluntariamente, fizesse a leitura. Depois disso, seguiram-se os comentários:

– Cada um tem que fazer a sua parte...

– Cada um tem que querer fazer a diferença.

– Uma andorinha sozinha não faz verão.

– Raimundo Fagner disse que criou uma ONG que dá às crianças oportunidades de estudar. Se cada um de nós fizer nossa parte, em vez de ficar esperando as autoridades, já está bom.

– Nós, a enfermagem, somos o coração do hospital, mas somos medrosas, desunidas, desorganizadas, porque não conseguimos nos mobilizar, vemos colegas serem humilhadas e cochichamos com a outra achando bom...

– Somos um grande número e não nos unimos, não nos respeitamos, não somos amigos.

– Gostamos de ver a desgraça dos outros.

– Fulana fica sentada a noite toda esperando atendimento e nós nem olhamos.

– Eu tenho outra posição para isso: tive dor, tava de licença médica, vim de táxi, fiquei no pronto atendimento a noite toda, de manhã tava boa, não me deixaram ir embora, fizeram ultrassom, acharam uma pedra na minha vesícula, fui bem tratada, 78 pessoas me visitaram, até as faxineiras me visitaram. Não posso me queixar porque fui bem tratada, o problema são os médicos do..., teve médico que nos ajudava e foi prejudicado.

– Depende de quem é, depende da relação que existe entre os funcionários e o médico. O tratamento e o atendimento dependem da relação.

– Queremos melhoria dos médicos que atendem os funcionários.

AQUECIMENTO ESPECÍFICO
Objetivos:

- Desenvolver a percepção grupal.
- Favorecer a integração.

Na sequência, o Diretor solicitou que todos ficassem em pé e disse que como havia novos participantes entrando no grupo, eles fariam uma breve apresentação. Para isso, dividiu os participantes em dois subgrupos: com os que já haviam participado dos encontros e com quem estava começando.

Esquematicamente, ficou assim:

Dos 11, seis eram veteranos, e cinco, novatos.

O Diretor solicitou que ambos os subgrupos se apresentassem por meio de gestos: os novatos perguntariam como era estar ali, e os veteranos responderiam.

Apresentação dos veteranos: gestos com os braços demonstrando aconchego, união.

Apresentação dos novos: gestos de apontar o dedo para o local (chão).

O Diretor solicitou que verbalizassem as expressões:

Os participantes novos no grupo perguntaram: – Como é estar aqui?

Aqueles que já vinham participando responderam: – Aqui é aconchegante, acolhedor, que tem união, a Luiza veio para nos dar uma luz.

O Diretor continuou com as consignas buscando visualizar outras características do grupo. Sugeriu outra forma de agrupamento.

Diretor: – agora vamos nos agrupar de acordo com a primeira letra do nome. Esta é uma boa maneira de nos ajudar a memorizar os nomes de todos os participantes. Vamos ver quem tem o nome que começa com a letra A. Não temos ninguém. E com B? Também não.

E, assim, sucessivamente, deu as consignas até localizar os nomes. Ao mesmo tempo agrupou as pessoas de acordo com as letras de seus nomes.

Durante a apresentação do nome de inicial M, uma das participantes do agrupamento apresentou-se e disse que é muito difícil sair do seu setor para participar de grupos porque lá não há enfermeira. Então, às vezes, tem de fazer tudo sozinha. Enquanto ela falava, a participante N falou baixinho: – quer trocar de setor comigo?.

Na sequência, essa participante cujo nome começava com N apresentou-se e comentou sobre seu setor:

– O... tem a mesma realidade dos postos e não foge à realidade e não tem tratamento diferenciado, porque há poucos médicos. A política do... está mudando, até agora nada mudou, nós tentamos fazer o melhor para o funcionário. Além disso, eu sou evangélica e peço paciência para trabalhar, se alguém quiser trocar de setor eu quero trocar. O núcleo não está funcionando não é porque os funcionários não trabalham é porque a política não funciona. Agora o dr. ..., que assumiu a coordenação, disse que o ... vai ficar um lugar cinco estrelas.

Nesse instante, uma das participantes deitou-se no chão, como se tivesse caído dura, e ficou por uns segundos assim. Riu e depois se levantou.

O Diretor não interveio e esperou a reação do grupo. Como ninguém se manifestou sobre o ocorrido, continuou com as apresentações.

Depois foi a vez do agrupamento baseado na divisão entre casadas e não casadas, sendo duas casadas e nove não casadas.

Como o Diretor percebeu, durante a apresentação, que os participantes sentiam muita necessidade de falar sobre o que acontecia no setor, cedeu-lhes a palavra.

Comentários e aquecimento específico

Diretor: – Agora que já temos uma visualização de algumas características desse grupo, vamos retomar nossas conversas sobre o trabalho, pois percebo que vocês querem falar sobre o setor.

Após dizer isso, recebeu expressões de confirmação com gestos.

Objetivos:

- Explorar crenças, valores e ideias sobre o trabalho.
- Desenvolver a percepção do ambiente.
- Verificar associações entre o trabalho e os riscos à saúde.

Na sequência, o Diretor pediu que os participantes caminhassem pela sala e, após a observarem, escolhessem algo que representasse a palavra trabalho.

Diretor: – Agora vamos caminhar por esta sala. Observar o espaço, os objetos, as pessoas. Prestem atenção nos objetos que temos aqui. Continuem caminhando, observem, explorem o ambiente onde nós estamos. Agora, escolham algo que represente para vocês a palavra trabalho. Quando já tiverem escolhido, podem sentar-se.

Depois que todos sentaram-se, o Diretor completou: – Agora pensem no porquê dessa escolha, o que isso que vocês escolheram tem a ver com trabalho.

– E agora vamos falar sobre as escolhas.

Assim, cada um, sucessivamente, fez sua apresentação.

Dois participantes escolheram a lousa. Para um, ela representava o trabalho de quem a confeccionou, para outro, simbolizava o trabalho do professor.

Uma participante escolheu o vaso de origami, pois segundo ele via nesse objeto a paciência do trabalhador nas atividades de cortar e dobrar o papel.

Outra escolheu as cadeiras, referindo-se aos diferentes processos de trabalho e às diferentes categorias profissionais envolvidas na confecção delas e também associou tudo isso ao próprio trabalho: – Usamos para trabalhar.

Uma delas escolheu a geladeira e discorreu sobre o complicado trabalho de montagem do equipamento.

O projetor foi escolhido por uma das participantes, pois, para ela, representa trabalho: – Usado para dar aula, passar informações.

Outra disse que escolheu os armários porque pensou no trabalho dos marceneiros para confeccioná-los.

O relógio foi outro objeto escolhido, pois, para a participante, ele "marca as horas que temos que trabalhar, somos escravos do relógio".

As flores artificiais foram escolhidas por representarem a delicadeza na confecção.

A televisão foi escolhida por uma participante devido ao trabalho de transmissão de informação, já, para outra, devido ao trabalho de fabricação.

Ao término dessas apresentações, o Diretor entregou a todos uma folha de papel, solicitando-lhes que refletissem sobre possíveis riscos à saúde do trabalhador durante a confecção desses objetos. Na sequência, solicitou que escrevessem sobre eles.

Após certo tempo, pediu que falassem sobre o que pensaram e registraram nos papéis. Os apontamentos foram os seguintes: ruídos, baixa qualidade e inadequação dos materiais, falta de iluminação, poeira, umidade, produtos químicos, condições de ambiente inadequadas, excesso de peso, movimentos repetitivos, excesso de trabalho, carga horária, hora extra, assédio moral, problema financeiro.

Enquanto verbalizavam, o Diretor escreveu os itens na lousa e perguntou se também faziam parte da profissão de enfermagem. Todos disseram que sim.

De acordo com o planejamento, na sequência o Diretor prepararia o grupo para a elaboração de cenas do cotidiano. Eis que, inesperadamente, uma participante levantouse e protagonizou uma situação vivenciada no setor.

Dramatização

A participante levantou-se e andou pela sala rebolando. Disse: "Outro dia, a enfermeira chegou no meu setor assim, rebolando com uma saia curta, com uma fenda enorme atrás. Quando ela chegou, foi direto olhar os prontuários, abordou-me e comentou: 'não dá pra trocar as etiquetas? Não tem enfermeira aqui, não? Quem é você? As etiquetas estão todas velhas'.

Eu perguntei pra ela: – Quem te mandou aqui? – Ela não respondeu e continuou olhando as etiquetas. Daí eu não aguentei e falei: – A casa está caindo e você está preocupada com as etiquetas?

Continuou: – Ah, ela entrou na casa toda rachada, olhando pras etiquetas.

Todos observam as falas da colega com olhares atentos e em silêncio.

O Diretor perguntou ao grupo se situações como a apresentada pela colega são comuns no dia a dia.

Participante: – Pode colocar mais um monte, as faxineiras ainda falam que nós temos que limpar o pó.

Diante do tempo limitado, o Diretor adiantou que nos encontros seguintes refletiriam sobre essas questões do cotidiano.

As participantes disseram:

– Você vai nos deixar louca... Eles reformam e nem perguntam nada pra nós, atendemos um monte de doenças contagiosas, sem ter ventilação em espaço apertado.

– No ambulatório onde atende pneumo, nós sabemos que tem tuberculoso sendo atendido lá, e você já viu a casa, não tem estrutura nenhuma, não tem ventilação, é baixa.

– O ambulatório onde trabalho recebe pessoas com dor e é cheio de escadas e os pacientes têm que subir escada para ter atendimento.

– Quando eles querem tirar a nossa copinha, nós nos unimos pra reclamar.

– Eles alugam casinhas sem pensar nos funcionários, nós aguentamos tudo isso e nos estressamos.

– No início do ano, vão fazer avaliação de desempenho da gente. E quem vai fazer nem nos conhece.

Após se certificar de que não havia mais relatos, o Diretor discorreu sobre o contrato ético, entregando o termo de consentimento, que foi lido e assinado por todos.

Os participantes indagaram sobre as pesquisas das quais foram sujeitos, mas não tiveram retorno. O Diretor explicou que a devolutiva de algumas pesquisas é demorada devido ao número de dados a serem analisados.

Compartilhar

Para finalizar, o Diretor solicitou que falassem sobre o encontro.

Eis os relatos:

– Fazendo terapia ou não, extravasamos as coisas onde nos sentimos impotentes, já é válido.

– Se não fosse bom ninguém vinha.

– Está de bom tamanho.

– Não falo muito... Mas eu vou falando...

– Eu gostei porque vi o grupo maior, mas não gostei de falar dos problemas. Estou aqui há 23 anos e só falamos dos problemas... Hoje foi cansativo.

– É que as matracas falam demais.

– As pessoas têm que saber o que acontece no ... – Referindo-se ao setor onde trabalha.

– Nem ia me importar de demorar dois ou três meses para marcar um gineco, mas se chegássemos lá e fossemos bem tratados, tratados com carinho.

– Acaba o grupo, e a vontade de falar, não.

– Hoje não brincamos.

O Diretor finalizou e avisou que no encontro seguinte fariam atividades de expressão não verbal.

Análise da quarta sessão

A saída de alguns participantes do grupo que já haviam frequentado os três primeiros encontros fez que o Diretor buscasse novos adeptos para substituí-los, tendo em vista que o número estava muito reduzido.

Durante os 15 dias anteriores a essa sessão, o Diretor percorreu novamente os ambulatórios e conseguiu um número de interessados suficiente para a realização das atividades grupais. Alguns deles, mesmo tendo manifestado interesse em participar e confirmado a presença, no momento não compareceram. Enfim, o número de presentes de acordo com a abordagem qualitativa era adequado, pois, nessa vertente metodológica, a fala de alguns representa a fala de muitos.

Na primeira parte da sessão, o Diretor teve de explicar novamente o projeto, devido à chegada dos novos participantes. Na etapa de aquecimento inespecífico, realizaram-se atividades de integração desses membros recém-chegados.

Durante a etapa de aquecimento específico, o Diretor buscou no grupo suas percepções sobre o conceito de trabalho; procurou também avaliar se eles tinham noção da correspondência entre aspectos do cotidiano de trabalho e riscos à saúde. Os apontamentos sobre a exploração desse tema revelaram que os participantes reconhecem os agravos do ambiente de trabalho que podem prejudicar a saúde, tanto com relação aos riscos físicos, biológicos como também aos de organização do trabalho.

A cena dramática foi marcada pela ação de uma participante que, inesperadamente, lançou-se no centro do grupo e expôs uma situação vivenciada no cotidiano de trabalho. O conteúdo que ela reproduziu denunciou problemas de infraestrutura física do setor e revelou que a chefia parece estar preocupada com o trabalho prescrito sem, contudo, conhecer a realidade do setor.

Vale aqui salientar a falha técnica do Diretor que, preocupado com o planejamento, não deu muita atenção ao que a protagonista expunha. Deveria ter explorado o conteúdo da cena, pois havia diferentes formas de fazê-lo. Por que não o fez? Questiona-se constantemente em busca dessa resposta.

Na sequência, os comentários denunciaram aspectos das condições e da organização do trabalho. Sobre as condições, enfocaram a inadequação dos espaços físicos de alguns ambulatórios para atender aos pacientes. No que diz respeito à organização do trabalho, revelaram o conteúdo do trabalho marcado pelo desvio de funções.

Acrescentou-se a esses discursos, durante os comentários, a fala de uma participante que responde ao Diretor alegando que pensar sobre o cotidiano de trabalho as deixaria loucas. Ao dizer isso, revelou quanto sofrimento impera no submerso desses dias de trabalho. Pensar, falar sobre isso, é doloroso demais para quem já vivencia os fatos.

Tabela 17 - Demonstrativo dos personagens sociodramáticos emergentes na sessão

Personagens	Caracterização
Médico	Desatento, negligente, dominador, ajudante.
Funcionário da instituição	Desamparado, negligenciado, assediado, pressionado, sobrecarregado, descuidado, desrespeitado, desassistido.
Psicólogo	Doido.
Auxiliar de enfermagem	Medrosa, desunida, unida para lutar por infraestutura, submissa, impotente.
Chefe	Autoritário, onipotente, orgulhoso, desligado do contexto.

Tabela 18 - Demonstrativo dos principais sentimentos manifestados na sessão

Indiferença
Desrespeito
Inquietude
Acolhimento
Medo
Solidariedade
Insegurança
Revolta
Insatisfação
Tristeza
Desamparo
Retraimento
Ingratidão
Luta
Inveja
Fracasso
Leveza
União
Desesperança

Tabela 19 - Demonstrativo das principais necessidades manifestadas na sessão

Reconhecimento
Acolhimento
Expressão
Atenção
Proteção
Participação
Informação
Esclarecimento
Apoio
Desabafo

Tabela 20 - Demonstrativo das principais preocupações presentes na sessão

Reconhecimento
Relacionamento
Expor-se
Vinculação
Financeiras
Expressão
Medo de adoecer e ser negligenciado
Preocupação com a imagem do outro (exemplo: não deixar o médico falar mal da amiga)

DESCRIÇÃO DA QUINTA SESSÃO

Quinta sessão

Tema proposto: "Relações Interpessoais"

Data: 09/10/2006

Horário: das 13h00 às 16h00

Diretor: Maria Luiza Gava Schmidt

Ego: Mauro

Número de participantes: 12

Objetivos:

- Identificar como os participantes percebem-se em seus relacionamentos interpessoais e grupais.

- Apreender a percepção deles sobre a influência dessas relações no processo saúde-doença no trabalho.

Aquecimento inespecífico

O Diretor iniciou a sessão às 13h00, com os três primeiros participantes. Solicitou-lhes que resumissem, num tempo determinado, o que permanecera do encontro anterior. Conforme os demais participantes chegavam, o Diretor colocou-os a par do que era tratado naquele momento.

O Diretor dirigiu-se até uma participante que havia comparecido somente à sessão anterior e lhe solicitou que comentasse sobre o encontro.

Participante: – Não entendi muita coisa, tava muito confuso, teve momento que o pessoal falou todo junto, não entendo. Como vai ser depois de tudo isso. Vai mandar um relatório?.

O Diretor percebeu que outro participante tinha dúvidas, pois havia comparecido apenas uma vez. Então, retomou de forma breve o objetivo do projeto.

Perguntou se gostaria de fazer mais algum comentário e ela respondeu:

– Foi bom porque você vê que não é só você que passa por determinada atuação.

Diretor: – Que situação? Dê um exemplo.

– Não achava que no [setor] os funcionários passavam por esse estresse tão grande, achava que eu passava mais com os pacientes do meu setor.

Outra participante comentou: – Quer que eu fale o que sinto? Eu acho que eles precisam respeitar mais a gente, os colegas não respeitam a gente. Talvez tenha que mudar, chamar o corpo de enfermagem. É mais fácil unir-se com outros profissionais, você acaba sendo a chata do setor.

A terceira participante comentou: – Acho que foi igual a todos os encontros, temos que tirar proveito quando nos encontramos. Fico feliz que as outras pessoas concordam com o que eu estou falando. Esperava que as pessoas fossem mais sensíveis. A funcionária tava em crise de asma, o médico falou: 'não vou dar atestado pra essa vagabunda'. Eu disse pra ele, eu estou levando isso pro médico do trabalho, não estou mais no sindicato. Mas não deixo de falar. Hoje, no meu setor, ninguém foi trabalhar. A enfermeira chegou às 11h30 toda rebolando e só comentou: 'a fulana não veio trabalhar'. Um trabalho que era pra ser feito em seis, fiz sozinha, me sobrecarreguei. Não dá pra ficar calma e tranquila. A colega que deveria chegar às 10 horas não apareceu, a das 13 não veio. É muito difícil trabalhar aqui. Eu acho que a mulher é muito invejosa, ela se arruma para se exibir pra outra, a enfermeira crucifica alguém e as outras colegas adoram. O que é feito aqui, deveria haver mais atividade desse gênero, é o único jeito de o técnico e auxiliar encontrarem-se, o proveito é diário. Eu estou adorando os encontros, deveria haver mais encontros.

O Diretor solicitou que outra participante fizesse seus comentários sobre o último encontro.

– É bom porque a gente vai se conhecendo, tem oportunidade de estar junto. A gente se vê na rua e não sabe o que a outra sofre. De repente, a gente vê que todo mundo tem alguma coisa como eu. É bom pôr pra fora. Temos medo de expor os problemas, sem saber se vamos nos prejudicar. Falta funcionário, quem vem trabalhar faz o serviço de dois ou três. Funcionários que são afastados não são substituídos... Se vai tomar café, tem que tomar correndo; vai levar material para outro lugar, tem que ir correndo. Quem passa e vê que tá tomando lanche já fala que está fazendo hora. Estou vendo que é por isso que estou ficando estressada, um monte de colegas que se afasta por doença, umas meninas novas de 40-50 anos ou que tem que trabalhar até os últimos dias como a"... (funcionária que faleceu recentemente). Não temos uniformes, nem nada, e agora está mudando o chefe e ninguém sabe o que vai acontecer.

O Diretor aproximou-se da participante e pediu um solilóquio.

Diretor: – Como você se sente? Que sentimento aflora quando você fala sobre isso?

Participante: – Meio tonta, insegura. Nós trabalhamos de boy, escriturária, faxineira, mas o nosso serviço ninguém pode fazer. A gente se desdobra.

O Diretor passou a palavra para outra participante, retomando o objetivo do momento, ou seja, comentar em pouco tempo o que repercutiu da sessão passada. Ela disse que não tinha nada pra comentar. Então, o Diretor direcionou a pergunta para outra integrante.

– Acho muito importante o encontro aqui, faltei no último porque tive que resolver uns problemas. É bom pra se conhecer, não sabia nem o nome de algumas colegas. Estou gostando de vir.

O Diretor sinalizou para que a próxima participante fizesse seus comentários.

– É a oportunidade para conversar e expor os problemas. Aparentemente, são poucas as pessoas com problemas, mas nós sabemos que não é bem assim, tem mais pessoas com problemas.

Na sequência, outra participante opinou:

– Aqui é o lugar em que nós podemos falar sobre tudo. Saúde do trabalhador é a minha alegria, minha felicidade.

Finalizando a rodada de comentários, outras três participantes pronunciaram-se.

– Foi bom pra rever as meninas, saber das coisas que acontecem com elas, avaliar o nosso setor, comparando com os outros.

– Não tenho nada pra falar, mas está sendo ótimo.

– Eu tinha uma visão sobre a colega X, que ela não tinha nada a ver comigo, outras vezes que eu fui no sindicato, achava que ela era de falar e não de fazer. Daí, conversando com ela, olhando nos olhos, fui conhecendo ela melhor, tenho uma visão diferente dela, tenho pena de não tê-la conhecido antes.

O Diretor aproximou-se da colega X, solicitou que ela pensasse alto o que sentia sobre esses apontamentos feitos pela colega.

PX: – Que bom que ela está vendo isso e que aprenda com os amigos".

Ao final dessas apresentações, apareceu uma nova participante no grupo, que ainda não havia participado dos encontros. Quando entrou na sala, uma das participantes disse que ela começaria a participar também.

O Diretor apresentou-se, perguntou o nome dela e disse: – seja bem-vinda ao grupo. Estamos iniciando a atividade.

Participante: – hoje vou ficar só até as três horas porque tenho consulta.

Uma participante do grupo perguntou: – mas você vai participar sempre?

E a resposta foi positiva.

O Diretor esclareceu que aos poucos explicaria o objetivo do trabalho para ela saber do que se tratava. E solicitou que se apresentasse.

Participante: – eu sou a ..., estou afastada porque tive trombose faz dois anos.

Após a apresentação, o Diretor explicou que nessa sessão o tema era relações interpessoais e grupais. Disse, a seguir, o significado desse conceito.

Aquecimento específico
Objetivos:

- Desenvolver a percepção do outro.
- Avaliar as percepções dos participantes sobre relações interpessoais no trabalho.

Na sequência, o diretor pediu que todos ficassem em pé. Nesse instante uma participante abriu a bolsa, pegou um creme e começou a passar nas mãos. Alguém do grupo indagou-lhe:

– Isso é hora de passar creme?

Ela respondeu: – É para vocês sentirem minhas mãos macias.

O Diretor iniciou as consignas. Solicitou que todos se espalhassem pela sala, caminhando e cumprimentando as colegas. Todas sorriram, abraçaram-se. A seguir, determinou que, caminhando, dessem um sorriso para quem passasse do lado direito e fizessem careta para quem passasse do esquerdo.

Diretor: – Percebam como cada um se expressa. Agora façam par com alguém e comecem a interagir sem falar; num diálogo de movimentos, cumprimentem-se apenas com gestos, mímicas... Tomem consciência de como se sentem e o que acontece entre vocês durante a interação.

Houve muitas variações nas maneiras de eles se cumprimentarem, permeadas por risos.

Continuou: – Agora, silenciosamente, digam adeus ao parceiro por meio de movimentos e dirijam-se para um novo parceiro, a fim de manter outro diálogo por meio de movimentos.

Nova consigna: – Agora digam adeus a esse parceiro por meio de movimentos e dirijam-se a outro parceiro, para outro diálogo. Mantenham o diálogo através dos movimentos e percebam como se sentem.

Diretor: – Explorem as possibilidades de movimentos nas diferentes formas de se cumprimentar... Continuem a se movimentar... Agora digam adeus ao parceiro... Busquem outro parceiro... Novamente troquem movimentos.

O Diretor continuou as consignas e solicitou que formassem novos parceiros até perceber que todos haviam interagido.

E finalizou: – Agora, despeçam-se do grupo com um gesto e podem voltar a seus lugares.

Quando todos estavam acomodados, o Diretor indagou: – Como foi participar dessa atividade?

Participantes:

– Foi bom.

– Trocamos energia.

– Deu calor.

No geral os comentários centraram-se em discursos dessa ordem.

O Diretor comentou: – Normalmente expressamos nossos sentimentos pela postura de movimentos. Algumas vezes nosso corpo todo mobiliza-se e, em algumas situações, pode ficar imobilizado e tenso. Isso ocorre também quando nos cumprimentarmos.

O Diretor perguntou se havia mais comentários. Como nada foi explicitado, propôs outra atividade.

Aquecimento específico: jogo do rótulo
Objetivos:
- Possibilitar reflexões e discussões sobre preconceito.
- Dar aos participantes oportunidade para reconhecer e diferenciar modelos saudáveis e nocivos de relações interpessoais no trabalho.

Para iniciar essa atividade, o Diretor requisitou cinco voluntárias, determinou-lhes que ficassem em pé no centro do grupo e as rotulou nas costas com vários dizeres: *"não fale comigo"*, *"siga-me"*, *"encoraje-me"*, *"cuidado comigo"*, *"tenha piedade de mim"*. As participantes, entre si e com as demais, deveriam comunicar-se por meio do que estava escrito sem lê-lo, de modo que a pessoa rotulada conseguisse adivinhar a mensagem.

Diretor: – Prestem atenção em como vocês são tratadas pelas colegas... como elas se comportam com relação a vocês... o que elas falam... como reagem quando se aproximam de vocês... como se sentem diante desse tratamento... como é se sentirem rotuladas... Vocês que, estão sem rótulo, o que estão fazendo para ajudá-las a descobrir a mensagem? Que outras formas de ajuda poderiam dar? Que sentimentos vocês têm ao tratar a colega de acordo com um rótulo? Continuem auxiliando-as nas descobertas.

Após certo tempo, as participantes rotuladas descobriram o que estava escrito nos rótulos. O Diretor solicitou que todos se sentassem e perguntou primeiro aos participantes que foram rotulados: – Como foi ser tratado com um rótulo?

Eles responderam:

– Desagradável. Como se fosse uma falsidade, todos sabiam, menos você.

– Às vezes nem é aquilo, são apenas diferenças de opinião. É mais ou menos o que ela... falou de mim, ela não me conhecia.

– Todo mundo fala de você sem te conhecer, todo mundo fala ou tem dificuldade de falar pessoalmente. Eu resolvo direto com a pessoa, tem que falar comigo, eu sou de falar, não sou de mandar recado.

– Às vezes eu tenho medo de falar por receio de magoar a colega.

– É ruim demais ser tratado sem saber o que falam de você.

Depois o Diretor quis saber dos participantes que auxiliaram na descoberta da mensagem:

– E para vocês que não tinham rótulo, mas que fizeram o papel de ajudantes na descoberta das mensagens, como foi participar?

– É difícil, quem te ama fica com agonia, vi aflição no olho delas querendo falar.

– Ela não conseguia adivinhar e eu achei justo e acabei falando pra ela.

– Foi bom e angustiante, porque você tenta adivinhar o que está acontecendo e no dia a dia acontece a mesma coisa.

Feitos esses apontamentos, o Diretor perguntou aos demais se gostariam de acrescentar algo sobre o ocorrido. Responderam que, no geral, validavam o que os outros haviam dito.

Aquecimento específico
Objetivo:
- Identificar aspectos do cotidiano de trabalho e das relações interpessoais.

O Diretor propôs outra atividade: após determinar que os participantes, sentados em círculo, acomodassem-se da maneira mais confortável possível, colocou uma música para interiorização como objeto intermediário para favorecer o relaxamento.

Diretor: – Procurem sentar-se confortavelmente... Fechem os olhos e entrem em contato com o dia a dia de trabalho... Observem o que acontece no seu setor... Tomem consciência de como se sentem nesse setor. Quem são as pessoas com as quais vocês se relacionam? Como percebem essas relações, o que sentem nessas relações? Como as outras pessoas se relacionam com vocês? Mantenham os olhos fechados e visualizem uma imagem desse setor... Como se sentem diante dessa imagem?

Enquanto dá as consignas, o Diretor caminha pela sala, espalhando no centro do grupo várias figuras retiradas de revistas.

Diretor: – Agora abram os olhos lentamente... Em silêncio fiquem em pé e caminhem entre as figuras... Observem as imagens... Verifiquem se há alguma que representa o que vocês refletiram do seu cotidiano de trabalho... Continuem caminhando e quando identificarem uma figura, aproximem-se dela... Agora podem recolher... Não há problema de mais de um participante escolher uma mesma figura. Agora, sentem-se e, em silêncio, façam uma correlação entre essa figura e o cotidiano de trabalho.

Dramatização

Diretor: – Agora vamos fazer as apresentações... Cada um falará de suas reflexões e de sua escolha... Coloquem a figura numa posição que todos possam ver.

Seguem-se as manifestações sobre as figuras:

Figura do Homem Amarrado: – Eu escolhi porque é como eu me sinto no meu local de trabalho e perante a instituição: amarrada.

Figura com Imagem de Pessoas (desfocada): – Eu escolhi esta porque me vejo agitada, correndo de um lado para o outro.

Figura de um Tobogã: – Eu vejo que minhas relações são meio instáveis, tento sempre me envolver, um tobogã com altos e baixos.

Figura de um Homem Regando uma Planta: – Quando você planta, planta bem pra colher bem, gosto de fazer com os outros o que eu gostaria que fizessem comigo.

Figura de uma Estrada: – É como na vida: cada dia uma coisa diferente; é uma caminhada, você conhece pessoas diferentes a cada dia.

Figura de Praia e Mar: – Alguns anos atrás eu era muito 'chata', agora eu sou bem tranquila. – Essa figura foi escolhida por duas pessoas.

Figura das Estações (árvore): – Das quatro árvores, a pelada é o dia a dia no setor, sozinha; a cheia é a falta de tempo para saber o que acontece nos outros locais, só consigo saber o que acontece naquele lugarzinho; a amarela é o que acontece com o setor, um dia está amarelo e no outro dia bem vermelho, um dia tranquilo e no outro é bem 'chato'. Não adianta colocar a culpa só nos outros, às vezes nós é que não estamos bem; e o verde é quando acabou o trabalho, vou para casa e acabou.

Figura do Homem Pescando: – Eu me sentia amarrada, fui buscar paz, eu me sinto relaxada, faço artesanato com as pacientes, faço isso pela minha aposentadoria, me sinto como em uma pescaria.

Figura de Várias Pessoas (multidão) – Sou nova no setor, seis meses apenas. Antes era como uma família, todo dia tinha um barraco, e entrou um garoto onde só tinha mulheres. Hoje eu vejo que o garoto veio pra somar. A figura representa que nós não somos mais um na multidão, nós fazemos a diferença. Eu ouvi de um paciente que não é só remédio que cura, carinho também cura."

Comentários

Após as apresentações, o Diretor perguntou: – Como foi fazer essa atividade? Que impressão deu-lhes parar e pensar no dia a dia e representá-lo na figura? O que perceberam das apresentações dos colegas?

Eis os relatos:

– Boa, deu pra eu pensar e refletir a amizade com os colegas.

– Desânimo dos colegas do setor.

– Quando eu peguei essa figura, eu pensei que eu sou impotente.

– Ótimo, é exatamente o que eu faço, eu vejo todos os dias como eu ajo.

– Bom, eu expus um sentimento para outras pessoas.

– Ótimo, parei pra olhar meu setor.

– Procurar ajudar o próximo.

– Aprendizagem. Temos que aprender com os erros.

– Como estão as relações.

– Bom, bem criativo, a vida é como uma árvore: cai uma folha, nasce outra.

– Aprendi que nós plantamos e colhemos. Tenho que me vigiar sobre como estou me comportando, pra melhorar sempre.

Após certificar-se de que não havia mais comentários, o Diretor sugeriu uma pausa para o café.

Aquecimento específico

No retorno, o Diretor iniciou a sessão ao dizer que as apresentações revelaram aspectos positivos e negativos nas relações interpessoais. Perguntou: – Qual das figuras impressionou mais?

Diretor: – Agora vocês vão aproximar-se da pessoa que está com a figura com a qual mais se mobilizaram.

Cinco participantes escolheram a figura do Homem Amarrado.

– A figura do homem amarrado mostra o autoritarismo dos médicos perante as enfermeiras.

– Às vezes nos sentimos assim, porque sempre nos deparamos com situações assim.

Diretor: – E, então, o autoritarismo no ambiente de trabalho é ou não negativo para os relacionamentos? – Os participantes responderam que sim.

O Diretor dirigiu-se aos demais integrantes e, percebendo que eles estavam com dificuldade escolher, propôs ao outro subgrupo trabalhar com o conteúdo da mesma figura. Eles aceitaram a proposta e se agruparam.

Após a composição dos dois subgrupos, o Diretor solicitou-lhes que discutissem brevemente e criassem uma situação do cotidiano por meio da qual pudessem expressar como percebiam as relações interpessoais no ambiente de trabalho.

Durante as discussões, o Ego ouviu os seguintes comentários dos participantes do subgrupo 1:

– Eu me sinto impotente, porque parece que falamos a vida inteira, e vamos falar a vida inteira e não adianta nada.

– Eu me sinto amarrada, eu falo, bato o pé, e daqui pra psiquiatria é um pulo.

– Tem enfermeiras que só fazem sete horas quando tinham que fazer doze. Onde arranjam tantas horas em a ver?

– A gente trabalha o dia inteiro e nem temos um minuto em a ver.

Dramatização
Cena do subgrupo 1

Foi composta por cinco participantes. Os componentes desse subgrupo denominaram-se assim:

P1 – Ludovica

P2 – Telma

P3 – Dária

P4 – Otávio

P5 – Sr. Carlos

O Diretor aproximou-se e perguntou a cada um qual era seu papel nessa cena.

Ludovica: – Sou técnica de enfermagem, estou pleiteando há um tempo longo, longuíssimo, a implantação do turno de 6 horas.

Telma: – Sou coordenadora de enfermagem e estou tentando ajudá-la com a proposta.

Daria: – Superintendente de enfermagem.

Otávio: Diretor de enfermagem.

Sr. Carlos: – Reitor.

Os participantes iniciaram a cena com a entrada da técnica de enfermagem (Ludovica) na sala da diretoria de enfermagem:

Técnica de enfermagem disse: – Então, dona Telma, eu vim saber se já foi resolvido o problema das seis horas.

Diretora de enfermagem (dona Telma): – Vou falar com sr. Carlos sobre isso ainda hoje.

Segue a cena: coordenadora de enfermagem (Telma) na sala do reitor: – O que você resolveu, sr. Carlos, sobre a proposta das seis horas?

O Diretor ouviu protestos de alguns participantes de que não era assim que acontecia no dia a dia. Então, perguntou para o grupo se era daquela forma que se dava no cotidiano. Eles disseram que não, pois a diretora de enfermagem deveria ter ido falar primeiro para o superintendente de enfermagem e, assim, caberia a ele levar o problema para o reitor.

Diante disso, o Diretor sugeriu que retomassem a cena, mostrando como as coisas aconteciam no dia a dia.

Cena retomada:

Técnica de enfermagem: – então, dona Telma, o que aconteceu sobre a proposta das seis horas?

Nesse instante, o Diretor interveio e solicitou à personagem coordenadora de enfermagem que ela pensasse alto sobre a situação.

Solilóquio da coordenadora de enfermagem: – penso em dar uma solução, mas que ela vai ter que ter paciência.

Coordenadora de enfermagem para técnica de enfermagem: – Você vai ter que ter paciência, porque a diretora ainda não me deu uma resposta.

Nesse momento, o Diretor interveio novamente e perguntou para os participantes do subgrupo o que eles sentiam diante aquela resposta.

Grupo respondeu: – Sentimento de raiva.

Retomada de cena

Técnica de enfermagem: – *Como é que a gente pode agilizar o processo?*

Coordenadora de enfermagem: – Tenha paciência, não posso te dar uma luz.

Técnica de enfermagem: – Como podemos resolver a situação?

Coordenadora de enfermagem: – Então eu já te falei que não depende só dessa instituição, o Rio de Janeiro, eles têm que marcar uma reunião para ver se conseguem entrar em acordo.

O Diretor solicitou que alguém do subgrupo assumisse o papel de coordenadora de enfermagem, e pediu que a personagem que fazia esse papel observasse através do outro a sua posição na cena.

Técnica de enfermagem: – Bom dia, eu agendei esse horário, vim saber em que pé estamos.

Coordenadora de enfermagem: – Qual posição mesmo? – Dito com uma voz de desprezo e com cara de quem está "cheia" de falar com a outra pessoa.

Técnica de enfermagem: – Eu queria saber como estão as coisas sobre a proposta do turno de seis horas dos funcionários.

Coordenadora de enfermagem: – Eu já levei para o reitor e para o superintendente, estou esperando a resposta deles, eles têm que entrar em acordo com as outras universidades...

O Diretor retomou o participante no papel.

Continuam a cena com a coordenadora de enfermagem indo falar com o reitor.

Reitor: – Oi, querida, tudo bem?

Coordenadora de enfermagem: – Oi, senhor Carlos, eu sou do ambulatório e vim saber qual a posição sobre o turno de seis horas, meus funcionários me cobram todos os dias, quero saber se o senhor tem uma resposta pra eu dar a eles, porque tem algumas instituições que já instituíram o turno de seis horas.

Reitor: – Então eu quero ver documentado, por escrito, quais são as instituições onde os turnos de seis horas funcionam. Foi a maior bomba que o governo federal passou para as nossas mãos, não posso dar turno de seis horas com o quadro atual de funcionários.

O Diretor perguntou ao grupo o que sentiram ao ouvir a resposta do reitor.

– Sentimento de que vai demorar pra resolver.

– Descaso com os funcionários.

Retomaram a cena:

Superintendente de enfermagem: – E aí, professora? Conversou com o reitor? Tenho que responder aos meus funcionários.

Diretora de enfermagem: – Eu já te falei que vou marcar uma reunião com o reitor na semana que vem. Como eu tinha dito na campanha, eu vou lutar pelos funcionários...

Nesse momento um participante da plateia deitou-se no chão e disse que a palavra lutar causava arrepios. O Diretor foi até ela e perguntou o que sentia.

Participante: – Está difícil lutar, ter boa vontade, e não depende só dela resolver o problema.

O Diretor solicitou aos participantes que continuassem a cena:

Superintendente de enfermagem: – Oi, Otávio, tudo bem? Vim ver essa questão dos funcionários, vamos falar com o reitor comigo?

Diretora de enfermagem apenas olha para o superintendente sem dizer nada.

O Diretor perguntou ao personagem que fazia o papel de superintendente o que sentia.

Solilóquio do superintendente: – Eu sinto que ele não fala nada, me olha com cara de debiloide, mas o arrasto comigo mesmo assim.

O Diretor pediu aos componentes do subgrupo que finalizassem a cena com o que considerassem ser o desfecho ideal da situação.

– O desfecho ideal seria dar as seis horas para os funcionários.

Diretor: – O que foi feito para conseguir as seis horas?

– Já foram feitos greves, movimentos, já até invadimos o gabinete e não resolveu nada.

– Estamos esperando completar o quadro de funcionários para poder dar as seis horas.

– Só que não completa nunca esse quadro de funcionários.

– Enquanto isso, o funcionário fica sem o segundo emprego, ganhando pouco e passando necessidade.

DESFECHO: a coordenadora de enfermagem dirigiu-se aos funcionários: – Informe dado pelo reitor: não há verba para os federais, portanto vai haver um concurso para completar o quadro de funcionários.

Cena do subgrupo 2

O subgrupo foi composto por cinco participantes, que se denominaram assim:

Rita: auxiliar de enfermagem novata

Rosa: recepcionista

Julia: auxiliar de enfermagem veterana

Vanessa: enfermeira

Glória: médica

Auxiliar de enfermagem novata: – Oi, sou recém-concursada, queria falar com a enfermeira – falando baixinho.

O Diretor observou sua postura e perguntou o que ela sentia.

Solilóquio da funcionária recém-contratada: – Estou amedrontada.

O Diretor perguntou aos componentes do subgrupo o que percebiam com relação à postura dela. Ou o que aquela postura representava.

Resposta: – medo.

A cena foi retomada:

Recepcionista: – Aguarde que eu vou chamá-la.

A enfermeira chega para receber a nova funcionária.

Enfermeira Vanessa: – Oi, Rita, que bom que chegou alguém pra nós, eu sou a Vanessa.

O Diretor perguntou à enfermeira qual a sua expectativa com relação à chegada da nova funcionária:

Solilóquio da enfermeira: – Sinto que é mais mão de obra pra ajudar.

Novamente a cena foi retomada.

Enfermeira Vanessa: – Vou te apresentar aos colegas. Essa é a Júlia, somos um quadro pequeno...

O Diretor perguntou à auxiliar de enfermagem: – Como você se sente agora?

Solilóquio da recém-contratada: – me sinto acolhida.

Enfermeira Vanessa: – vou falar com você sobre seus deveres. Você conversa com as meninas, que você vai aprendendo.

O Diretor perguntou novamente à auxiliar de enfermagem: – E agora, como você se sente?

Solilóquio da recém-chegada: – me sinto abandonada.

O Diretor inverteu o papel entre a auxiliar de enfermagem e a enfermeira e solicitou que a primeira falasse, no papel de enfermeira, como gostaria de ser recebida.

A auxiliar de enfermagem, no papel de enfermeira, disse: – vou acompanhar você para ajudar a resolver os problemas que aparecerem.

Diretor, após a colocação dela, perguntou: – E agora, o que você sente?

– Sinto uma falsidade quando me recebe assim.

O Diretor desfez a inversão e pediu a continuação da cena.

Enfermeira Vanessa: – como é o seu primeiro dia, você não tem que fazer nada, vai só olhar.

Enquanto a cena acontecia, os participantes da plateia riam.

Uma espectadora da plateia falou em voz alta: – Como vai só olhar?

Chega a médica e pergunta: – Onde está o estetoscópio que estava na minha sala?

Enfermeira Vanessa: – Acho que alguém pegou...

Auxiliar de enfermagem veterana: – Eu acho que foi a Rita.

Rita: – Eu não peguei nada, fiquei sem fazer nada, acompanhando ela...

Auxiliar de enfermagem veterana: – quem pegou foi a menina nova, não sei por que ela fica encostada. Conheço esse tipo, não quer trabalhar.

O Diretor perguntou aos componentes do subgrupo: – o que vocês sentem com relação ao que acontece aqui?

Respostas: – Falta de respeito e de solidariedade.

Retomam a cena:

Médica: – Rosa (recepcionista), você não achou um esteto?

Rosa: – Não.

O Diretor, percebendo a discussão sobre a procura do estetoscópio, considerou importante introduzir um personagem na cena e aplicou a técnica de interpolação de resistência.

Para isso, solicitou que alguém da plateia ocupasse o lugar de um paciente. Nesse instante, nota-se que o grupo levou um grande susto ao perceber que deixavam de atender os pacientes enquanto discutiam.

O Ego observou que o grupo teve uma reação de espanto: – Poxa! O paciente.

O personagem da plateia que manifestou interesse em representar o paciente entrou no cenário e se sentou como se estivesse numa sala de espera, fazendo uma expressão de desamparo, de prostração.

O Diretor foi até ele e perguntou: – quem é você? (Solilóquio)

Solilóquio do paciente: – Me chamo Mariazinha, estou doente, estou sentada aqui porque ninguém veio me ajudar, não tomei meu remédio hoje, estou aqui há uma hora...

Diretor: – O que você está sentindo?

Paciente: – falta de respeito e de solidariedade.

O Diretor interrogou os componentes do subgrupo sobre o que eles observavam:

– Quando eu vejo, eu vou direto atender, vou falar com ela...

– O médico vai atender o paciente, ele não fica esperando uma hora.

– O paciente, quando reclama muito, está bem de saúde, convenhamos...

O Diretor solicitou que todos do subgrupo olhassem a paciente e expressassem o que sentiam ao vê-la naquela situação.

– Ela está com fome, desprezada, largada, esquecida.

Diretor: – Vocês concordam que quando as relações interpessoais são conflituosas, esse contexto afeta o paciente?

Os participantes concordaram.

Comentários

Seguindo as apresentações, o Diretor solicitou que todos permanecessem sentados em círculo e perguntou: – Como foi, como se sentiram participando dessa atividade?

– Foi chato.

Diretor: – Em que momento foi chato?

– Quando fui a supervisora, porque não consegui resolver as coisas no papel da supervisão da diretoria.

O Diretor sinalizou para que outro participante fizesse seu comentário:

– Fiquei chocada com o que aconteceu com o doente. Ele ficou largado, enquanto as pessoas discutiam sobre quem tinha pegado o estetoscópio.

Outra comentou: – Eu também fiquei chocada com a cena do paciente largado.

– Desgastante, de ir reivindicar, de dar a cara a tapa, me senti impotente.

– Foi bom, porque trabalhamos pensando que todos trabalham em locais como o nosso setor, onde não tem problemas, e daí vemos que tem pessoas que passam por problemas, serviu pra abrir os olhos.

– A vítima maior é o paciente.

– O reitor sempre fica dizendo que não consegue implantar nada, mas por que só aqui não funciona?

– Fiquei pensando, por que não podemos pegar a companheira que chega e ajudá-la. Porque o trabalho ela sabe, não sabe a rotina.

– Deu para perceber que o paciente precisa de apoio, respeito. Temos que tomar uma atitude, porque não sabemos o que ele tem.

– Acho muito importante, porque nós achamos que não há barreiras, um quer jogar a culpa no outro, e sobra sempre pra alguém; no nosso grupo de trabalho também acontece isso, um põe a culpa no outro.

Terminados os comentários, para finalizar a sessão, o Diretor solicitou que todos ficassem em pé e em círculo. Perguntou que aprendizagem cada um levaria dessa sessão para o cotidiano de trabalho. Solicitou que pensassem e respondessem rapidamente. Introduziu como objeto intermediário uma música.

Enquanto a música tocava, os participantes faziam seus relatos. Ei-los:

– Olhar o paciente, ajudar os pacientes.

– Não julgar as pessoas, tentar conhecê-las, nem tudo é como queremos, nós todos não somos perfeitos.

– Sempre levo a imagem de alguém, hoje levo a imagem da (...) que está mais feliz, que com certeza vai continuar no grupo.

– Hoje me fez ver que eu sou uma pessoa que deve ser mais humana, e nós devemos ser profissionais humanizados.

– Eu levo um momentos de reflexão (bons e ruins).

Uma participante perguntou para o Diretor: – E você, o que vai levar?

Diretor: – Eu levo daqui que o grupo é composto de mulheres fortes. Agradeço a participação de todos, sobretudo dos que fazem seis horas e ficam aqui esse tempo extra.

Todas se abraçaram e se despediram.

Análise da quinta sessão

Nos primeiros instantes da sessão, o Diretor voltou a discutir sobre os objetivos do projeto, uma vez que percebeu que ainda havia dúvida por parte de alguns participantes.

Por meio dos discursos proferidos logo no início da sessão, os trabalhadores expressaram que as atividades eram promissoras no sentido de favorecer a percepção de si, do outro e do contexto de trabalho.

As expressões revelaram também que, ao ampliar a capacidade télica, perceberam que há problemas comuns na instituição. Dessa forma, o indivíduo percebe que não está sozinho, existe uma coletividade com problemas semelhantes ou piores que os seus.

Os relatos feitos durante o aquecimento inespecífico denunciaram aspectos dos modos de funcionamento da organização do trabalho, como:

- Falta de respeito com relação ao funcionário.
- Banalização da dor por parte de alguns médicos no que tange ao atendimento prestado aos funcionários.
- Necessidade de união para resolução de conflitos.
- Aspectos do processo de trabalho, como sobrecarga, ritmo intenso de trabalho.
- Aspectos relacionados à estrutura temporal, como queixas relativas à má qualidade das pausas e ao não cumprimento de horários pelos colegas, a falta de substitutos.
- Sentimento de ansiedade e temor devido à mudança de chefia: – agora está mudando o chefe e ninguém sabe o que vai acontecer.
- Indicador de desvio de função devido às várias atividades que necessitam desempenhar.
- Necessidade de espaço para expressão.

O discurso de uma participante revelou também que, na sua percepção, os encontros têm contribuído para desfazer distorções da imagem do outro. Isso mostra que as atividades têm propiciado o desenvolvimento da capacidade télica.

Partindo desse apontamento, o Diretor iniciou o aquecimento específico com uma atividade direcionada ao desenvolvimento da percepção de si e do outro e também à produção de discussões sobre as concepções de modos de relacionamento.

O aquecimento específico da segunda atividade teve o objetivo de focalizar as percepções dos participantes sobre o cotidiano de trabalho.

Os resultados foram interessantes, principalmente porque mostraram as dificuldades que os trabalhadores encontram na relação com o trabalho.

> Para grupos contínuos, a segurança proporcionada por uma maneira estruturada de mostrar os trabalhos pode auxiliar as pessoas a confiarem umas nas outras, e a se aventurarem mais naquilo que desejam revelar nos desenhos e na discussão. (Liebmann, 1995, p. 55)

Ao se identificar com a figura do Homem Amarrado, a participante indicou o bloqueio da espontaneidade perante a organização do trabalho.

Já o ritmo de trabalho intenso decorrente do processo de trabalho resultou na escolha da figura com Imagens de Pessoas (desfocada), pois parece denunciar que, por causa do ritmo, as pessoas passam tão rápido que quase nem se veem.

Por sua vez, a sobrecarga de atividades, que impede o contato com o outro, a troca de experiências, as oscilações do cotidiano de trabalho e a percepção de que é preciso notar-se, tudo isso foi associado à figura das Estações.

Aspectos da dimensão relacional também afloraram. A reciprocidade do relacionamento humano, ou seja, as trocas de afeto ou de desafeto foram representadas pela escolha do Homem Regando uma Planta.

Nossas expansões de vinculação cotidiana foram exemplificadas com a escolha da figura da Estrada. Ou seja: no dia a dia de trabalho e na vida, como um todo, estabelecemos vínculos sem cessar.

A figura de Praia e Mar foi escolhida para mostrar o lado desconhecido do ser humano. E, também, nossas mudanças de comportamento.

As estratégias individuais revelaram-se durante as manifestações por meio da figura do Homem Pescando.

A entrada do recém-chegado no setor, manifestada por meio da figura de Várias Pessoas (multidão), revelou num primeiro momento o conflito, sob o termo "o barraco", e posteriormente a aceitação do outro, no sentido de que ele veio para somar.

Enfim, a utilização do objeto intermediário serviu para mostrar como uma figura pode fazer emergir sentimentos e associações que estão na mente das pessoas.

Ao solicitarmos as percepções de todos sobre a atividade, os participantes relataram que foi possível perceber o desânimo dos colegas do setor e o reconhecimento de sua impotência para lidar com os problemas. Revelaram também que a atividade foi útil para desenvolver a autopercepção, a percepção do outro e do seu ambiente de trabalho.

Para a etapa de dramatização, o Diretor buscou em consenso com os participantes uma figura que tivesse produzido uma mobilização subjetiva grupal. O grupo chegou à conclusão de que a figura do Homem Amarrado tinha muito conteúdo do cotidiano de trabalho e, então, elegeram-na como a imagem norteadora para elaborar as cenas.

É interessante notar que, em ambas as cenas, os personagens veem-se "amarrados" diante das dificuldades para solucionar os problemas relativos à organização do trabalho, o que, do ponto de vista sociodramático, revela o bloqueio da espontaneidade, não só da perspectiva grupal, mas também da institucional.

O tema em destaque na cena produzida pelo subgrupo 1 revelou aspectos da estrutura temporal do trabalho, suas incompreensões, seus bloqueios institucionais (conservas culturais da estrutura federal da própria instituição) e pessoas que "patinam" na resolução de problemas.

Na cena do subgrupo 2, mostrou-se não só como o recém-contratado é recebido em um setor, mas também como ele se vê sem respostas perante as situações do cotidiano.

Ambas as cenas mostraram alguns problemas envolvidos na organização do trabalho e como eles poderiam influenciar no relacionamento dos trabalhadores no dia a dia.

Por meio da aplicação da técnica de inversão de papel, na cena 1, foi possível demonstrar que o indivíduo, no "como se" sociodramático, é levado a se perceber no lugar do outro.

Para uma das participantes "foi chato" ser a diretora de enfermagem, pois sentiu como é difícil estar no lugar dela.

Mediante a técnica de interpolação de resistência, inserida na cena do subgrupo 2, o Diretor fez uma modificação imprevista no contexto dramático, ou seja, introduziu subitamente um personagem para atuar no papel de doente. Com isso, provocou nos integrantes do grupo um estímulo e uma reação de susto ao perceberem que, enquanto discutiam entre si no setor, haviam esquecido do paciente.

Por fim, os comentários revelaram que os objetivos da sessão foram atingidos, pois, em seus relatos, os participantes expressaram a importância da percepção do outro, o que denota que houve uma reestruturação perceptiva.

Tabela 21 - Demonstrativo dos personagens sociodramáticos emergentes na sessão

Personagens	Caracterização
Colegas de trabalho	Desrespeitosos.
Auxiliar de enfermagem	Desunido, sobrecarregado, doente, estressado, apressado, inseguro, polivalente, amarrado, agitado, isolado, desanimado, impotente, desrespeitado.
Médico	Mal educado, grosseiro, autoritário.
Enfermeira	Orgulhosa, imponente, malvada, impotente.
Reitor	Sonso, lento, despreocupado, amarrado, voltado para si mesmo.

Tabela 22 - Demonstrativo dos principais sentimentos manifestados na sessão

Indiferença
Desrespeito
Inquietude
Acolhimento
Medo
Solidariedade
Insegurança
Revolta
Insatisfação
Tristeza
Desamparo
Retraimento
Ingratidão
Luta
Inveja
Fracasso
Leveza
União
Descrédito
Frustração
Raiva
Conflito
Confronto
Falta de esperança
Abandono

Tabela 23 - Demonstrativo das principais necessidades manifestadas na sessão

Reconhecimento
Acolhimento
Expressão
Atenção
Proteção
Participação
Informação
Esclarecimento
Apoio
Desabafo

Tabela 24 - Demonstrativo das principais preocupações presentes na sessão

Reconhecimento
Relacionamento
Expor-se
Vinculação
Financeiras
Expressão

DESCRIÇÃO DA SEXTA SESSÃO

Sexta sessão

Tema: "Relações Interpessoais no Trabalho"

Data: 23/10/06

Horário: das 13h00 às 16h00

Diretor: Luiza

Ego: Mauro

Número de participantes: 11

AQUECIMENTO INESPECÍFICO
Objetivo:
- Verificar as percepções dos participantes sobre os encontros anteriores.

O Diretor iniciou a atividade com uma rápida discussão sobre a sessão anterior. Isso foi possível porque tanto as regras básicas quanto os objetivos dos encontros já tinham sido esclarecidos e assimilados pelo grupo. Segundo Liebmann (2000, p. 45), "de vez em quando, um grupo regular precisará conversar para reafirmar seu modo de trabalho e suas regras básicas e, possivelmente, para combinar alguma mudança que pareça adequada".

O Diretor esclareceu, ainda, que nesse dia haveria uma nova participante.

A seguir, perguntou para o grupo como havia sido a última sessão.

– Serviu para refletirmos sobre o setor, em casa, pra tentar mudar nossa atitude em relação aos colegas de trabalho.

– Serviu pra pensar, se vigiar, ver se não estamos magoando ninguém, os filhos, os colegas de trabalho, até a chefe. Foi muito bom, até pra gente, pra nossa cabeça, pra dar um sorriso (pros outros colegas), dar uma força, as coisas às vezes não são o que nós pensamos.

– Serviu pra eu refletir, com o gênio forte que eu tenho, principalmente com a amarração que você deu na vez passada, saber que as meninas também sentem isso, eu estou vendo os encontros como uma terapia. Eu vi isso na semana passada quando eu me segurei em uma reunião, eu só perguntei para a chefe se haveria cursos, dessa vez eu só perguntei, não debati e, quando cutucada, não fiquei histérica, me segurei, não fiquei nervosa e me parabenizei. Estou vendo a situação diferente agora, não me estressei quando me pediram pra ajudar no congresso, eu estou vendo as coisas como um aprendizado. Quando me perguntam sobre o encontro eu digo que não poderia falar sobre o que acontece aqui, mas posso dizer que acho 'saboroso' e muito gostoso. Descobri que aprendemos mesmo depois dos 50 anos de idade.

– Foi bom pra pensar, em casa, dá pra pensar sobre mais coisas que acontecem com a gente.

– Achei bom também.

Uma participante novata chegou e se apresentou. Relatou várias mudanças de setores, declarou que tinha trinta anos de instituição e que tem duas filhas que também trabalham nela. Disse que começou na pediatria, depois foi para um ambulatório de quimioterapia. Trabalhando nesse lugar, apresentou baixa de leucócitos, e então foi transferida primeiramente para um setor e depois para outro, onde está atualmente.

O Diretor relembrou-lhe o objetivo do projeto. Fez uma explicação sucinta visto que já dera esclarecimentos anteriormente, por ocasião da sua ida ao setor dela, para lhe fazer o convite. A seguir, certificando-se de que não havia mais comentários, iniciou outra atividade.

Aquecimento específico
Objetivos:

- Identificar aspectos do conteúdo do trabalho.
- Desenvolver a percepção do outro.

O Diretor pediu para que todos se levantassem e formassem um círculo e conversou um pouco sobre o tema do dia: relações interpessoais no ambiente de trabalho.

A seguir iniciou as consignas: – Comecem a pensar no trabalho de vocês. No dia a dia no seu setor, nas atividades diárias que vocês fazem... pensem qual o movimento que vocês mais fazem para realizá-las... reflitam silenciosamente sobre esses movimentos... escolham um movimento... explorem esses movimentos lentamente... agora deixem as sensações físicas fluírem... percebem como seus corpos se movem e se sentem? Vamos ver o que esses movimentos representam?

O Diretor aproximou-se de cada participante e lhes pediu que falassem sobre seu movimento.

A primeira a se manifestar disse que estava puxando ar com força. Outro, caminhando, disse: – Andar normal.

Assim, sucessivamente, relataram seus movimentos:

– Colocar o esteto no ouvido para medir a pressão.

– Subo e desço escadas me escorando na parede. Até ganhei vários apelidos, porque eu ando devagar mesmo.

– Andar, devagar, correndo, tanto faz.

– Abrir e fechar a porta do centro cirúrgico.

– Olhar e rasgar papéis.

– Amarrar garrote.

– Pensar.

– Fazer punção com os dedos, e com o corpo todo torcido.

Diretor: – agora visualizem os movimentos dos colegas. Centralizem a atenção nos movimentos dos colegas... Agora vamos juntar os movimentos... começando pela L e continuando no sentido horário... Silenciosamente, sem falar, prestando atenção nos movimentos."

Os participantes começaram a fazer os movimentos próprios e os dos colegas.

Diretor: – Prestem atenção no seu movimento e no movimento do outro. Como fica o corpo com o movimento do outro?

Todos refizeram os movimentos.

Diretor: – Como que é fazer o seu movimento? E o do outro? Percebam as semelhanças e diferenças nos movimentos...

O Diretor colocou uma música estimulante e expressiva para permitir o movimento da autoexpressão e conscientização.

O grupo divertiu-se, sorrindo ao repetir os movimentos e, aos poucos, uma coreografia de dança se constituiu.

Ao término da música, o Diretor solicitou que os participantes sentassem e perguntou como se sentiam após aquela atividade.

Comentários
Eis os relatos:

– Legal foi fazer o último, porque esquentou.

– Tirou o sono.

Diretor: – alguém teve alguma dificuldade em realizar os movimentos?

Eis as respostas:

– Sim, porque não percebemos o movimento do outro para acompanhar, tem que ver fazendo para acompanhar, a gente fica meio perdida.

– Sim, foi difícil de fazer o movimento dela – referindo-se ao movimento de puxar o ar com força.

– Pra mim está sendo pior, porque estou pensando lá no setor, tem o paciente pra chegar, a chefia vai ligar...

Diretor: – O que dá pra pensar em termos de saúde do trabalhador quando vemos esses movimentos que vocês mostraram aqui?

Sobre isso responderam:

– Movimentos repetitivos.

– Estresse.

– É complicado, porque tenho que ficar abaixando e levantando para tirar o ar dos tubos de sangue, lá na imuno...

– Dá tendinite.

– Todos fazemos todos os movimentos, com exceção do dela – referindo-se à colega que falou do movimento de puxar o ar com força.

– Eu ando devagarinho, sou uma tartaruga, mas quando eu falto todos sentem minha ausência.

Após perceber que o grupo estava bastante descontraído, o Diretor propôs outra atividade.

Aquecimento específico
Objetivo:
- Desenvolver a percepção do outro.

O Diretor organizou as cadeiras da seguinte forma:

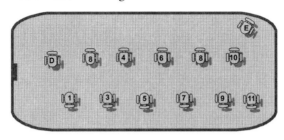

A seguir, dispôs os participantes sentados para a próxima atividade. Então, quando todos estavam em seus lugares, explicou as regras, pedindo para que as outras só escutassem e falassem apenas na hora de se comunicar com a colega a quem deveriam se dirigir.

Diretor: – *Vou falar uma frase para a participante 1, e esta vai falar uma frase para a participante 2, e assim por diante.*

Tabela 25 - Demonstrativo de percepções e sensações

Participante	Hoje eu te vejo...	Isto me faz sentir...	E com vontade de...
Diretor – P1	"Hoje eu te vejo pensativa."	"Hoje eu te vejo pensativa... isto me faz sentir preocupada."	"Hoje eu te vejo pensativa... isto me faz sentir preocupada... e com vontade de te ajudar."
P1 – P2	"Hoje eu te vejo sorridente."	"Hoje eu te vejo sorridente... isto me faz sentir alegre."	"Hoje eu te vejo sorridente... isto me faz sentir alegre... e com vontade de compartilhar."
P2 – P3	"Hoje eu te vejo cansada."	"Hoje eu te vejo cansada... isto me faz sentir não muito bem."	"Hoje eu te vejo cansada... isto me faz sentir não muito bem... e com vontade de te ajudar."
P3 – P4	"Hoje eu te vejo sorridente."	"Hoje eu te vejo sorridente... isto me faz sentir feliz."	"Hoje eu te vejo sorridente... isto me faz sentir feliz... e com vontade de te abraçar."
P4 – P5	"Hoje eu te vejo com uma cara de sossego."	"Hoje eu te vejo com uma cara de sossego... isto me faz sentir relaxada."	"Hoje eu te vejo com uma cara de sossego... isto me faz sentir relaxada... e com vontade de ficar sossegada também."
P5 – P6	"Hoje eu te vejo muito preocupada."	"Hoje eu te vejo muito preocupada... isto me faz sentir pensativa."	"Hoje eu te vejo muito preocupada... isto me faz sentir pensativa... e com vontade de te ajudar."
P6 – P7	"Hoje eu te vejo feliz."	"Hoje eu te vejo feliz... isto me faz sentir satisfeita."	"Hoje eu te vejo feliz... isto me faz sentir satisfeita... e com vontade de compartilhar sua felicidade".
P7 – P8	"Hoje eu te vejo confusa (não adaptada)."	"Hoje eu te vejo confusa (não adaptada)... isto me faz sentir preocupada."	"Hoje eu te vejo confusa (não adaptada)... isto me faz sentir preocupada... e com vontade de ajudar."
P8 – P9	"Hoje eu te vejo feliz."	"Hoje eu te vejo feliz... isto me faz sentir contente".	"Hoje eu te vejo feliz... isto me faz sentir contente... e com vontade de compartilhar sua felicidade".
P9 – P10	"Hoje eu te vejo alegrinha."	"Hoje eu te vejo alegrinha... isto me faz sentir contente."	"Hoje eu te vejo alegrinha... isto me faz sentir contente... e com vontade de compartilhar de sua alegria."
P10 – P11	"Hoje eu te vejo feliz."	"Hoje eu te vejo feliz... isto me faz sentir contente."	"Hoje eu te vejo feliz... isto me faz sentir contente... e com vontade de compartilhar de sua felicidade."

Comentários

O Diretor anunciou a pausa para o café e permitiu que os participantes conversassem entre si sobre o que falaram uns aos outros, verificando se o que viram correspondeu ou não ao real estado da pessoa observada.

Após o intervalo, o Diretor perguntou: – Como foi? Acertaram ou erraram sobre o que falaram ao colega?

– Acertei.

– Todo mundo me falou que eu estou feliz hoje, sei lá por quê!

– Porque você esticou os cabelos.

Diretor: – Com essa atividade, gostaria que vocês refletissem também sobre os relacionamentos interpessoais. No dia a dia nós convivemos com pessoas de todos os tipos: pessoas que não gostam que falem dos problemas, há os que detestam que lhes façam alguma pergunta sobre seus problemas; finalmente, há os que não resistem a perguntas: mal os indagamos e já despejam os problemas.

O Diretor continuou, e fez um pequeno fechamento sobre os diferentes tipos de pessoas e personalidades que existem no ambiente de trabalho, e então passou para a atividade seguinte.

Aquecimento específico

O Diretor distribuiu folhas de papel para todos os participantes e lhes pediu que as dobrassem em quatro partes iguais, criando um ponto no meio da folha.

Diretor: – Todos nós, no cotidiano de trabalho, nos relacionamos com várias pessoas; dentro de um minuto lhes pedirei que relatem quais são as pessoas com quem vocês se relacionam no ambiente de trabalho... Vamos fazer uma lista na lousa.

Enquanto os participantes falavam, o Diretor escrevia na lousa:

- Pacientes
- Chefia
- Colegas de trabalho
- Médicos
- Higienização
- Administração
- Serviço social
- Representantes
- Psicólogo

- Outras enfermeiras
- Manutenção
- Comunidade

Diretor: – Agora, olhem para a lousa, verifiquem essa lista... Observem se falta alguém. Dediquem este instante para refletir como está o relacionamento de vocês com essas pessoas que estão ao redor no cotidiano de trabalho.

Continuou: – Agora vou pedir para cada um de vocês que marquem um ponto – representando a si mesmo – no meio da folha. O passo seguinte consiste em focalizar a lousa e selecionar – entre os nomes elencados – os das pessoas com as quais vocês têm, respectivamente, maior ou menor grau de relacionamento no dia a dia. Feito isso, vocês devem dispor esses nomes ao redor do ponto (registrando junto a ele o tipo de relacionamento mantido) e observando, analogicamente, um espaço que represente a proximidade ou o distanciamento que há entre vocês e ele. Agora, vocês ligarão os nomes ao ponto com um traço.

O Ego observou que o grupo tinha necessidade de falar. Toda vez que o Diretor pedia silêncio ou dava instrução de "sem falar" sempre tinha um participante que se manifestava sobre a atividade ou respondia sem pensar.

O grupo fez a atividade. Enquanto isso, o Diretor andou pelo círculo, observando os participantes e seus comentários.

– Está errado.

– Tem 11 ou 12?

O Diretor contou os itens na lousa e respondeu: – Tem 12.

– Se não tiver algum desses no meu setor eu coloco mesmo assim?

O Diretor continuou circulando entre os participantes, esclarecendo dúvidas sobre a atividade.

Comentários durante a execução da atividade:

– Pra desenho eu sou uma negação.

– Estou sem óculos.

– Nós vamos passar isso pra você?

– Preciso de outro papel, embolei tudo, você não vai entender nada.

– Tem que pôr os 12 itens?

O Diretor continuou esclarecendo as dúvidas. Ao perceber que todos já haviam terminado a atividade da consigna anterior, pediu-lhes que observassem os pontos de relacionamento e introduziu outra consigna.

APRESENTAÇÃO DA PRODUÇÃO

Diretor: – Agora, durante alguns minutos, observem silenciosamente o que desenharam... reflitam como vocês se relacionam com essas pessoas no cotidiano. Com quem vocês se relacionam bem? Com quem têm um relacionamento difícil? Agora, grifem com um lápis vermelho aquela com quem consideram ter conflito. Pensem numa situação em que houve conflito com esse vínculo. Onde vocês estavam? Onde ocorreu? Qual foi o motivo? Como vocês se sentiram? Quando terminarem essa reflexão, identifiquem seu desenho com o nome de uma flor e me entreguem.

Seguem, na sequência, as figuras que representam os desenhos dos participantes.

Figura 9 - Demonstrativo de desenho

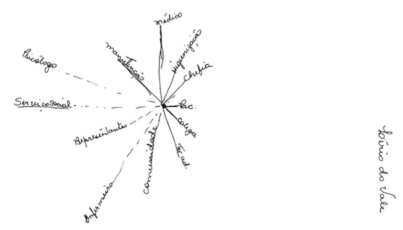

Figura 10 - Demonstrativo de desenho

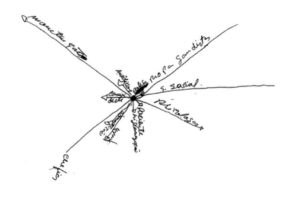

Figura 11 - Demonstrativo de desenho

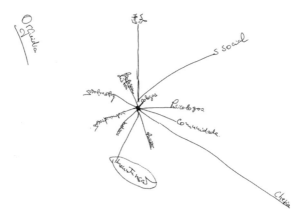

Figura 12 - Demonstrativo de desenho

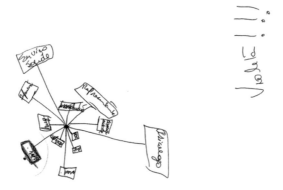

Figura 13 - Demonstrativo de desenho

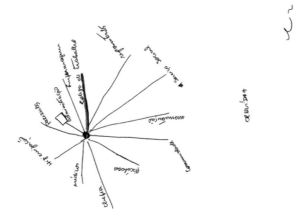

Figura 14 - Demonstrativo de desenho

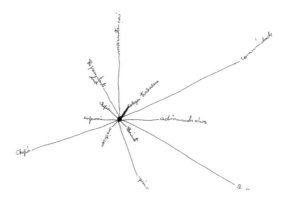

Figura 15 - Demonstrativo de desenho

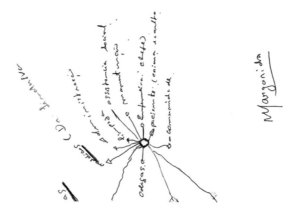

Figura 16 - Demonstrativo de desenho

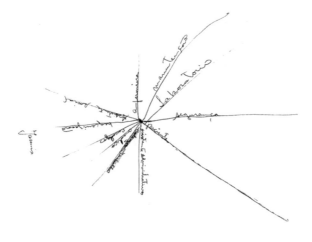

Figura 17 - Demonstrativo de desenho

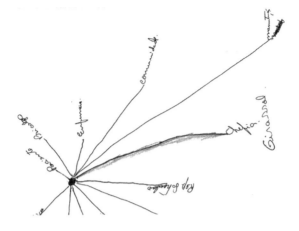

Figura 18 - Demonstrativo de desenho

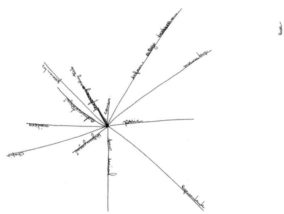

Então, o Diretor solicitou que todos se levantassem e pensassem sobre o conflito. Enquanto caminhavam pela sala, inseriu as seguintes perguntas:

Diretor: – Quando foi? Em que dia ocorreu? Agora, visualizem mentalmente, como se fosse um trailer de um filme, a situação do conflito. Se esse filme tivesse um título, qual seria?
– Comentários:

– Vixi.

– Já fiquei nervosa.

– Terror.

Diretor: – Continuem caminhando, e quando tiverem escolhido o nome do filme, parem onde estiverem.

COMENTÁRIOS

Após perceber que todos estavam parados, solicitou a cada um que falasse seu título. Enquanto os participantes falavam, o Diretor escrevia na lousa.

Eis os nomes:

- Guerras das estrelas
- Mascarada
- Arrogância
- Terror em massa
- Bang-bang
- O esquecimento
- Toda vez
- Burrice
- Superpoderosa
- Falsidade

O Diretor, utilizando as consignas (1 e 2), dividiu o grupo em duas equipes; convidou-os para se sentarem e pediu que cada um falasse brevemente para os componentes do seu subgrupo sobre seu filme.

Na sequência, solicitou que os subgrupos manifestassem e elegessem, cada qual, um ou dois filmes para assistirem.

Diretor: – Vamos imaginar que hoje é domingo e vocês irão ao cinema assistir a pelo menos dois filmes que você nomearam.

Participante: – Não podemos ficar em casa?

Os subgrupos votaram nos filmes: *Mascarada* e *Guerra das estrelas*.

DRAMATIZAÇÃO

O Diretor disse: – Vocês têm três minutos para preparar um trailer do filme escolhido, tem que ser um trecho bem rápido. Vocês podem até usar música se quiserem.

O Diretor dividiu a sala em palco e plateia, e explicou as regras de acordo com as quais a plateia não deveria mostrar qualquer tipo de reação enquanto a cena dos colegas era apresentada.

Cena do subgrupo 1: A Mascarada

O Diretor aproximou-se de cada componente e perguntou sobre seu papel naquela cena: suas características e seu nome fictício.

Ator 1: Patrícia, chefe de enfermagem, com 30 anos de instituição.

Ator 2: Débora, auxiliar de enfermagem, com 20 anos de instituição.

Ator 3: Silvia, médica, com 16 anos de instituição.

Ator 4: Cleide, auxiliar de enfermagem, com 20 anos de instituição.

A cena acontecia dentro de um ambulatório. Iniciaram-na com um diálogo entre a auxiliar e uma chefe de enfermagem.

Auxiliar de enfermagem: – Dona Patrícia, não posso trabalhar com a Cleide, nós não combinamos. A senhora vai ter que escolher: ou ela ou eu. A senhora dá um jeito, fala que estão precisando dela em outro setor, manda ela pra outro lugar, porque aqui não dá pra ela ficar.

Chefe de enfermagem: – está bom, eu vejo o que eu faço, eu vou falar com ela.

Auxiliar de enfermagem: – então está.

Chefe de enfermagem: – Cleide, você pode vir aqui um pouco?

Auxiliar de enfermagem: – Mandou me chamar, dona Patrícia?

Chefe de enfermagem: – Mandei sim, Cleide, eu preciso falar com você. Estão precisando de uma auxiliar de enfermagem em outro setor, espero contar com a sua colaboração.

Auxiliar de enfermagem: – Está bom, eu vou pro outro setor. – Expressou-se como se estivesse chorando.

Auxiliar de enfermagem: – Nossa, Cleide, o que aconteceu com você?

Auxiliar de enfermagem: – Pediram pra eu mudar de setor.

Auxiliar de enfermagem: – Quem pediu para você ir?

Diretor: – O que você sente falando isso?

Auxiliar de enfermagem: – Falsidade.

O Diretor aproximou-se do outro personagem e perguntou: – E você, o que sente?

Auxiliar de enfermagem: – Eu dei tudo de mim, conquistei carinho, me sinto uma pessoa amada. Você faz de tudo para agradar e, na verdade, você vê que a pessoa está intimidada por você.

Volta a cena:

Médica: – Eu quero saber por que a Cleide foi transferida.

Chefe de enfermagem: – Sabe, doutora, é uma questão de relacionamento, para evitar conflito.

Médica: – Eu quero ela de volta aqui, conheço ela, ela é responsável.

Chefe de enfermagem: – Pode deixar que eu vou falar com ela.

O Diretor perguntou aos participantes do subgrupo: – O que é possível deduzir sobre adoecimento no trabalho com relação ao que vimos nesta cena?

Participante: – Mágoa, falsidade, pessoas que falam mal pelas costas.

Participante: – É, eu também passei por isso.

Diretor: – Que sentimento essa cena mobilizou em vocês?

Participante: – Insegurança.

Participante: – Mágoa.

Participante: – Desconfiança, você não confia em mais ninguém.

Cena do subgrupo 2: – Guerra das estrelas

O Diretor aproximou-se dos personagens e solicitou que se apresentassem.

Ator 1: dr. Mário, chefe do setor, médico perito, com 20 anos de instituição

Ator 2: Alice, auxiliar de enfermagem, com 20 anos de instituição

Ator 3: Luiza, técnica de enfermagem, com 5 anos de instituição

A personagem Luiza iniciou a cena. Entrou na sala do médico perito com postura de submissão, cabeça baixa, olhar caído.

O Diretor perguntou ao personagem que fazia o papel do médico perito:

Diretor: – Você percebeu como a Luiza se apresentou?. E solicitou a inversão de papéis. Perguntou para o personagem o que ele via naquela imagem, e ele respondeu:

Participante: – Falsidade.

O Diretor retomou a cena:

Dr. Mário: – Pode falar.

Técnica de enfermagem: – Você sabe que sou assim (fazendo o gesto de esfregar os indicadores um no outro) lá com eles, os outros fazem tudo como querem, e os médicos que fazem, então, como eu sou do sindicato você já sabe, né?

O Diretor aproximou-se do personagem que estava no papel de médico e perguntou: – *Dr. Mário, o que você está pensando da Luiza?*

Ele respondeu (solilóquio do médico a respeito de como via a técnica de enfermagem): – Arrogante.

Retoma-se a cena:

Dr. Mário: – Qual a sua sugestão?

Técnica de enfermagem: – O senhor vai comigo no sindicato resolver com o dr. Clóvis?

Dr. Mário: – Você está com problemas com alguém?

Técnica de enfermagem: – Você sabe, né? Eu já marquei a reunião.

Médico: – Não é assim, você sabe, vamos falar com a Alice.

Técnica de enfermagem: – Está bom.

Técnica de enfermagem: – Alice, eu já marquei uma reunião no sindicato, temos que resolver isso, olha lá, fica tirando sangue, fica sentado.

O Diretor aproximou-se da personagem técnica de enfermagem e perguntou: – e você, o que faz?

Técnica de enfermagem: – faço faculdade, entro no outro turno, faço faculdade à noite, faço o serviço dos outros, quer dizer, ajudo, né? Participo do sindicato, mas na hora do almoço faço tudo isso, trabalho nove horas.

O Diretor aproxima-se da personagem auxiliar de enfermagem e pergunta se ela teria alguma coisa para comentar sobre isso.

Ela respondeu: – Nós não vamos fazer reunião, estou cansado de trabalhar por você, não concordo. Só falamos 'está bom, só concordamos'.

O Diretor introduziu uma inversão de papéis entre a técnica e a auxiliar de enfermagem.

Auxiliar de enfermagem: – Se você não quer ir, tudo bem. Você sabe que eu arraso, eu mando pau.

Inverte novamente o papel:

Auxiliar de enfermagem: – Por que você quer marcar uma reunião?

Técnica de enfermagem: – Aqui tem muita fofoca, tem que resolver.

Auxiliar de enfermagem: – Por que tem que ir lá falar?

Técnica de enfermagem: – Porque não adianta falar com os porcos, tem que falar com o dr. Clóvis, e não com o dr. Mário.

Auxiliar de enfermagem: – Por que ele não consegue?

Técnica de enfermagem: – Porque ele está perdido. Tanto é que mudou a chefia.

O Diretor perguntou para o subgrupo o que o título do filme tinha a ver com a cena: – Por que Guerra das estrelas?

Participante: – Porque elas querem fazer guerra, só ficam discutindo, criando caso, querendo aparecer.

O Diretor retomou o grupo e solicitou aos participantes que refletissem sobre os personagens das duas cenas e indicassem qual delas mais os mobilizou.

Comentários

Os participantes elegeram os personagens que mais os marcaram. Os escolhidos foram:

Cleide, auxiliar de enfermagem da Cena 1, foi escolhida 3 vezes.

Débora, auxiliar de enfermagem da Cena 1, foi escolhida 3 vezes.

Luiza, técnica de enfermagem da Cena 2, foi escolhida 3 vezes.

O Diretor perguntou: – Por que escolheram esses personagens e quais sentimentos eles lhes suscitaram? Respostas:

– *Muita raiva.*

– Não sei explicar, é o que eu vivo no dia a dia, para mim não é bom.

– É muito difícil estar no setor onde há uma estrela, que não se importa se magoa ou não alguém.

– Eu aprendi que existem pessoas falsas; se ela tem duas caras, eu também vou ter duas caras, vou abraçar, beijar e alfinetar por trás.

– Todos nós passamos por isso aqui.

– Ela faz isso não porque ela é má, ela faz por medo de perder a vaga, se sente ameaçada pelos outros.

– Sempre vi que há traição, sempre o hospital pode tudo, e a escola não tem nada.

– Há duas instituições dentro de uma, uma você presta concurso, uma não. Então os concursados não podem ser mandados embora.

– Há diferenças e conflitos com relação de vínculo, de benefícios.

O Diretor tentou entender a história do vínculo, perguntando para cada um que vínculo cada tem e/ou teve.

– A mascarada, a estrela só prejudica os colegas, é a que mais fala, a que mais prejudica, ela é a mais cretina, mais prejudicial, é a que finge que não faz nada, só pensa nela, só fala que fez, só quer aparecer.

Diretor: – Isso traz prejuízo à saúde?

– Sim.

– Ainda fala que não foi ela.

Aquecimento específico

Percebendo que a personagem de *A Mascarada* havia suscitado muitos sentimentos, o Diretor considerou oportuno continuar com o tema e propôs outra atividade.

Resolveu, então, inserir a técnica de tomada de papel, partindo da personagem denominada "Mascarada". Perguntou para os participantes quem gostaria de ser a "Estrela" numa atividade.

Uma delas manifestou interesse. O Diretor solicitou que ela saísse da sala e aguardasse por um instante. Enquanto isso, colocou uma cadeira na frente da sala e convidou um participante para se sentar. Na sequência, chamou a "Estrela". Disse para ela entrar, falar e agir como "Estrela" diante da pessoa que estava na cadeira.

DRAMATIZAÇÃO

Iniciou-se um diálogo entre a "Estrela" e a outra participante:

Estrela: – Então eu fui lá embaixo e está todo mundo sentado.

Participante: – Você chegou agora. Sabe o que eles já fizeram?

O Diretor perguntou ao grupo se aquela resposta seria adequada para a situação. O grupo respondeu que não.

O Diretor solicitou que outro participante sentasse na cadeira para emitir sua reposta.

Estrela: – Então eu fui lá embaixo e está todo mundo sentado.

Participante: – Quem mais você viu? Eu autorizei eles ficarem lá porque eles já trabalharam de manhã.

O Diretor pediu para outro participante sentar em uma cadeira.

Estrela: então eu fui lá embaixo e está todo mundo sentado.

Participante: – É que você nem imagina qual é a pauta do dia.

Estrela: – Eu nem quero saber".

Participante: – Deveria, elas estão pedindo a sua saída.

O Diretor solicitou que outro participante respondesse à Estrela:

Estrela: – Então eu fui lá embaixo e está todo mundo sentado.

Participante: – Por que você não ficou lá e ouviu o que eles estavam falando?

O Diretor perguntou novamente ao grupo se a resposta estava adequada e o grupo respondeu que não; que as duas, como são colegas de trabalho, irão sair no tapa.

O Diretor pediu para outro participante sentar-se na cadeira.

Estrela: – Então eu fui lá embaixo e está todo mundo sentado.

Participante: – E daí? Todo mundo já trabalhou de manhã.

O Diretor pediu nova substituição.

Estrela: – Então eu fui lá embaixo e está todo mundo sentado.

Participante: – Problema deles, cada um cuida da sua vida.

Estrela: – É por isso que não resolve nada e fica essa fofocaiada.

Participante: – pra não criar atrito, eu falo pra ela sentar também.

O Diretor pediu a outro participante sentar-se na cadeira.

Estrela: – Então em fui lá embaixo e está todo mundo sentado.

Participante: – O que você tem a ver com a vida dos outros?

Estrela: – Vocês só reclamam, todo mundo fala da vida dos outros.

Participante: – Não resolveu também.

Diretor pediu a outro participante que entrasse em cena.

Estrela: – Então em fui lá embaixo e está todo mundo sentado.

Participante: – Ih?"

Estrela: – Ih, o quê? Por isso que ninguém faz nada.

O Diretor perguntou para o grupo o que eles haviam percebido no comportamento da estrela.

– Ela não gosta de trabalhar.

– Muito mandona.

– Os colegas são submissos a ela.

– Pega o ponto fraco dos colegas.

– Não sei, ela quer sobressair-se e dominar todo mundo.

– Nos conhecemos há 15 anos e não muda.

– Ela quer fazer política.

Diretor: – O que ela quer?

– Quer ver atrito entre as pessoas.

O Diretor pediu para o ego sentar-se na cadeira e dar a sua resposta à Estrela.

Estrela: – Então eu fui lá embaixo e está todo mundo sentado.

Ego: – Mas que bom que você chegou! Me ajuda a terminar este trabalho.

Estrela: – Mas eu tenho que ir ao sindicato.

Ego: – Então me ajuda que eu vou com você.

Estrela: – Mas você não pode ir, eu tenho que ir, eu que sei dos problemas, ou eu vou ou você vai.

Ego: – Então termina aqui que eu vou.

Estrela: – Só eu sou do sindicato.

O Diretor perguntou para o grupo: – Como a Estrela chegou a ser do sindicato?

Participantes: – O povo que elegeu.

Diretor perguntou: – Alguém mais daqui já foi representante do sindicato?

Dois participantes responderam afirmativamente.

O Diretor perguntou: – Vocês tinham que sair do setor para resolver os assuntos do sindicato no horário de expediente?

– O sindicato não libera das funções.

– Eu tinha que sair do setor para ir ao sindicato.

– Ela representa os funcionários.

– Ela reina no lugar X, no meu setor não.

– Ela está usando o sindicato pra não trabalhar.

– Se você não tem duplo vínculo, não precisa usar o horário de trabalho para ir lá.

– Ela não está representando os colegas.

– Sim.

– É uma pessoa que usa o sindicato e o dr. X por causa da amizade com o chefe.

– A chefia imediata tem medo do sindicato.

COMPARTILHAR

O Diretor falou sobre o tema "relacionamento interpessoal" e também que se tem que lidar com pessoas e personalidades diferentes no ambiente de trabalho. Então fez a seguinte pergunta:

Diretor: – Como foi pensar nessas situações e relacioná-las com doença no trabalho? O que vocês têm a dizer?

– Faz mal.

– Dá enxaqueca.

– Dor de cabeça.

– Colite, tremor.

– Não tenho nada.

– Tem sim, porque você acabou de chorar quando vivenciou a situação.

– Me levou ao psiquiatra, graças a Deus, porque hoje eu faço tai chi, tento não me estressar, mas eu estou com carta para aposentar, só falta preencher, e eu tenho medo de ser mandada embora.

Um participante perguntou ao Diretor: – E você, como reagiria?

Diretor: – Depende da situação. Não existem fórmulas certas, prontas.

— A gente sai de casa cedo e vem um endemoniado tirar a atenção que precisamos ter, só pra ter atenção em cima dele.

— Passa um filme de um minuto na tua cabeça que você vê. Contou que na semana passada chegou um paciente sem carrinho e com torpedo de oxigênio, e ela teve que ligar no outro setor para pedir um carrinho, enquanto a "Estrela" tomava café.

O Diretor perguntou: — Vocês já sofreram com alguma 'Estrela' no setor?

— Já sofremos sim, da própria colega de trabalho..

A seguir, o Diretor convidou-os a ficar em pé e solicitou: "digam uma palavra que expressa como vocês saem daqui hoje.

— Bem.

— Tensa.

— Em paz, bem.

— Tensa.

— Tensa, porque vivi isso também.

— Agitada.

— Preocupada, não gosto de relembrar o passado.

— Bem.

— Tensa.

Duas participantes abraçaram-se e choraram antes de sair.

Participante: — Gosto de vir aqui, mas não gosto de vivenciar aqui o dia a dia.

O Diretor esclareceu-lhes que quem traz as cenas para o grupo é o próprio grupo, ele não impõe nada.

— É bom, porque talvez isso tire da minha cabeça o que passou e não tive tempo de refletir e chorar na época.

— Nós quem trouxemos o dia a dia para cá.

— Eu choro porque isso mexe comigo, lá eu sou mais eu.

— Nós, do centro cirúrgico, resolvíamos entre nós. A chefia nem ficava sabendo, muitas vezes saía o maior quebra-pau, mas quando a chefia chegava, estavam todas se abraçando.

Depois desses comentários, o Diretor agradeceu a presença de todos. Percebeu que nesse dia o grupo saiu muito reflexivo.

Análise da sexta sessão

Durante o aquecimento inespecífico, o grupo revelou suas percepções com relação à participação nas atividades grupais.

Por meio de seus relatos, percebemos que a oportunidade de encontrar-se traz a sensação de conseguir reorganizar-se e juntar elementos para promover um melhor relacionamento.

Revelaram que estão aprendendo a respeito de si mesmos e das pessoas. À medida que tomam parte do modo com que se relacionam, as imagens das pessoas representativas de seu mundo são vistas com menos distorções, e o sujeito consegue um grau de satisfação devido às sensações que experimenta não apenas no relacionamento consigo, mas também com seus semelhantes.

Ouvindo-os contar sobre as mudanças que percebem em si mesmos, apreendemos que os encontros têm proporcionado-lhes experiências novas e mais intensas da realidade. É como se os participantes tivessem um novo espelho à sua frente, o qual lhes possibilitou enxergar coisas que até então lhes eram desconhecidas.

Esses resultados mostram que nossos objetivos não apenas são atingidos como também referenciam as propostas da metodologia sociodramática, pois revelam que sua vivência têm possibilitado

> o exercício da criatividade e da espontaneidade definidos como a capacidade do ser humano em criar novas e adequadas perspectivas da realidade a partir do que lhe é oferecido como já posto, ao que Moreno chamava de conserva cultural. (Zampieri, 1996, p. 92)

Ao se manifestarem sobre as experiências adquiridas nas sessões, os participantes denotam ter conseguido dar as chamadas "respostas novas", "que vão além do conhecimento acumulado e guardado, transformando o saber individual e comum" (Zampieri, 1996, p. 92).

Na etapa de aquecimento específico da primeira atividade, as consignas direcionaram-se para apreendermos aspectos relativos ao conteúdo do trabalho por meio dos movimentos corporais.

Ao entrarem em contato com o cotidiano de trabalho e expressá-lo com partes específicas do corpo, foi possível perceber as cargas biomecânicas da profissão da enfermagem e também os movimentos mecânicos da robotização do homem na forma de máquina que se move rigidamente.

Ao mesmo tempo, a atividade foi direcionada também para que os participantes pudessem experimentar o lugar do outro à medida que copiavam os movimentos dos colegas e atuavam neles durante alguns minutos.

A música nessa atividade foi utilizada como objeto intermediário para permitir o desenvolvimento de uma autoexpressão maior.

Ao somar seus movimentos, o grupo constituiu uma "dança coletiva" do seu universo de trabalho, podendo ver nesse experimento seus próprios movimentos e compará-los com os dos outros. Uma vez que no cotidiano do trabalho não se atenta para essas observações, essa experiência pode contribuir para impedir os julgamentos dos outros e reduzir fantasias e distorções sobre cargas de trabalho, como no exemplo: *"é difícil fazer o movimento dela"*.

Ao compartilharem sobre essa atividade, os participantes manifestaram que ela possibilitou a descontração, a percepção de características individuais e também reflexões sobre como a carga física do trabalho pode afetar a saúde.

No aquecimento específico da segunda atividade, utilizamos um jogo de percepção e expressão por meio do qual os participantes se manifestaram os sentimentos com a imagem do outro, receberam mensagens de sua própria imagem e puderam, acima de tudo, perceber distorções que temos a respeito do outro.

A maneira pela qual um componente do grupo é percebido pelo outro propicia a reflexão sobre erros e acertos, dadas as impressões produzidas. Ao mesmo tempo, produz percepções significativas para fazê-lo rever seus apontamentos com relação às pessoas, pois a atividade mostra que nem sempre acertamos nossas concepções sobre elas, além de as distorcer.

Sentimentos agradáveis podem se desenvolver pelo experimento. Todavia, é uma atividade mais produtiva com pessoas que já tiveram contatos significativos anteriores e, portanto, foi escolhida por ter sido esta a sexta sessão do grupo.

Dando continuidade, o Diretor aplicou um exercício para poder visualizar o núcleo de relações que se formam em torno dos participantes no contexto de trabalho, ou seja, quais são os papéis profissionais complementares para que possam desempenhar seu próprio papel. E também para ter uma noção do átomo social real que compõe o cotidiano de trabalho desses indivíduos, seus vínculos e sentimentos que se irradiam nessas relações.

Para isso, num primeiro momento, desenvolveu-se um exercício no qual os indivíduos pontuaram suas posições com relação às demais pessoas de seu ambiente de trabalho e depois refletiram sobre essas relações.

Sabemos que, sociodramaticamente, para estudarmos a estrutura do átomo social, contamos com um instrumento precioso desenvolvido por Moreno, o Teste Sociométrico.

Procuramos apenas conhecer a constituição das pessoas com as quais os participantes desse grupo se associavam cotidianamente e fazê-los pensar sobre os modos como se relacionam com elas.

Com base nesse exercício, aquecemos o grupo para a etapa de dramatização: esboçamos a ideia do filme da vida cotidiana e percebemos que todas as pessoas do grupo gostaram do tema. Por meio desse exercício, puderam refletir sobre acontecimentos marcantes de seus relacionamentos no trabalho e começaram a olhá-los com uma perspectiva ampliada.

Os títulos dos filmes escolhidos forneceram indicadores da dimensão relacional, permeada por conflitos relacionais e dispositivos de poder.

Nas cenas foram dramatizadas duas situações que evidenciaram a constituição de pessoas reais que compõem o mundo laboral desses trabalhadores, e representadas por personagens sociodramáticos.

Em ambas as cenas, a constituição das relações télicas referentes ao ambiente de trabalho foram evidenciadas no desempenho dos papéis sociodramáticos.

Na cena um, os componentes revelaram conflitos interpessoais decorrentes do conteúdo do trabalho. Por um lado, vemos o conflito entre pares, ou seja, duas auxiliares de enfermagem, sendo que uma delas é rejeitada. Por outro lado, vemos um conflito no desenvolvimento do papel de liderança da enfermeira chefe, que, em vez de buscar compreender melhor o que acontece com seus subordinados, procura uma forma paliativa para resolver o conflito, ou seja, transferindo a funcionária para outro setor. É possível perceber também a falta de espontaneidade no desempenho de seu papel, uma vez que se deixa mandar por todos.

Diante dos fatos vivenciados na cena, os componentes denunciaram aspectos da dimensão relacional permeados por papéis como:

Acusador (queixando, julgando, intimidando): *"não posso mais trabalhar com..."*; *"nós não combinamos"*; *"espero contar com sua colaboração"*.

Evitador (fingindo, fazendo-se de fraco, protetor): *"nossa, Cleide, o que aconteceu com você?"*; *"eu sei tudo de mim, conquistei carinho"*; *"está bom, eu vou pro outro setor"*.

Pregador (discursando, usando a autoridade): *"eu quero saber por que a Cleide foi transferida"*; *"eu quero ela aqui"*; *" conheço ela"*; *"ela é responsável"*.

Apaziguador (pacificando, acalmando as diferenças, "botando panos quentes"): *"está bom, eu vejo o que eu faço"*; *"eu vou falar com ela"*; *"sabe, doutora, é uma questão de relacionamento. Para evitar conflito"*.

Percebemos que os sentimentos mais intensos revelados pelos componentes diante da situação representada nessa cena foram os de conflito, rejeição, confronto, perda e, sobretudo, os de mágoa, insegurança e desconfiança.

Na segunda cena, os componentes retrataram também um conflito entre pares. Uma auxiliar de enfermagem que se queixa de que precisa trabalhar pela outra, por exemplo inconformada com a situação, resolveu pedir ajuda ao médico para ir ao sindicato. Ao mesmo tempo que reclama da colega de trabalho, não percebe que ela mesma abandona o posto para fofocar.

As manifestações produzidas revelam características do conteúdo do trabalho na medida em que denunciam uma queixa relacionada à distribuição das tarefas e ao modo de relacionamento profissional que engendra essa distribuição.

Deparamos ainda com situações nas quais percebemos o bloqueio dos papéis, como um sindicalista limitado e um médico perdido.

Aspectos relativos à dimensão relacional como os conflitos interpessoais revelam a debilitação da capacidade télica devido ao preconceito existente nos relacionamentos.

Essas desavenças presentes no ambiente de trabalho produzem sentimentos de raiva, ressentimentos e discórdia entre os trabalhadores, criando um ambiente tensiógeno e, portanto, desfavorável à saúde.

Ao pensar sobre essas situações e os impactos à saúde que produzem, uma participante revelou que, diante de fatos semelhantes que ocorrem em seu setor, acabou adoecendo.

Em ambas as cenas, denuncia-se a máscara inaceitável dos indivíduos em seu relacionamentos, ou seja, a falsidade.

Os comentários referentes às cenas nortearam o Diretor para uma atividade na qual ele inseriu a técnica de tomada de papel, cujo objetivo foi preparar os participantes para dialogar uns com os outros, usando o personagem protagônico, ou seja, a "Mascarada", termo pelo qual denominaram a personagem mais marcante nas cenas, apontada como a "Estrela do setor".

Nessa atividade todos tiveram oportunidade de defrontar com esse personagem e lhe dar respostas, podendo, também, ampliar suas percepções para lidar com conflitos relacionais mediante as respostas dos demais participantes.

Houve uma grande variação de respostas: uns negaram as observações feitas pela personagem; outros se fizeram de indiferentes; alguns se fixaram em tentar ampliar a visão dela, enquanto outros a confrontaram.

Entretanto, à medida que os participantes participavam ativamente da tentativa de desnudar a "Mascarada", eles representavam aspectos de si mesmos, autoavaliavam-se e despiam-se de suas máscaras.

O autoperceber-se produziu um clima de tensão e preocupação, revelado no final do encontro. Falar do cotidiano tornou-se doloroso a partir do momento que puderam refletir como eles mesmo atuavam nos relacionamentos de trabalho, conforme pode ser exemplificado pelo seguinte relato: *"eu choro porque isso mexe comigo, lá eu sou mais eu"*.

Vale acrescentar que, durante as etapas dessa sessão, outros aspectos da organização do trabalho também foram manifestados, como: estrutura temporal (duplo vínculo); estrutura hierárquica (políticas administrativas, ordens de comando); características de personalidade, sobretudo as estratégias individuais para lidar com situações conflitantes foram também exteriorizadas. Outro item revelado diz respeito à imagem da instituição. *"O hospital pode tudo, a escola não tem nada"*.

Tabela 26 - Demonstrativo de personagens sociodramáticos emergentes na sessão

Personagens	Caracterização
Colegas de trabalho (Auxiliares de Enfermagem)	Desrespeitosos, traidores, falsos, preocupados consigo mesmos, arrogantes, fingidos.
Auxiliar de enfermagem	Robotizado, submisso, sobrecarregado, doente, estressado, polivalente, desanimado, passivo, queixoso, rejeitado, impotente, desrespeitado.
Médico	Autoritário.
Enfermeira	Submissa, impotente.

Tabela 27 - Demonstrativo dos principais sentimentos manifestados na sessão

Aceitação
Indiferença
Desrespeito
Inquietude
Ressentimento
Medo
Indignação
Insegurança
Revolta
Insatisfação
Tristeza
Desamparo
Retraimento
Ingratidão
Tensão
Inveja
Fracasso
Conflito
Confronto
Irritação

Tabela 28 - Demonstrativo das principais necessidades manifestadas na sessão

Compreensão
Expressão
Atenção
Informação
Esclarecimento
Desabafo
Solidariedade
Respeito

Tabela 29 - Demonstrativo das principais preocupações presentes na sessão

Preocupações com o comportamento do outro
Relacionamento
Autoexposição
Vinculação
Expressão

DESCRIÇÃO DA SÉTIMA SESSÃO

Sétima sessão

Tema: "Relações Interpessoais"

Data: 06/11/2006

Diretor: Luiza

Ego: faltou

Número de participantes: 9

Obs: o Ego Auxiliar, Mauro, faltou por motivos particulares.

O Diretor iniciou a atividade às 13h20, com seis participantes. Do total de 11 que compõem o grupo, três avisaram que iriam atrasar-se e dois estavam em férias, portanto não participariam.

Objetivos:

- Desenvolver a percepção de si e do outro.
- Criar espaço para diferentes formas de expressão.
- Avaliar sentimentos e a percepção dos participantes sobre as atividades desenvolvidas até o momento.

Aquecimento inespecífico
O Diretor iniciou a atividade com o "jogo da tribuna".

Objetivo:

- Descontrair, dar espaço para os participantes experimentarem diferentes formas de expressão.

O jogo proposto consistiu numa atividade na qual o Diretor colocou uma cadeira num espaço de destaque na sala, e disse:

Diretor: – Cada um de vocês vai se sentar nessa cadeira durante dois minutos por duas rodadas, tendo o direito de fazer o que quiser (falar, chorar, cantar, ficar em silêncio, recitar, rir...). A plateia, porém, não pode se manifestar.

O Diretor percebeu, pelos comentários e risos, que o grupo aprovou a proposta. Imediatamente, um primeiro participante sentou-se na cadeira, e assim, sucessivamente, os demais foram até o espaço, dentro do tempo limitado, e se manifestaram de diferentes formas.

Aquecimento específico

P1 sentou-se e comentou sobre uma festa à qual tinha ido no final de semana. Contou os detalhes sobre os convidados, sobre a comida e a bebida. Riu bastante enquanto relatava.

P2 sentou-se e riu muito; depois ficou em silêncio, cobriu o rosto com as mãos e permaneceu quieta.

P3 começou dizendo que não sabia o que ia fazer: – Eu ia ficar quieta, mas a colega já ficou. Eu não sei o que falar. Bem, acho que vou ficar quieta. Ficou sem fazer nada, olhando para o grupo.

P4 recitou o verso "Batatinha quando nasce" e cantou o "Rei do Baião".

P5 começou dizendo que iria falar de uma coisa que a estava preocupando. Contou que, no domingo, saiu para um passeio com uma amiga e quando o ônibus para o qual elas deram sinal parou, o motorista disse que se soubesse que era só velha não teria parado. Segundo ela, o motorista repetiu isso mais duas vezes. Depois ela fez outro comentário: relatou que há aproximadamente quinze dias, foi se arrumar num salão e saiu de lá pior do que entrara, achou-se horrível.

P6 disse que estava com muito sono, tinha dormido muito pouco. Uma colega de trabalho do setor até a chamou de ursinho panda, por causa das olheiras. Começou a chorar, disse que há três anos não sabe o que é dormir, depois que seus pais sofreram um derrame. Não consegue repousar porque precisa cuidar deles. Vai dormir depois das 23h00, pois até esse horário tem que alimentar a mãe com sonda. Acorda durante a madrugada para ver se está tudo bem com eles e depois, às 4h30, levanta-se para ir ao trabalho.

Conforme as regras do jogo, o Diretor iniciou a segunda rodada:

P1 começou dizendo que contaria um caso engraçado para descontrair um pouco. Comentou que uma amiga de infância, de 20 anos, ri e diz "não". Contou sobre um dia que saíram com seus namorados, beberam muito e a amiga fez uma confusão no restaurante porque não encontrava a bolsa.

P2 sentou-se e disse que iria ficar ali no sossego, sem falar nada: – Não gosto de declarar nada. – E assim ficou, sentada sem falar.

Nesse instante, chegaram duas participantes. O Diretor explicou-lhes o jogo e disse que elas poderiam participar depois que terminasse a rodada, uma vez cada uma.

P3 perguntou: – Ninguém pode ajudar?

Comentou que era difícil ficar ali na frente. Riu, disse que não conseguia ficar muito tempo parada, que é complicado ficar quieta: – Não consigo ficar parada, acho que é um problema meu. Pra mim, é difícil ficar falando.

P4 disse: – Pra mim, é difícil ficar falando, acho melhor cantar. – Começou a cantar uma música sobre a primavera. Tentou lembrar uma canção da infância, mas não conseguiu.

P5 recitou um poema sobre o Brasil e cantou uma música da infância.

P6 começou falando: – É muito difícil, já fiz terapia, tinha dia que eu estava muito agoniada. Eu não sei se hoje, se for para voltar a fazer terapia, se eu fico quieta.

P7 fez uma oração para todos os presentes, para os familiares, para os doentes do hospital. Fez agradecimentos pelo salário, pelo alimento, pela vida.

P8 agradeceu a oportunidade de estar no grupo, desejou que cada dia fosse mais maravilhoso, disse que no grupo encontrou oportunidade para se conhecer melhor. E cantou em voz baixa.

Após a atividade, o Diretor solicitou que as participantes elegessem uma palavra que traduzisse o sentimento de estar sentada na tribuna.

Sentimentos:

- Angústia (4)
- Prazer (1)
- Alegria (1)
- Paz (1)
- Inibição (1)

O Diretor percebeu que o sentimento predominante foi a angústia. Perguntou para o grupo se concordavam. Como houve resposta positiva, solicitou que todos ficassem em pé e formassem com o corpo uma imagem que representasse esse sentimento. O grupo posicionou-se em círculo, sendo que um participante ficou no centro.

Diante da dificuldade com a falta do Ego Auxiliar para trabalhar a imagem, o Diretor inseriu o "jogo da roda".

Aquecimento específico
Objetivo:

- Avaliar a sedução, escolha, exclusão e o sentimento de angústia diante dessas situações.

O jogo é formado pelos participantes em círculo, em pé, segurando-se pela cintura. Fazem movimentos giratórios e se introduzem um de cada vez no centro do grupo. Os que estão em círculo criam resistência para a saída do participante, que tenta vários recursos para conseguir liberar-se de dentro da roda.

Assim, sucessivamente, todos ocupam o centro do círculo por algum instante.

COMENTÁRIOS

O Diretor solicitou aos participantes que comentassem como foi fazer a atividade, que relação ela mantinha com o cotidiano.

Eis os relatos:

– Estar fora é divertido, é uma determinada situação, e estar dentro é outra. Às vezes, no diálogo, você não consegue o que quer, daí tem que apelar. Tudo o que eu faço é com muito esforço.

– Nunca consigo nada fácil, mas depois que consigo é um alívio.

– Eu luto na calma. Eu tenho momento em que me recolho, fico silenciosa.

– Nunca fui de ficar quieta. Não sei se isso é uma virtude. Tenho que sempre ter uma coisa para fazer.

– Ficar fora foi ótimo, só diversão; dentro foi pão bolorento: fiquei presa, pensei que não ia conseguir. Há certas coisas na vida que a gente precisa levar na brincadeira. Às vezes, a gente quer sair forçado e não resolve. Levando assim do outro lado, a gente faz a coisa bem melhor.

– Senti-me mal do lado de dentro: do lado de fora, foi bom, estava livre, solta. Dentro, quando chegou minha vez, quase não via solução.

– Gostei de estar fora: do lado de dentro foi sufocante, me senti presa.

– Senti-me bem do lado de fora: dentro, parecia que eu estava no elevador. Não gosto de ficar presa. Procuro ficar calma, mas tem coisa que a gente não consegue. No trabalho tem que saber o que vai falar, senão já viu o resultado. Se você não observar, você cai.

– Sensação do limite: se a pressão for muito grande, eu saio do lugar.

– Enquanto os participantes faziam seus comentários, a nona participante chegou por volta das 14h30. Finda a atividade, houve um intervalo de dez minutos para o café.

AQUECIMENTO ESPECÍFICO
Objetivo:
- Verificar sintonia, iniciativa e percepção.

Ao retomar a atividade, o Diretor inseriu o "jogo de percepção". Deu as seguintes consignas:

Diretor: – Em pé, formem duas fileiras e, durante algum tempo, observem seus colegas.

A seguir, solicitou que os participantes da fileira 1 olhassem para a parede enquanto os da fileira 2 trocariam quatro coisas entre si. Passado um tempo, os participantes da fileira 1 viraram-se e tentaram adivinhar o que o colega da frente tinha modificado. Na sequência, repetiu a consigna com o grupo, invertendo a atividade nas respectivas fileiras.

Dando continuidade ao tema percepção, o Diretor Inseriu o "jogo do ímã".

Diretor: – Agora vamos formar duas fileiras: numa os participantes serão ímã, e na outra, ferro. De acordo com o movimento do participante da frente, o outro também deverá movimentar-se.

Após os primeiros movimentos, o Diretor inseriu música com ritmo marcado e foi trocando os pares até que todos pudessem interagir.

COMPARTILHAR

Terminada a atividade, o Diretor solicitou que os participantes a comentassem.

Eis os relatos:

– Nunca sai igual ao outro.

– É difícil imitar, tem que ter junção, equilíbrio.

– Não vi dificuldade em imitar; os seres humanos se imitam, as dificuldades estão nas limitações.

– Quando a gente está acostumando, muda.

– É mais difícil imitar.

AQUECIMENTO ESPECÍFICO

Baseando-se nesses comentários, o Diretor propôs outra atividade. Solicitou que os participantes permanecessem sentados, com os olhos fechados, e deu as seguintes consignas: – Pensem como tem sido participar das atividades, desde o dia que apareci no setor de vocês e fiz o convite para virem para o grupo. Quais foram as expectativas que surgiram? Como tem sido vir aqui? Das atividades que realizamos, de qual vocês gostaram mais? De qual vocês não gostaram? Reflitam sobre o que vivenciamos aqui nesses encontros.

Depois de um tempo, o Diretor solicitou que abrissem os olhos e escolhessem um objeto pessoal ou da sala para representar o que haviam pensado e que o colocassem no centro do grupo. Feito isso, solicitou que justificassem as escolhas.

Dramatização

1. Relógio: *"o relógio representa o horário marcado, o compromisso com a atividade e a pontualidade. Quando você chega atrasado, atrapalha o andamento das coisas que são tratadas lá dentro. A atividade de que eu menos gostei foi aquela que tinha a 'Mascarada', a pessoa que tinha duas faces. Eu acho que aquilo não fez bem para muita gente, mexeu muito com o meu emocional. Hoje a J... conseguiu mexer comigo, eu sou muito sensível às coisas, tem coisa que mexe muito comigo."*

O Diretor perguntou por que o tema da "Mascarada" a mobilizou tanto.

A participante respondeu que é difícil lidar com uma pessoa com duas personalidades: – Eu acho que convivo com isso. Daí, aqui vivendo aquilo, quando você tem oportunidade de expor os sentimentos é diferente, você se coloca no lugar e sofre junto. Eu sofro com todas as situações que a pessoa passa. Fico remoendo.

2. Chave: *"representa a entrada no horário, no meu setor tem que chegar cedo. Na cena da 'Mascarada', eu saí chateada, saí arrasada. A gente se dói muito quando acontece alguma coisa. Aquela atividade mostrou uma realidade que você vê. Vive no dia a dia, mas que as pessoas não assumem, dão uma de hipócrita."*

3. Relógio: *"fico sempre preocupada com o horário, tenho a percepção de que existem pessoas que dependem de mim. Em relação ao que mais me chocou foi o assunto da 'Mascarada'. Acontece todo dia, com todo minuto, as pessoas são cruéis. Isso é muito triste, muito feio. O que eu busquei quando você fez o convite foi um lugar para desabafar. Aqui eu representei papéis, a proposta aconteceu, estou satisfeita."*

4. Crachá: *"representa a responsabilidade, o compromisso com o trabalho. Carrego como se estivesse carregando meu setor nas costas. A 'Mascarada' foi dolorido, mexeu com tudo, com todos os setores. É uma pessoa que está sempre pendurada na gente, pra gente trabalhar tem que se calar. O crachá é importante para o aparecimento, as pessoas me veem pelo nome, as pessoas têm que conhecer a gente, saber quem é a gente. A atividade do primeiro encontro foi a de que eu mais gostei, porque é o dia a dia da gente, tem que carregar o setor nas costas, como a cruz nas costas. Como na imagem que eu fiz do Cristo Redentor."*

5. Caneta: *"marco tudo com a caneta no meu setor. No curso eu queria vir, daí minha colega também quis vir, foi uma disputa pra sair. Achei interessante a história da 'Mascarada', eu vivo isso no setor. (Comentou uma situação do cotidiano em que a colega se apresenta com duas faces). A atividade serviu para me equilibrar, para enfrentar as coisas no dia a dia."*

6. Óculos: *"representa o olhar reflexivo, eu quero observar como o outro está, observar as pessoas, eu quero que o dia de serviço seja bom e que meu salário seja saudável".*

Uma participante pergunta: – O que é salário saudável pra você?
Ela faz um movimento como se estivesse com o bolso cheio.

7. Óculos: *"hoje foi muito bom, acho que eu tava precisando relaxar. Gostei da atividade da 'Mascarada', nunca tinha parado pra pensar."*

8. Relógio: *"vim para o grupo para desabafar, nos apresentamos, conheci pessoas, vi que o que sinto é o mesmo do grupo. Aprendi que não vale a pena levar pra casa o sofrimento do trabalho. Se levar pra casa, fica doente. Vi que não vale a pena ficar sofrendo. Aprendi a me conhecer melhor, não quero me aborrecer. Não quero mais levar sofrimento pra casa. Estou aprendendo a resolver na hora."*

9. Relógio: *"vim preocupada, porque tinha coisa pra falar e tinha medo de me comprometer. O relógio é por causa da pontualidade, o compromisso de chegar no horário. Aqui é um aprendizado, um lugar pra gente se conhecer."*

Comentários

Após as apresentações, o Diretor observou que a atividade da "Mascarada" predominava, tema trabalhado na sexta sessão. Solicitou confirmação do grupo e percebeu que havia consenso. Na sequência, perguntou se esse comportamento da "Mascarada" fazia mal à saúde no contexto do trabalho.

Ao perceber que todos concordavam e que esse é um mal que presente nos diferentes setores, sugeriu outra atividade: pensar num remédio para ele.

Como havia obtido informações de que não seria possível realizar o encontro previsto para o dia 20 de novembro, devido ao feriado, propôs uma atividade a ser realizada sem a sua presença. Os participantes concordaram e então o Diretor sugeriu como tarefa a elaboração de um medicamento para esse mal, ou seja, a "Mascarada", sendo que nesse encontro teriam como tarefa a elaborar uma bula. O Diretor observou que o grupo se organizou: alguns decidiram fazer a atividade sozinhos, e outros resolveram se agrupar na casa de alguém em um final de semana.

Análise da sétima sessão

Diante das manifestações trazidas pelos participantes no encontro anterior, planejamos essa sessão basicamente com atividades que promovessem a percepção de si e do outro. Isso se deve ao fato de que, pela análise da última sessão, os resultados indicaram dificuldades de desenvolvimento da capacidade télica e conflitos interpessoais e intrapsíquicos decorrentes de relações permeadas por distorções télicas.

Assim sendo, programamos para essa sessão atividades pautadas em jogos de percepção de si e do outro, pois percebemos que os participantes vinham trazendo material com ligação direta com essas questões. Portanto, resolvemos direcioná-la para atender à dinâmica específica do grupo naquele momento.

Para o desenvolvimento do aquecimento inespecífico, aplicamos o jogo da tribuna. Foi um momento reservado para que os participantes entrassem em contato consigo mesmos. Quando estivessem prontos começariam a se expressar. Também foi um exercício para propiciar a experiência de descoberta de si mesmos. Sentado sozinho, o participante entrou em contato com seu corpo, suas sensações, suas realizações, suas experiências diárias, logrando, naquele instante, refletir sobre elas. Houve manifestações por meio de palavras, canções, sentimentos, gestos e, também, pelo silêncio.

Ao entrarem em contato consigo mesmos, exteriorizaram determinados sentimentos como o prazer, a alegria, a paz e a inibição, prevalecendo o sentimento de angústia.

Com a emergência de um sentimento predominante, o Diretor inseriu a consigna do jogo da roda, em que cada participante ocupou o centro do círculo, e, assim, entrou realmente em contato com a angústia que advém de ter de criar mecanismos para sair dessa posição. Quando ocupavam esse espaço, os participantes tiveram de se conscientizar dos detalhes dos movimentos verbais e não verbais, enquanto interagiam com os outros que o cercavam. Nessa situação, o jogo foi a dramatização propriamente dita, pois, por meio dela, percebemos o grau de criatividade e espontaneidade dos participantes para lidar com saída da roda.

Diante das exposições relativas a esse exercício e à relação estabelecida com o cotidiano de trabalho, os participantes observaram não somente o que fazem diante de situações angustiantes, mas também como se expressam. Alguns se viram tranquilos: – Certas coisas na vida a gente deve levar na brincadeira. – Outra participante revelou impaciência: – Procuro ficar calma, mas tem coisa que a gente não consegue.

Em uma segunda atividade de aquecimento específico, o Diretor introduziu um jogo de percepção: primeiramente observavam os pares e depois tentaram descobrir as mudanças nos acessórios que usavam. O exercício revelou detalhes físicos relacionados a objetos pessoais que se apreciam nos outros, proporcionando o desenvolvimento da percepção.

Na sequência, introduzimos o jogo do ímã, também denominado de diálogo de movimentos. Independentemente da nomenclatura, é importante frisar que, do ponto de vista sociodramático, refere-se ao que Moreno chamou de técnica do espelho.

Nesse jogo, o participante interage sem falar e se vê na imagem do outro mediante a imitação de seus movimentos, atitudes e gestos. A partir daí, observa, conversa com seus próprios movimentos e percebe como se expressa. Por fim, é importante frisar que o exercício promove a tomada de consciência de que as pessoas possuem ritmos diferentes e, portanto, há limitações para acompanhar esses ritmos.

Nessa outra atividade, os objetos pessoais dos participantes foram intermediários para que eles se expressassem.

Os itens escolhidos com esse fim foram: relógio, chave, crachá, caneta e óculos.

O relógio predominou entre as escolhas; dele, exteriorizaram-se preocupações com a pontualidade no trabalho e também no grupo. No primeiro, associado à necessidade de cumprir a escala; no segundo, ao comprometimento com o projeto.

A chave também foi escolhida. À sua simbologia foi associada a preocupação de abrir o setor no horário.

Óculos – esse objeto foi escolhido para representar uma nova visão de mundo: – Nunca tinha parado para pensar... Observar as pessoas.

O crachá foi associado à importância da identificação de si mesmo no contexto laboral.

Por fim, a caneta, como o objeto de registro. Por meio dela, manifesta-se a necessidade de registrar no grupo uma situação vivenciada no cotidiano.

Vale acrescentar que a utilização dos objetos intermediários serviu como instrumento para a emergência de conteúdos latentes. "Foi o meio eficaz encontrado para transmissão de mensagens, estabelecimento de vínculos e estímulo para evidenciar conflitos relativos ao contexto do trabalho" (Schmidt, 2006, p. 14).

É interessante pontuar que novamente a personagem da sessão anterior denominada "Mascarada" surgiu como emergente grupal.

– A atividade de que eu menos gostei foi aquela que tinha a 'Mascarada', a pessoa que tinha duas faces. Eu acho que aquilo não fez bem pra muita gente, mexeu muito com o meu emocional. Hoje a J conseguiu mexer comigo...

Uma participante, referindo-se à sessão anterior, comentou:

– Aquela atividade mostrou uma realidade que você vê e vive no dia a dia, mas que as pessoas não assumem, dão uma de hipócrita.

Ainda sobre isso, outra participante acrescentou:

– Em relação ao que mais me chocou foi o assunto da 'Mascarada'. Acontece todo dia, todo minuto. As pessoas são cruéis.

Enfim, em todas as manifestações houve apontamentos sobre a personagem "Mascarada". Isso denota que conteúdos internos foram realmente mobilizados durante as atividades. Com relação a essa personagem, ficou evidente que, ao apontar para as máscaras dos outros, os participantes viram suas próprias máscaras, encarando, dessa forma, o lado inaceitável de si mesmos.

– Gostei da atividade da 'Mascarada', nunca tinha parado pra pensar.

– A atividade serviu para me equilibrar, para enfrentar as coisas no dia a dia.

Finalizando a sessão, o Diretor foi informado de que não haveria possibilidade da realizar a sessão de 20 de novembro, conforme estabelecido no cronograma, pois fora decretado feriado nessa data.

Para evitar que o grupo ficasse muito tempo sem atividade, correndo-se o risco de comprometer seu andamento, foi proposta uma atividade sem a presença do Diretor. Assim, concebe-se também que essa forma de encontro possibilitaria o desenvolvimento da independência com relação à figura do Diretor, sendo esse fato um aspecto positivo para a continuidade dos encontros ao término do projeto.

Tabela 30 - Demonstrativo de personagens sociodramáticos emergentes na sessão

Personagens	Caracterização
Ser humano	Aspectos individuais, falso, diferentes personalidades.
Auxiliar de enfermagem	Preocupado, comprometido, responsável, sobrecarregado. *"No dia a dia a gente tem que carregar o setor nas costas, como uma cruz nas costas."*

Tabela 31 - Demonstrativo dos principais sentimentos manifestados na sessão

Descontração
Desrespeito
Inquietude
Ressentimento
Angústia
Insegurança
Revolta
Insatisfação
Tristeza
Desamparo
Retraimento
Ingratidão
Tensão
Autopercepção
Prazer
Conflito
Alegria
Inibição

Tabela 32 - Demonstrativo das principais necessidades manifestadas na sessão

Compreensão
Expressão
Desabafo
Solidariedade
Respeito

Tabela 33 - Demonstrativo das principais preocupações presentes na sessão

Preocupações com o próprio comportamento
Preocupações com o comportamento do outro
Relacionamento
Autoexposição
Vinculação
Expressão

DESCRIÇÃO DA OITAVA SESSÃO

Oitava sessão

Conforme especificado no final da sétima sessão, esse encontro aconteceu sem a presença do Diretor.

Nele os participantes, em grupo e individualmente, puderam refletir sobre o contexto de trabalho, os conflitos de relacionamento e também sobre os impactos que isso pode causar à saúde dos trabalhadores para, a partir dessas reflexões, propor meios de auxiliar na resolução dos impasses.

Eis as bulas elaboradas por eles:

Bula n. 1
Feita individualmente:

"Sintomas da 'Mascarada': muito inteligente, mas é fria e calculista; irônica e muito jeitosa, é bondosa, chegando a confundir quando está perto.

Cuidados: procurar fazer a coisa certa. Não deixar ponta pra trás, também não deixar brecha pra ela chegar.

Solução: muito chá e... tirar minha máscara também."

Bula n. 2
Feita individualmente:

"Como administrar uma 'Mascarada'?

Receita para conviver com ela: muita cautela, ser vigilante. Ser muito rigoroso consigo mesmo para não confiar em pessoas indevidas.

Como usar esse medicamento?

Como evitar essa pessoa?

Ter profissionalismo.

Dirigir-se só no profissional.

Cumprir com seus deveres e reclamar seus direitos.

Quais os males que a 'Mascarada' pode causar?

Apatia.

Mal-estar.

Irritabilidade.

Estresse.

Desequilíbrio.

Câncer.

Úlcera gástrica e cancerosa.

Pressão alta.

Diabetes.

Labirintite.

Baixa autoestima.

O que fazer quando você tem que viver muitas horas com a 'Mascarada'?

De preferência, terapia.

Como conservar a 'Mascarada'?

Fora do alcance de pessoas do bem, sensíveis à falsidade e mau caráter. Contratação de 'Mascarada' só sob supervisão após quatro meses.

Quando conviver com a 'Mascarada'?

Tentar esquecer seu falso profissionalismo e fazer seu trabalho da melhor forma possível.

CONTRAINDICAÇÃO:

Contraindicada para pessoas de bem com a vida, trabalhadoras e que pensam no bem-estar dos outros.

ADVERTÊNCIA:

Estrelismo.

Autoritarismo.

Arrogância.

Prepotência.

Pouco-caso.

Senso de injustiça.

PRECAUÇÕES:

Não existe precaução para esse tipo de pessoa.

Dissimulada.

Falsa modéstia e mentirosa.

Traiçoeira.

Desumana.

COMO USAR A MÁSCARA?

Abordá-la o menos possível.

Sempre com testemunha.

Quanto menos contato melhor.

COMO FUNCIONA?

Através de fofocas.

Puxa-saquismo.

Informações distorcidas.

Amigos inoportunos (falsos amigos).

INDICAÇÃO:

Para pessoas de mal com a vida.

Pessoas sem personalidade.

Que ganha seu salário à custa de outros funcionários."

Bula n. 3
"APRESENTAÇÃO:

Encontra-se em estado latente no íntimo de todo 'ser humano'. Pode-se buscar através de raciocínio lógico de quem tem prazer em ver o outro sofrer. Normalmente ela se apresenta educada, amiga, meiga e muito solícita.

COMPOSIÇÃO:

Cada unidade contém:

Falsidade (fingimento) – 50%

Perversidade – 24,98%

Insensibilidade – 24,98%

INFORMAÇÃO:

Esse produto é uma droga; com várias formas de apresentação, deve-se ter muito cuidado. Devemos manter distância, sempre que possível.

INDICAÇÕES:

Esta droga é indicada apenas para que você tenha um pouco mais de malícia e não seja tão ingênua.

REAÇÕES ADVERSAS E COLATERAIS:

O uso desta droga pode desenvolver em pessoas sadias um grande desarranjo emocional e físico no sistema nervoso central e suas ramificações periféricas. Depressão profunda, acompanhada de taquicardia. Vertigens, tremores diversos pelo corpo e insônia.

POSOLOGIA:

Uma vez ao dia, por 30 segundos, apenas no tratamento de ingenuidade total e absoluta e sob a observação de 10 psiquiatras e 20 psicólogos.

TERAPIA ALTERNATIVA RECOMENDADA:

Em crises profundas de ingenuidade total, respire profundamente durante alguns minutos, procure a natureza para se recolher em meditação. Se for religioso(a), busque a solução através de muita prece e ajuda divina.

O Ministério da Saúde Adverte: esta droga é altamente prejudicial à saúde física e mental das pessoas. Se for ingênua a ponto de usá-la, que seja com moderação.

LABORATÓRIO: na certidão do pezinho.
E-mail: saidessavida@deusmelivre.com"

A participante que elaborou este último texto não pôde participar do grupo nesse dia devido a problemas de saúde de um familiar. Minutos antes de iniciarmos a atividade, ela compareceu ao local do encontro, entregou seu texto e, em anexo, um segundo texto que pediu para entregar aos participantes do grupo:

"RAIVA!
Todos têm o direito de senti-la, porém isso não lhes dá o direito de ser cruel.

PERDÃO!
Nem sempre precisamos ser perdoados por alguém; às vezes, precisamos perdoar. Aprenda que, com a mesma severidade que você julga, em algum momento, será julgado.

TEMPO!

"Descobre-se que leva muito tempo para se tornar a pessoa que queremos ser, e o tempo é curto. O tempo não é algo que lhe permite voltar atrás; portanto, plante seu jardim e decore sua alma, ao invés de esperar que alguém traga-lhe flores.

SENTIMENTO!

PARA PENSAR: dirigir a quem você ama as palavras mais lindas possíveis, deixe que sua voz transmita seus sentimentos. Porque é triste descobrir tarde demais que geralmente as pessoas mais importantes de nossa vida são tiradas de nós como num passe de mágica. Por isso, viva intensamente o momento do amor, da amizade e do olhar, porque o que fica são apenas lembranças que serão arquivadas no coração."

Análise da oitava sessão

Percebemos que esse encontro foi oportuno para criar uma atmosfera positiva entre os participantes e, sobretudo, para possibilitar a coesão grupal.

Ao pararem para pensar no remédio para o mal que as afetava no ambiente de trabalho, puderam dialogar com o sintoma que os aborrecia repetidamente e se debruçar na criação de sensações de conforto.

A atividade propiciou que focalizassem suas atenções nesse sintoma e procurassem sentir a presença dele mais detalhadamente, refletindo como eram afetados, conscientizando-se de como esse sintoma pode aumentar, para tentar reduzi-lo.

Ao explorarem esses sintomas, os participantes depararam com aspectos de si mesmos e avaliaram a maneira como se sentiam perante as situações cotidianas.

Se a doença é da relação que se personificou na figura da "Mascarada", o remédio para combatê-la parece ser: "*... tirar minha máscara também*". Enfim, promover a percepção de si e do outro para poder apontar também o caminho para a solução desse problema.

DESCRIÇÃO DA NONA SESSÃO

Nona sessão

Data: 04/12/2006

Horário: das 13h00 às 16h00

Diretor: Luiza

Ego: Mauro

Número de participantes: 8

Aquecimento inespecífico

Nesse dia duas participantes não puderam comparecer: uma havia viajado para um congresso, e a outra foi pessoalmente entregar o texto que havia elaborado, mas informou que não poderia ficar porque estava com a mãe na UTI.

O Diretor deu início às atividades olhando as fotos da reunião tiradas pelos participantes na casa de uma das colegas do grupo, momento em que se reuniram para elaborar a bula.

Diretor: – Como foi fazer essa reunião para escrever a bula?

– Fizemos o trabalho, comemos, rimos bastante, foi um passeio legal.

– Estávamos falando tão alto que nem percebemos que o marido da... já estava lá havia uma hora esperando por ela.

– Onde vocês se reuniram?

– Na casa da M.

– Ela até fez almoço para nós.

– Foi no domingo passado.

Diretor: – Quanto tempo vocês levaram para fazer a bula?

– Pra fazer a bula foi rápido, mas nós ficamos lá das 11h00 às 17h00.

– Como vocês fizeram a bula?

– Fizemos todas juntas.

Diretor: – Como foi participar do encontro para elaborar a bula? Apontem sentimentos que traduzam esse encontro.

– Solidariedade e confraternização; antes não tinha amizade; nós nos entrosamos, é uma conquista. Construção, amizade... não deixar morrer essa amizade.

– Quem não me conhece me acha mandona, eu sou mandona mesmo.

Diretor: – Por que foi importante unir o grupo?

– Para que as pessoas se encontrem mais, sejam amorosas; eu não tenho dúvida de que as pessoas gostam de mim. Você rejuvenesce dez, vinte anos quando nos encontramos e rimos, quero unir as pessoas, sempre fui assim.

Aquecimento específico
Objetivo:
- Avaliar a percepção dos participantes sobre as relações interpessoais no trabalho.

Diretor: – Agora o Mauro e eu vamos sair da sala por dez minutos. Durante esse tempo, vocês irão conversar sobre o que escreveram na bula; a seguir vão apresentá-la para nós, porém de uma forma diferente, ou seja, vocês vão elaborar uma cena com o conteúdo da bula e serão parte dela nessa cena. Identifiquem-se com isso e sejam essa bula. Imaginem que vocês são uma parte dela. Sendo essa parte, como vocês são? Vejam o que mais podem descobrir da experiência de ser essa bula.

Após o tempo determinado, o Diretor e o Ego retornaram à sala.

Dramatização
Diretor: – E então, o tempo foi suficiente? Vocês conseguiram criar uma cena?

Os participantes responderam afirmativamente.

O Diretor convidou-os a ficar em pé e perguntou a cada um quem representaria na cena.

Participante 1: "Mascarada".

Participante 2: Efeito colateral.

Participante 3: Contraindicação.

Participante 4: Advertência.

Participante 5: Como administrar.

Iniciaram a cena com a personagem "Mascarada" dizendo: – Sou a "Mascarada", causo sintomas de problema renal, pressão alta, depressão, irritabilidade; com minhas palavras, provoco isso, pra mim é normal.

O Diretor aproximou-se da participante e perguntou: – Como se sente, sendo assim?

Participante: – Mal, é muito pesado, o olhar das pessoas muda quando elas olham pra mim.

O Diretor retomou a cena, que foi continuada com a fala do efeito colateral.

Efeito colateral: – Fui atingida pela 'Mascarada, tenho depressão, não tenho vontade de trabalhar, estou tão deprimida, sem vontade de fazer nada, minha imunidade está alterada, tenho baixa autoestima, não quero nem aparecer, é angustiante.

Enquanto os personagens falavam, chegou uma participante.

Contraindicação: – Reage; faz alguma coisa, não fica assim, levanta a cabeça sacode a poeira, deixa esse povo pra lá.

Advertência: – Eu aconselho que não dê ouvidos para a "Mascarada". Quando tiver algum problema tem que ser resolvido no setor. Pessoas que ficam levando problemas, não constroem, não devemos ficar de picuinhas.

Como administrar: – Como administrar o remédio? O que podemos fazer? Terapia, aulas de dança, sorrir mais, visitar as amigas, fazer coisas que nos deem prazer.

O Diretor aproximou-se da participante que havia chegado e perguntou: – Você consegue dar um nome para o remédio?

Participante: – Conscientização.

O Diretor consultou os demais: – É possível esse nome para o remédio?

Grupo: – Sim.

Comentários

O Diretor perguntou: – Quais as vias para administrar a conscientização?

– Profissional, pessoal e social.

– Nós seguimos a bula inteira e transformamos pra cá.

– Manter longe de pessoas de bem, contratação só depois do quarto mês de convívio.

– Deu para perceber que a 'Mascarada' tem um efeito destruidor.

– No dia a dia, funciono como uma injeção.

– Eu tenho que ser precavida, baiano tem que está sempre com o pé atrás, eu estou dentro da advertência.

– Eu passei por uma situação assim, eu encontrei a chefia que falou que não ia mais colher sangue, falei pra colega que tinha que se certificar. Ela falou para o outro ligar pra supervisão porque eu tinha chegado com uma 'conversinha'. Pedi para J. L. uma circular, ele me deu a circular, então a colega começou a gritar que não ia dar certo.

– Mas você tem que fazer como eu faço, não dou mole.

– Eu vivencio isso na maior parte do tempo, não sei o que leva as pessoas a agirem assim. Você tem que ter profissionalismo, sempre sofro os efeitos colaterais.

– Você se sente administrando remédio?

– Sim.

– Como escolheram os personagens?

– Fomos na ordem da bula, de acordo com a ordem em que estávamos sentadas.

– Caiu direitinho.

– Eu também vivi uma situação igual à da colega: uma paciente me avisou de que viria no meu horário, ela veio, aí chegou outro paciente, depois mais dois, então tínhamos combinado de não atender, porque havia uma pessoa que era contratada para isso. Não atendi os dois pacientes, mandei para outro lugar com o remédio. Chegou lá que eu tinha dito que tinha uma pessoa que era muito bem paga para fazer isso, a chefia me chamou para conversar, então eu falei o que havia dito. Essa semana faz cinco noites que eu não durmo direito, por causa disso.

– O problema é que aqui funciona tudo na base do "eu ouvi falar". Por que não chamar a pessoa para conversar e ver o que realmente aconteceu?

Percebendo que todos já haviam se pronunciado, o Diretor sugeriu ler as bulas dos participantes que não puderam comparecer.

Lidas as bulas das participantes ausentes, o Diretor pediu para os participantes anotarem em uma folha de papel informações semelhantes às que eles haviam falado.

– Linda a frase, gostei.

Diretor: – Por que gostaram?

– Porque 'laboratório da vida' é como nós aprendemos na vida, no dia a dia.

Os participantes riram bastante com a leitura da bula da colega.

Outro texto referente ao anexo de uma das bulas foi lido em forma de jogral.

O Diretor informou sobre o problema de saúde da mãe dessa componente do grupo.

– Muito lindo, temos que ligar pra ela, ela está precisando.

Diretor: – O que anotaram com relação aos aspectos semelhantes entre as bulas?

– Efeitos colaterais da primeira bula.

– Ah, eu nem sei, porque a minha cabeça está muito ruim hoje, andei quilômetros hoje.

Diretor: "você está trabalhando muito?

– Não, é o momento mesmo.

– Ela teve até sangramento nasal por cinco dias.

O Diretor fez perguntas à participante sobre esse problema de saúde. Ela respondeu que já havia melhorado e que não foi nada sério.

Diretor: – E vocês, o que anotaram?

– Eu anotei que apesar de as palavras serem diferentes, os sentimentos são iguais.

– A "Mascarada", ela faz as coisas com vontade de prejudicar.

– Não, ela não pensa na gente.

Participante: – A menina da limpeza do meu setor talvez me veja como uma 'Mascarada'. Eu sou hipertensa, tenho que fazer 30 minutos de esteira por dia, chego lá e ela está fazendo a esteira, daí eu falo: "olha lá, isso não pode, e se chega alguém?" Daí me falam que é preconceito."

– A chefe de lá é muito ruim.

– Quem responde pelo setor é a médica, se ela quiser fechar o setor ela fecha.

– Mas aí você não vem trabalhar.

– Claro que sim, venho para o hospital.

– Vocês não estão conversando juntas para resolver?

– Não.

– Mas nem no meu setor eu consigo juntar o povo pra conversar.

– Vocês têm que chamar a maioria pra decidir, a maioria é quem decide não trabalhar com essa pessoa.

Ao término dos comentários, o Diretor sugeriu uma pausa para o café.

Após um breve intervalo, retomou as atividades. O Diretor iniciou discorrendo sobre a complexidade do trabalho. Disse que durante os encontros, por meio dos relatos, percebeu as conexões existentes entre os aspectos da organização do trabalho e as relações interpessoais no trabalho. Acrescentou, refletindo sobre as atividades produzidas no grupo, que conseguiu formar uma imagem dessa complexidade. Comentou que havia doze itens que se destacaram durante os encontros, e cada um tinha temas que se cruzavam. Ao elaborar essa imagem, lembrou-se da figura do dodecaedro e, também, que, em sua infância, conhecia essa figura como gira-mundo. Perguntou se elas já haviam visto um dodecaedro feito de retalhos. Os participantes responderam afirmativamente.

– Agora lembrei, mamãe fazia de retalho.

– É verdade.

O Diretor continuou: – Assim, com base nessa figura, fui organizando o material que colhi nos encontros e percebendo que, em outros grupos fora dessa instituição, emergem conteúdos semelhantes. Daí denominei de 'gira-mundo do trabalho'. Vou mostrar para vocês como estou analisando os dados com base nessa figura.

O Diretor solicitou ajuda do Ego e colocou uma mesa no centro da sala, convidando os participantes a ficar em pé circundando-a. A seguir, mostrou-lhes as partes do dodecaedro impressas em papel; discorreu sobre o conteúdo de cada categoria, perguntou aos participantes se concordavam com os conteúdos ali descritos, e assim fez com cada uma das partes da figura.

No decorrer da apresentação, os participantes confirmaram sobre os conteúdos e fizeram apontamentos como forma de focalizar os problemas. Por exemplo: sobre o item infraestrutura, uma participante comentou:

– Eu te falei desde o início, quando eles estavam construindo próximo do meu setor, os tijolos quase caiam na cabeça dos pacientes.

No que diz respeito à interação, uma participante disse:

– Deveria ser como o povo da ortopedia que se reúne uma vez por ano, se presume que vai todo mundo, mas é só da ortopedia.

Sobre a apresentação do item relacionado à segurança, uma participante acrescentou:

– Semana passada, com as chuvas, desceu tanto lixo hospitalar que tivemos que chamar a polícia para poder passar.

– Depois desse trabalho que você fez, alguém vai tratar da saúde do trabalhador?

O Diretor explicou que estava elaborando um relatório para entregar à instituição. Esclareceu: – Separei os dados por categorias para poder visualizar melhor.

Ao formar uma imagem com as partes do dodecaedro, uma participante comentou:

– É o ser humano que está lá no meio.

O Diretor perguntou aos demais onde eles percebiam o ser humano. Todos disseram que concordavam com a colega, que também viam o ser humano como centro das figuras (pentagramas).

Nesse momento o Diretor solicitou ao Ego que repetisse para o grupo um mesmo comentário que havia feito fora da sala. Era o de que, no centro do dodecaedro, estava o ser humano, ora empurrando, ora puxando cada centro dos 12 pentagramas existentes no giramundo do trabalho. Sobre essa questão, os participantes fizeram alguns apontamentos.

– É verdade, o homem está lá no meio sendo atravessado pelas setas que ligam os lados.

– Eu acho que tem um barbante atravessando o homem e saindo pelos lados da figura.

– Faltam suporte e equilíbrio para o ser humano que está no centro.

Na sequência, o Diretor solicitou que eles caminhassem ao redor da mesa e observassem as figuras.

Diretor: – Agora, circulem ao redor da mesa, observem as figuras... verifiquem se o conteúdo que está descrito nos itens tem a ver com nossas discussões durante os encontros... Vocês acrescentariam alguma coisa? Tem algum item que não tem importância e pode ser excluído? Em silêncio, caminhem e reflitam sobre os temas.

Enquanto caminhavam e observavam as figuras, uma participante começou a chorar. O Diretor aproximou-se dela, acolheu-a e perguntou o motivo do choro.

Participante: – São muitos problemas, não vamos resolver tudo isso, a minha preocupação é que os encontros estão acabando, e como nós vamos dar conta de tudo isso?

Outra integrante do grupo aproximou-se e ofereceu um lenço de papel.

O Diretor disse que existem muitos problemas, mas que não é impossível solucioná-los. Que eles mesmos já haviam mostrado várias formas de resolvê-los durante as atividades, que o importante era tomar conhecimento da situação e, juntos, construírem proposições para amenizar os problemas que vêm afetando a saúde dos trabalhadores, visto que a proposta dos encontros era fazer o diagnóstico, o que vinha sendo realizado.

Após esse acolhimento, o Diretor percebeu que a participante parou de chorar, mostrava-se mais calma, por isso solicitou a que a atividade continuasse.

A seguir, pediu que cada um escolhesse uma figura que representasse temas de que gostariam de falar e afirmou que, após as escolhas, poderiam sentar-se.

Diretor: – Agora reflitam sobre esses temas e pensem por que os escolheram... agora vamos falar sobre quais foram os temas escolhidos.

Respostas:

– Estrutura hierárquica, clareza de informação, aspectos éticos.

– Desdobramento institucional: Ministério do Trabalho, Ministério da Previdência Social, universidade e SUS.

A participante que escolheu o item vigilância em saúde disse: – E ninguém faz nada pra ajudar.

– Conteúdo do trabalho, controle, significância da tarefa, mudança de posto.

– Papel profissional, autoestima, posição social, aptidões.

– Valores, enquanto o ser humano não tiver valores, não vamos a lugar algum. O que foi tirado da gente, o resultado é psiquiatria, se tirarem seus valores, você pira, você precisa dos valores, você vê a sua amiga precisando e não pode fazer nada, elas só querem escrever livros e nem se importam com os funcionários. Eu tive que exigir do médico um afastamento, porque falaram que ela roubou aparelho, até daqui ela não aguentou o tranco, algumas pessoas riram dela e eu nem vi, não tomo psicotrópico, nada de tarja preta. Falo que não me tiram, só saio se eu quiser" (chorou novamente ao verbalizar o fato; aos poucos, as lágrimas diminuíram e foram substituídas por uma sensação de força e de convicção)

– Fatores psicossociais, cooperação, concepção de doença, sentimentos.

Conforme os participantes expunham seus temas, o Diretor escrevia-os na lousa e, então, após a exposição, pediu que elegessem as palavras que estavam escritas e falassem algo sobre o que elas mobilizavam.

– Cada um sabe do seu significado, sabe o que e o porquê faz.

– Ocupa posição de status, e a palavra dele vale muito.

– Controle da situação pelo poder, quem tem poder controla tudo.

Outro comentou: – Poder manda mais quem tem mais controle e posição social.

Outro disse: – Clareza de informação – eu sei quem me paga, nem está aqui, eu respeito a hierarquia, mas não chefe. Respeito recíproco, tem que saber dos seus direitos, onde começam e onde terminam. As chefes não são todas iguais, tem enfermeiras boas e médicos que te respeitam e sabem do seu valor, tem chefe que te protege, que te defende, pode ser bocuda, descontar coisas em você, mas depois reconhece o que fez.

– Está dentro da ética. Há um ano ela ficou sozinha no setor, mas fazia o trabalho. Um dia falou para o médico que estava sozinha no setor e ele ficou 'doido' e quis que ela saísse de lá. Foi acusada de roubar, tava operada e teve que vir de longe para responder intimação. Ela ficou como ladra, não podemos fazer nada, ela respondeu um processo administrativo, a chefia esteve confabulando para acusar a menina.

– É triste ver a pessoa pirar assim, é um lugar de onde ninguém volta, um médico me disse que o cérebro é o único lugar que não se pode soldar.

– Quando eu perdi meu filho, me falaram que eu tava louca, me mandaram para a psiquiatria, eu falei que não ia.

– Porque quem está no centro de tudo destrói todo mundo.

– O homem está lutando para viver e tentam derrubá-lo.

– Pessoa que enfrenta todas as situações e temos que lutar para lidar com todas as situações.

– Quem está ali é quem tem que melhorar, ele tem força de pisar nos pequenos.

– O homem que tem força, primeiro eles usam o nome da instituição, ele mata, ele humilha, acaba.

– Ele não faz sozinho.

– Ele pega outros para poder subir.

– Homem com força pra girar.

– O pior é que tem gente cassada no COREN que chefia a enfermagem.

– Ela está aí porque nós deixamos.

O Diretor comentou com uma das participantes sobre o dia em que se conheceram. Foi quando ela disse que saúde do trabalhador na instituição era utopia, e ele rebateu dizendo acreditar em mudança. O diretor relembrou as várias coisas boas construídas nos encontros favoráveis à saúde no trabalho.

Ela começou a chorar novamente e disse: – Eu estou chorando porque está acabando.

O Diretor continuou dizendo que ações são necessárias para mudar a vida e perguntou ao grupo: – O que é viver?

– Tem coisa boa.

– Quando eu pari, botar filho no mundo é viver.

– Se você vive bem, viver é tudo, viver é aprender.

– Pra mim também, viver é tudo.

– Acordar, agradecer a Deus.

– Olhar o ontem, pensar que sou vitoriosa, agradecer a Deus, partilhar sentimentos.

O Diretor escreveu na lousa: "Vi-Ver".

Diretor: – Eu vi e te ensino a ver. Aqui, nos encontros, em muitas atividades, pudemos ver e ensinar o outro a ver.

– Que origem que é?

Diretor: – A ideia da divisão da palavra foi minha, mas as reflexões sobre o que é viver surgiu das reflexões feitas sobre os encontros.

Análise da nona sessão

Foi possível identificar logo no início das atividades a necessidade que os participantes tinham de comentar sobre a elaboração da bula. Entretanto, reservamos esse momento para poder trabalhá-lo sociodramaticamente.

Aproveitamos o início da sessão para avaliar a coesão grupal propiciada por esse encontro. O fortalecimento do vínculo entre os participantes pode ser representado pelo seguinte discurso:

– Solidariedade, confraternização, antes não tinha amizade, nos entrosamos, é uma conquista, construção, amizade, não deixar morrer essa amizade.

Durante a etapa de aquecimento específico, colocamos os participantes em contato com o objeto produzido – a bula. Por certo tempo, deixamos que consciência de cada um observasse algo que era destaque. Direcionamos a atenção deles àquilo que eles mesmos construíram para que pudessem observar cada característica mais detalhadamente.

Ao mesmo tempo, esse exercício colocou-os em contato direto com o objeto através das consignas do Diretor:

"Identifiquem-se com isto e sejam esta bula. Imaginem que vocês são uma parte dela. Tornando-se essa parte, como vocês se sentem, transformando-se nessa parte?"

Depois de algum tempo absorvendo essa experiência, eles assumiram os seguintes papéis:

- "Mascarada"
- Efeito colateral
- Contraindicação
- Advertência
- Como administrar

Ao personificar-se na figura da "Mascarada", uma participante percebeu alguns aspectos de sua própria existência e, ao fazer o solilóquio, revelou não se sentir bem nesse papel: *"... é muito pesado. O olhar das pessoas muda, quando olham pra mim."*

A participante que assumiu o papel de efeito colateral teve consciência dos danos físicos e psíquicos produzidos pelos conflitos relacionais: *"Fui atingida pela 'Mascarada', tenho depressão, não tenho vontade de trabalhar, estou tão deprimida, sem vontade de fazer nada... minha imunidade está alterada, tenho baixa estima, não quero nem aparecer, é angustiante".*

Os demais que assumiram os papéis de contraindicação, advertência e como administrar procuraram mostrar respostas diferentes para lidar com as situações de conflitos:

"Reage, faz alguma coisa, não fica assim. Levanta a cabeça, sacode a poeira, deixa esse povo pra lá."

"Eu aconselho que não dê ouvidos para a 'Mascarada', quando tem algum problema tem que ser resolvido no setor, pessoas que ficam levando problemas não constroem, não devemos ficar de picuinhas."

Na abordagem moreniana, essa técnica baseada na identificação com o objeto, metodologicamente, diz respeito ao papel que o indivíduo desempenha na forma representativa durante uma cena. Ao ser alguma coisa, o participante pode ter uma compreensão do seu conhecimento interior. Portanto, a identificação com algo fora do indivíduo pode traduzir nele uma consciência profunda de suas próprias características. Isso pode ser percebido nos seguintes comentários:

– No dia a dia, funciono como uma injeção.

– Eu tenho que ser precavida, baiano tem que está sempre com o pé atrás, eu estou dentro da advertência.

Por fim, parece que o próprio grupo chegou à compreensão de que, se alguém quiser realmente entender a sua vida e atuar de forma saudável, precisa estar em contato com sua própria consciência, daí o nome do remédio por eles elaborado: *Conscientização*.

Situações vivenciadas no cotidiano de trabalho foram reveladas no decorrer dos discursos produzidos durante essa etapa da sessão, dentre as quais se destacaram os aspectos da Dimensão Relacional. Exemplificaram situações permeadas por falta de interação:

– No meu setor não consigo juntar o povo pra conversar.

Depois do intervalo, apresentamos ao grupo os dados colhidos nas sessões até aquele momento e para mostrar de que modo os analisava, apresentamos as figuras que compõem as partes do dodecaedro, ou seja, o gira-mundo do trabalho, como foi por nós denominado.

Enquanto discorríamos sobre essa figura, tivemos os pronunciamentos de duas participantes, que foram muito semelhantes às nossas próprias percepções e também às do Ego Auxiliar.

Diretor: – Então, isso é separado por categorias.

Participante: – Então, meu cérebro está lá no meio disso tudo.

Participante: – O ser humano é que está lá no meio.

Durante alguns minutos, o grupo centrou-se em falar desse homem, tentando compreender como ele está posicionado nesse mundo do trabalho.

– É verdade, o homem está lá no meio sendo atravessado pelas setas que ligam os lados.

– Eu acho que tem um barbante atravessando o homem e saindo pelos lados da figura.

– Falta suporte e equilíbrio para o ser humano que está no centro.

No decorrer da sessão, durante vários discursos, eis que novamente surgiram concepções de homem, como:

– Homem com força pra girar.

– Porque quem está no centro de tudo destrói todo mundo.

– O homem está lutando para viver e tentam derrubá-lo.

– Pessoa que enfrenta todas as situações e temos que lutar para lidar com todas as situações.

– Quem está ali é quem tem que melhorar, ele tem força de pisar nos pequenos.

– O homem que tem força, primeiro eles usam o nome da instituição, ele mata, ele humilha, acaba. – Para entender os significados referentes à imagem de homem trazidos pelo grupo, apoiamo-nos na teoria moreniana e, sob essa ótica, compreendemos que seus discursos procuraram expressar que:

> O homem, por natureza, busca a liberação da espontaneidade como um rio busca um leito. Mas o homem também busca a segurança do que não muda. A tradição tem como objetivo evitar ou colocar obstáculos à recriação do universo. Por isso ela se sente ameaçada e cria estruturas especialmente dedicadas a evitar mudanças. E, da mesma forma que a sociedade teme essas transformações e inibe o comportamento espontâneo dos seres humanos, também o homem teme ser livre, já que muitas vezes deverá defrontar-se com decisões difíceis ou alternativas perigosas. Por isso, evitar o sofrimento colocará limite a sua espontaneidade. Desenvolverá, nesse sentido, diferentes recursos, desde a repressão até o isolamento psicótico. (Bustos, 1992, p. 20)

Com a apresentação do dodecaedro, compartilhamos nossos achados com o grupo, que confirmou nossas análises.

Percebemos, no entanto, que para os participantes foi sofrido visualizar a própria dor, suas raízes e ramificações.

Contudo, diante da proposta de fazer o diagnóstico, seríamos negligentes se omitíssemos os fatos, pois nosso papel ali era o de mostrar aspectos que podem levar as pessoas a adoecerem.

Ao depararmos com as mudanças ocorridas com os participantes no decorrer dos encontros, vivenciamos no cotidiano a obra de Moreno. Sobretudo seu ideal de ser humano espontâneo nos foi revelado à medida que os participantes recriaram seus próprios destinos.

Passamos a sentir mais satisfação pelo produto de nossa criação quando percebemos que, por meio das atividades, as pessoas desenvolviam novas visões de si, do outro e do mundo. E, refletindo sobre isso, compreendemos o significado da palavra viver. O "vi" passou a significar o que eu conheço, as minhas experiências com as quais posso ensinar o outro a "ver". Daí, o sentido de VI-VER. Pudemos perceber que existe um vínculo entre essas duas sílabas, o qual vai além de um sinal ortográfico.

Diferentemente da análise de outras sessões, nosso panorama de visualização dos emergentes grupais não será, nesta sessão, apresentado em forma de quadros, até porque os descritores vêm repetindo-se nas sessões.

Para finalizarmos a análise desta sessão, citaremos a seguir um texto que traduz o principal conteúdo do que pudemos extrair deste encontro.

> Ver significa ver algo, pedindo-nos sempre um contrassentido e não um conceito de olho. Existe apenas um ver perspectivista, unicamente um conhecer perspectivista; e quanto maior o número de objetos afeitos, anexados, que nos permite dizer sua palavra, quanto maior o número de olhos, de olhos distintos que utilizamos para ver a mesma coisa, tanto mais completa será nossa objetividade. (Nietzsche *apud* Bustos, 1992, p. 24)

DESCRIÇÃO DA DÉCIMA SESSÃO

Décima sessão

Data: 18/12/2006

Horário: das 13h00 às 14h00

Diretor: Luiza

Ego: Mauro

Número de participantes: 7

Aquecimento inespecífico

O Diretor iniciou a sessão às 13h40, com quatro participantes. Enquanto aguardava os demais, perguntou-lhes como estavam e o que havia remanescido da sessão anterior. Esclareceu também que aquela seria a última sessão e que agendaria um encontro para proceder à análise dos dados e do conteúdo do relatório que seria entregue à coordenação de enfermagem. Durante a exposição do Diretor, chegaram mais duas participantes. Nesse dia o grupo foi composto de sete participantes porque duas estavam em férias e outra afastada para cuidar de um familiar doente.

Algumas participantes fizeram perguntas ao Diretor. Uma delas quis saber sobre o conteúdo do relatório: – Você vai falar sobre o aproveitamento no curso ou sobre como estão as dificuldades dos trabalhadores?

Diretor: – Vou colocar itens que podem ter influência sobre a saúde dos trabalhadores. – Na sequência, perguntou-lhes: – Vocês se lembram das palavras que trouxeram na última sessão?

Participantes: – Não.

Uma participante, referindo-se às discussões da sessão anterior sobre a figura do dodecaedro e à percepção que tiveram do homem no centro, disse: – Eu fiquei chocada, porque o homem fica lá sozinho, com tudo aquilo pressionando, a realidade é cruel".

Outra participante quis exteriorizar o que a deixava chocada. Referindo-se a situações cotidianas, comentou:

– Quem trabalha o ano todo pra folgar no Natal e ano-novo, quem trabalha nessas datas, vai trabalhar de novo, as funcionárias novas trabalham e as velhas folgam. – Citou o exemplo do que aconteceu com sua filha, que também trabalha de auxiliar de enfermagem na instituição. Disse que o ambulatório onde a filha trabalhava foi extinto e ela foi transferida no mês de novembro para outro setor. Entretanto, a escala de dezembro já havia sida programada e, então, ela ficou sem folga no Natal e no ano-novo.

Comentou que a filha ficou nervosa, esua pressão arterial subiu devido ao problema. Concluiu que ela também ficou nervosa e teve o sono perturbado devido às preocupações relativas a esse fato.

Outra participante concluiu, dizendo: – Quando fecha o seu setor, muda a escala de folga. Você vai para outro setor, não tem mais as folgas.

Participante: – A escala de folga é a mesma; se aconteceu isso, vai no sindicato".

Percebendo que o grupo já se manifestara sobre vários temas, o Diretor iniciou o aquecimento específico.

Aquecimento específico
Objetivos:
- Verificar interesses de temas para serem trabalhados na sessão.

- Verificar a necessidade de expressão sobre os temas.
- Conhecer as concepções e os sentimentos dos participantes de acordo com o tema sugerido.

O Diretor pediu que ficassem em silêncio e os estimulou a pensar sobre o cotidiano de trabalho. Em seguida, solicitou-lhes que identificassem, em situações do cotidiano de trabalho, fatores que na opinião deles pudessem produzir efeitos desfavoráveis à saúde do trabalhador. Em seguida, sugeriu que refletissem sobre temas relacionados a essas situações e escolhessem um que gostariam de discutir nesse encontro.

Após alguns minutos, pediu que eles se pronunciassem sobre os temas escolhidos e, conforme eles falavam, o Diretor anotava-os na lousa.

Os temas apontados foram:
- Assédio moral no trabalho (duas escolhas).
- Saúde do trabalhador da área da saúde.
- Equipe de trabalho.
- Indiferença no tratamento ao trabalhador doente (duas escolhas).

As duas últimas participantes destacaram que seus temas estavam englobados nos que já haviam sido citados pelos demais. Escolheram assédio moral e indiferença.

Diretor: – Agora... Olhem para os temas descritos na lousa... Pensem que relação eles podem ter com a saúde e/ou doença dos trabalhadores. Verifiquem se esses temas podem ser agrupados, sintetizados em um único tema. O que vocês acham? É possível agrupá-los?

– Todos têm relação, quando a pessoa sofre assédio pode até desenvolver câncer.

– Concordo.

– O direito do trabalhador não é respeitado.

Diretor: – Um exemplo é o que aconteceu com a filha dela.. (referindo-se à situação comentada pela participante no início da sessão)...

Diretor: – Tentem, com esse agrupamento de temas, pensar em uma palavra que possa resumi-los.

Um participante falou em voz alta: – Perseguição.

O Diretor consultou os demais para saber se concordavam ou não com a palavra da colega. Todos responderam afirmativamente.

Diretor: – Então, hoje iremos trabalhar com esse tema. Para isso, gostaria que ficassem em pé. Agora vou dividi-los em dois subgrupos. Prestem atenção na divisão: número 1 vai juntar com o participante número 1, e assim também será com o número dois. Agora temos dois subgrupos. Vocês irão se reunir por um instante e juntos pensarão numa situação para ser apresentada aqui. Não se esqueçam que essa deverá conter os temas descritos na lousa. Vou deixá-los conversando por aproximadamente quinze minutos, depois vamos iniciar as apresentações.

Após o tempo predeterminado, o Diretor dividiu a sala em palco e plateia e solicitou as apresentações. O subgrupo 1 apresentou-se primeiro.

Dramatização
Cena do subgrupo 1

A cena retratou uma situação do cotidiano de trabalho em que uma auxiliar de enfermagem de determinado ambulatório foi escalada para substituir uma colega em outro setor.

O Diretor aproximou-se dos componentes do subgrupo e pediu que eles se apresentassem nos papéis.

Participante 1 – Maria, auxiliar de enfermagem há cinco anos.

Participante 2 – Marta, auxiliar de enfermagem há quatro anos.

Participante 3 – Sueli, auxiliar de enfermagem há seis anos. Sou de outro setor.

Sueli: – Oi, meninas.

Marta: – Oi.

Sueli: – Vocês sabem o que vou fazer hoje aqui?

Marta: – Mandaram você pra cá, não sabemos nada.

Enquanto Sueli dirigiu-se ao local onde estavam os medicamentos, as outras duas auxiliares falavam baixinho e olhavam para ela.

Sueli (auxiliar de enfermagem): – Vou fazer as medicações de que eu gosto. Tem algum problema? Vocês estão se olhando?

Marta: – Não. É porque você já foi pegando as coisas em cima da mesa, tirou o medicamento.

O Diretor aproximou-se da personagem substituta e pediu que ela verbalizasse o que sentia com relação àquela situação.

Solilóquio da Sueli (auxiliar de enfermagem substituta): – Não sabiam nada, agora ficam com descaso e indiferença, criando mágoa.

O Diretor solicitou aos componentes do subgrupo uma palavra que traduzisse o que eles queriam mostrar com a cena.

Palavra do subgrupo: – Indiferença.

A intérprete da Sueli comentou: – Já fui esse personagem: me mandaram pra outro setor, eu fazia meu trabalho e daí me mandaram para outro setor, davam uma prancheta e uma criança no meu colo e eu nem sabia o que fazer, as pessoas do setor não ajudam nada.

Na sequência, entram em cena os componentes do subgrupo 2.

Segundo eles, a situação que seria dramatizada acontecia num ambulatório. Lá havia um funcionário muito faltoso, sempre inventava desculpas para não ir trabalhar.

O Diretor aproximou-se dos participantes e pediu que eles se apresentassem no papel.

Participante 1 – Joana, auxiliar enfermagem há 23 anos.

Participante 2 – Andréia, enfermeira-chefe há três anos.

Participante 3 – José, auxiliar de enfermagem há quatro anos.

A cena foi iniciada com José comunicando-se com o setor, por telefone, para avisar que não iria trabalhar.

José (auxiliar de enfermagem – pensando alto): – Vou ligar para a Joana, avisar que vou levar meu pai no médico.

José (auxiliar de enfermagem): – Alô, Joana, vou levar meu pai no médico.

Joana (auxiliar de enfermagem): – De novo?

José (auxiliar de enfermagem): – É, de novo.

Joana (auxiliar de enfermagem) desligou o telefone e foi falar com a chefe. Chegou até Andréia (enfermeira-chefe) e disse: – Sabe o seu funcionário? Foi levar o pai no médico de novo, cada dia é um que morre.

Andréia (enfermeira-chefe): – Não sei mais o que fazer, o que você acha?

Joana (auxiliar de enfermagem): – Do jeito que ele é, manda pra outro setor.

Andréia (enfermeira-chefe): – Pode deixar, vou falar com ele.

Enquanto as duas conversam, José chegou atrasado ao setor. A enfermeira-chefe foi ao encontro dele e disse: – Olá, José. Preciso falar com você.

José (auxiliar de enfermagem): – Oi, Andréia, desculpa, tive que levar o meu pai no médico.

O Diretor solicitou que José falasse alto o que pensava daquela situação.

Solilóquio do José: – pra mim, tudo que vier pra aliviar meu trabalho está bom, deixa ela se cansar.

O Diretor solicitou que Joana (auxiliar de enfermagem) opinasse sobre a atitude do José. E ela respondeu: – O José é um sem-vergonha, ele às vezes fica dormindo. Aí, chega e fala que tava no médico.

Após as apresentações, o Diretor pediu que o grupo comentasse como foi desenvolver a atividade.

Comentários

– Procurei ser autêntica e copiar um pouco também; algumas horas, as pessoas percebem que foram enganadas.

– Fiz a Marta, pra nós duas foi cômodo, porque sabíamos que a outra iria embora, mas deixamos ela trabalhar e ir embora.

Diretor: – É comum acontecer essas situações nos setores?

– No meu setor tem uma lousa, tem as ordens e os materiais. Pego as coisas e, quando chego na sala, um choque: não tem o material básico. Fiz uma correria para pegar as coisas. Pego tudo, vou tomar café, daí escuto chamando um monte de vezes meu nome. Aí a enfermeira muda a sala em que eu ia ficar, daí entro na sala, novo choque: não tem nada, correria de novo; daí passo para tomar café, escuto de novo me chamar, aí fulana vai no médico, tenho que ficar na sala dela, entro na sala e de novo não tem nada.

– Sou aquele que se preocupa com o outro, sempre tentando tirar ele do setor.

Diretor: – Gostaria que vocês falassem agora sobre os pontos mais importantes que vocês perceberam nas duas cenas.

– Conflito entre a auxiliar e enfermeira.

– Conflito entre a auxiliar e a outra auxiliar.

– Somos a área de serviço, quando nos unimos só ficamos com a enfermeira se quisermos.

Diretor: – Surgiu em algumas cenas o tema sobre assédio moral, como foi colocado no início da sessão?

– Sim, na mágoa que gerou no colega.

Diretor: – E no segundo grupo, o que mais vocês perceberam?

– Tem mais indiferença.

Diretor: – O que é assédio moral?

– Quando fere a dignidade.

– Mexeu com o emocional, ficou magoada, fez o trabalho e sabíamos que ela ia pra outro setor.

– As panelinhas causam desgaste, estresse.

Diretor: – E na segunda?

– O José está pouco se ligando pra quem está fazendo pra ele.

– Eu não penso assim. Alguém foi ver se aconteceu mesmo, foram ver se a mãe morreu mesmo? E o José, como fica? Tem que chamar ele e ver por que ele está chegando atrasado, por que ele está trabalhando em dois lugares? Se ele está estressado?

– Mas isso não acontece aqui.

– Mas é por isso que estamos aqui, pra mudar.

– Outra funcionária pediu para trocar a folga porque a mãe tava doente, tinha que passar pomada na mãe. O superior não quis dar a folga. Ela chorou pra mim, conversei com a chefe e falei que era pra ela se colocar no lugar da outra.

Participante: – Outro dia uma colega não chegava. A gente ligou, o marido atendeu, várias vezes. Aí ela chegou e falou que tava esperando o marido chegar pra levar ele ao médico.

Participante: – Eu trabalho aqui há 18 anos, nunca cheguei às 7h00. Sempre chego às 7h15, 7h20, 7h30. Quando meu horário na escala passou pra 7h30. Pensei: agora vou chegar no horário, aí comecei chegar 7h45, 7h50.

Aquecimento específico

Diretor: – Qual o personagem das cenas que vocês escolheriam para uma próxima atividade?

O Diretor perguntou individualmente e recebeu como resposta que seria escolhida a Sueli (auxiliar de enfermagem substituta da primeira cena).

Diretor: – Por que essa escolha, o que chamou a atenção nessa personagem?

– Porque tem os 'donos' dos setores que ela tem que enfrentar, sair no peito, sempre que vai mudar alguém de setor, sempre vai a novata.

Dramatização

O Diretor perguntou se alguém gostaria de ser essa personagem numa atividade. Uma participante manifestou interesse. Em seguida, o Diretor solicitou que ficassem em pé e deu as consignas:

Diretor: – Comecem a caminhar pela sala lentamente, prestem atenção na personagem Sueli, ela é nova nesse setor. Continuem caminhando e olhando para ela... Como vocês a veem... imaginem que vocês têm uma máscara... essa máscara diz sobre como vocês a veem. Reflitam sobre seus sentimentos usando essa máscara. Agora, observem os demais colegas, olhem no rosto deles... Tentem perceber em seus olhares... nas fisionomias... Que expressão traduzem... Que máscara estariam usando?

Continuou: – E você, Sueli, como se sente nesse ambiente? Como as pessoas a recebem? Quais sensações esses olhares e gestos transmitem-lhe?

O Diretor aproximou-se de uma participante e lhe pediu que falasse em voz alta o que sentia com relação à chegada da colega no setor.

– Ela veio tomar meu lugar.

Diretor: – Qual é a sua máscara?

– De quietinha, eu sou a santinha.

Diretor: – O que você está sentindo?

– Sinto medo de perder meu lugar.

O Diretor continuou caminhando entre os participantes e se aproximou de outra: – Qual é a sua máscara?

– Da falsa, da preguiçosa.

Diretor: – Como você reage à novata?

– Olho para a novata, que bom que ela veio, agora posso sair e ela fica trabalhando, afinal eu já mostrei serviço.

Diretor: – O que você sente com relação a essa situação?

– Tristeza.

E assim, sucessivamente, o Diretor aproximou-se de cada participante a fim de verificar o tipo de máscara que usava, suas sensações e seus sentimentos.

Diretor: – Qual é a sua máscara?

– Fingimento, hipócrita, sarcástica.

Diretor: – Por que essa máscara?

– Porque vou usar a mão de obra e depois vou descartar.

Diretor: – Qual sentimento essa máscara produz em você?

– Sinto tristeza, porque ela é um ser humano.

Diretor: – E a sua máscara, qual é?

– Da maldade pura.

Diretor: – Com essa máscara. Como você percebe a novata?

– Ela tem cara de burro de carga, eu vou fazer compras e, quando acabar o plantão, eu volto.

Diretor: – O que você sente nessa situação?

– Sentimento de vergonha, de ser um ser humano assim.

O Diretor dirigiu-se à próxima participante e perguntou: – E a sua máscara, qual é?

– Sou amiguinha desde que ela tenha feito tudo, se tiver que ensinar algo, eu já rodo a baiana. Eu passei por isso, trabalhava e todos só falavam comigo no final do plantão. Eu era querida, porque eu fazia o melhor que eu podia.

Ao término dessa atividade, o Diretor solicitou-lhes que se sentassem e refletissem como os modos de se relacionar podem produzir efeitos à saúde.

Comentários

Diretor: – Pensem que em nossas relações usamos máscaras.

– O tempo todo.

Diretor: – Pensem nas máscaras que costumam usar no dia a dia. Por que as usam?

– É a necessidade de usá-las.

– Tenho máscara 24 horas por dia. Em cada lugar tenho que tratar de um jeito. A cada duas horas troco a máscara.

Enquanto os participantes comentavam, chegou uma colega. Ela informou ao Diretor que só havia conseguido sair do setor naquele horário.

– Eu uso um monte de máscaras, mesmo em casa, agora a última é a de palhaço, tem que fazer um monte de coisas e servir de chacota das colegas, que eu sou puxa-saco, supervisora, tenho que atuar no lugar de enfermeira e ganho rótulos, mas eu tenho que agir, porque eu não sei o que vai acontecer comigo. A de palhaço eu quero tirar e vou conseguir. Empurram tudo para cima de mim, tem outros que podem fazer, mas preferem dar pra mim.

Uma participante comentou sobre a fala dessa colega, dizendo: – Outro dia fui falar com ela pra fazer uma coisa que eu tava precisando, e ela falou que o povo lá embaixo que se vire: no fim eu que levei.

– Tem uma chefe novata que está há duas semanas lá no setor. A outra está fazendo estágio em outro lugar. Ela está de olho na gente. Na semana passada, tive um atrito com ela, chorei, e só falo 'oi' pra ela.

– Estamos sem enfermeira há duas semanas. Não tem material. O que eu faço? Tem gente pra atender. Hoje eu já ligo pra supervisora.

Outra participante comentou:

– Quando eu perguntei pra minha chefe: como ela arranjou uma funcionária eficiente para pôr no ambulatório, ela disse que pesquisou nos cartões.

– Nunca fui de me gabar, o que eu tenho que falar eu falo na hora, mas se eu estiver errada, eu peço desculpa; agora, se eu estiver certa, você pode está caída aqui, eu não ajudo. Isso é uma coisa ruim, eu sei disso.

– Quero ser sua amiga sempre.

– Sempre me falam isso, porque eu acredito na amizade, porque passo mais tempo com colegas que com a família.

– Eu já fui assim, hoje não sou não.

Diretor: – Alguém mais quer falar?

– Eu tinha uma amiga, vizinha, os filhos comiam na minha casa, ela era apaixonada pela minha filha, ela falava que era muito fina pra nascer na minha família. Então, ela se mudou e perdemos contato diário, ela telefonava, só me procurava quando precisava, mas não deixei de gostar dela.

Após essa fala, o Diretor iniciou outra consigna: "gostaria que vocês comentassem de forma bem resumida como foi participar dessa atividade?

– Chato.

Diretor: – Por quê?

– Desabafo, olharmos para dentro.

– Necessário.

– Desabafo.

– Eu me senti bem.

– Desde que a gente é pequeno usamos máscaras: damos presente pra criança, ela vem feliz; se damos bronca, muda.

– Ela tem importância, seu valor, eu dou muita importância e valorizo muito.

– Eu não acho que nascemos com máscara porque, quando eu falei que chegava atrasada, alguém falou: 'você também é advogada, não tem nada a ver'.

Aquecimento específico
Objetivo:

- Avaliar a percepção dos participantes com relação aos encontros.

Os participantes sentados em círculo.

Diretor: – Hoje é nosso último encontro, ficamos juntas durante aproximadamente seis meses. Neste instante, quero que vocês, silenciosamente, reflitam como foi ter participado do grupo. Algumas compareceram a todos, outras vieram quando podiam, mas todas participaram e trouxeram informações importantes da realidade de cada setor, das vivências do cotidiano de trabalho, dos conflitos de relacionamento, enfim: contribuíram para a realização desse projeto por meio de falas, gestos, desenhos e percepções. Agora é um momento de avaliação, pensar para que serviu estar aqui, verificar se atendeu ou não às expectativas, pontuar questões relacionadas às atividades. Para isso, vamos pensar em dois momentos distintos: um, antes de vir para o grupo; o outro, depois de ter participado. Vou entregar uma folha de papel e vocês vão dividi-la ao meio... assim – mostra como fazer. – Agora que vocês dobraram a folha, imaginem que a parte superior refere-se ao momento anterior, e que a parte inferior representa o presente. Pensem nesses dois momentos, e quando tiverem refletido, utilizem a folha para expressar seus sentimentos, sensações e percepções. Vocês poderão desenhar ou escrever. Escolham a maneira que quiserem, não é preciso se identificar.

Após um tempo, uma participante perguntou se podia entregar. O Diretor pediu para ela aguardar enquanto os demais terminavam.

A participante que havia terminado disse:

– Gente, não é pra escrever carta não.

O Diretor pediu silêncio, lembrando que as pessoas estavam pensando.

Após todos terminarem, o Diretor solicitou que cada uma exteriorizasse o que havia pensado e adiantou que depois recolheria as folhas.

COMPARTILHAR
Eis os relatos:

– Eu achava que não ia mudar nada, mas, com o tempo, vi que podemos melhorar. Estava sem perspectiva; agora, vejo uma luz no fim do túnel.

– Sobrevivendo e vivendo. Sobrevivendo porque quando vi a (colega) chorando, achava que ela tinha que ser tratada, até que eu me vi chorando, porque vi que todos somos iguais, temos o mesmo sentimento. Porque o hospital cresce, e você não tem valor. Hoje, aprendi a conviver com isso, hoje eu vivo; antes tinha muita mágoa. Eu valorizo muito a amizade porque quem tem um amigo não morre sozinho. Eu vi a colega chorar. Eu consegui falar, consegui chorar, vi que o bicho que parecia enorme, na verdade não passava de uma 'pulga'. Hoje eu vivo, porque não passei por um terço do que algumas passaram.

– Por isso que temos que ver a luz no fim do túnel, porque senão como vou rir para as minhas netinhas? Foi bom vir aqui, eu fiz dois anos de terapia, existem bons profissionais em todas as áreas e essa mulher que eu sou hoje, que criei meninos, tenho a minha casa, ninguém roubou, matou. Esse alicerce não veio de pai e mãe, por que não os tive, apanhei de estranhos, cresci sem me prostituir, me parabenizo muito por isso. Meu filho ganha bem, e é filho de pobre. Fui abandonada e consegui me desvencilhar dessa pessoa que me pariu, demorou, mas eu consegui, tenho bons amigos, valorizo muito, digo sempre que os amo. Sou feliz porque meu irmão veio me procurar, não porque gosta de mim, mas porque precisa. Porque eu sou a bastarda, me jogaram no lixo, eles são pessoas más, só ajudei porque meus filhos pediram, conversaram comigo e falaram que sempre ensinei que precisávamos ajudar, e ele está lá morrendo, e eu não tenho coragem de ligar. – Participante emocionou-se e chorou. – Você pegou mulheres maravilhosas para fazer seu trabalho, mulheres guerreiras, uma luta pra sobreviver.

– Quando cheguei, vim preocupada com medo de errar, agora estou sossegada.

– Atitude de desconfiança, quando eu cheguei vim desconfiada, vim no grupo, eu vou sair com outras atitudes, porque não quero me aposentar doente da cabeça. Minhas atitudes vão mudar no lado profissional e pessoal, eu achava que a ... precisava muito e ela falou que só vinha se eu viesse.

– Eu vim de mau humor, brava, cheguei triste, com vontade de chorar, mas não chorei, fiquei só observando, não falei um monte de coisa, mas eu acho que melhorei como pessoa, em casa, no setor, foi muito bom.

– Desde o primeiro dia eu quis vir, fui barrada, a colega que vinha desistiu, aí eu vim desconfiada, aí hoje caiu a ficha que elas eram do centro cirúrgico. Fui contornando as coisas com medo, vendo as meninas hoje que eu posso confiar nelas quando precisar, estou saindo segura, com a máscara que temos que usar.

– Quando cheguei não acreditei, tava desanimada, será que vai adiantar? Vi os problemas que todos passaram, que também tinham problemas. Passei a amá-las. Sei que se precisarmos, temos quem nos ajude. Hoje me sinto esperançosa, apesar de termos que usar uma máscara, acredito que graças ao seu trabalho seremos pessoas melhores. A Luiza foi um instrumento de Deus, já tomamos tantos cálices amargos, e deve ter piores por aí, esse trabalho nos dá experiência para a vida." Enquanto se pronunciava, começou chorar.

– A máscara que era tão forte e hoje já está mais doce.

– Isso porque só tem a velha guarda, não tem as novinhas. Será que na nossa idade elas vão sentir isso?

– Tem meninas novas sentindo isso.

Terminados os comentários, o Diretor explicou sobre o relatório que seria entregue à instituição.

– Você não sente vergonha de ver como somos tratadas pela instituição que é uma referência?

O Diretor falou sobre o mundo do trabalho, explicou que muito dos dados que encontrou ali sáos semelhantes aos de outras instituições.

– Eu não concordo que todas as empresas são assim, porque existem empresas que têm uma filosofia diferente.

Diretor: – Há exceções, e eu não sou a pessoa que vai implementar mudanças, eu vou mostrar para vocês o que pode ser feito.

– Como você viu o nosso sofrimento?

Diretor: – Assim como eu vejo em outros lugares, com reclamações diferentes.

O Diretor falou sobre as diferenças de relacionamentos, afirmando que a própria estrutura dos ambulatórios, afastados uns dos outros, dificulta a interação. Disse que seria importante um espaço em que os trabalhadores pudessem se expressar.

– Há um trabalho da direção em prol dos trabalhadores igual ao seu.

– Mas... E o medo de se expressar e sofrer represália?

– Com relação à ética, escutei um professor conceituado dizer que vai usar o nome da instituição em um ambulatório, e que ele e o outro colega de trabalho iriam ganhar muito dinheiro. Me senti muito mal por ter ouvido isso.

O Diretor encerrou e se despediu do grupo assegurando que, tão logo o relatório estivesse pronto, avisaria o dia da devolutiva.

Tabela 34 - Demonstrativo de sensações e dos sentimentos nos períodos anterior e posterior à participação no Grupo A

Situação Anterior	Situação Posterior
"Quando cheguei para o grupo estava um tanto quanto desiludida, deprimida, quase sem atitude: desconfiada."	"Estou saindo bem melhor e mais confiante."
"Cheguei no grupo com muita curiosidade, me sentindo insegura a cada reunião. O emocional, às vezes chocado, às vezes feliz, por tirar coisas do fundo: insegura."	"Saindo mais segura, vendo a realidade, com mais segurança. Sabendo que a máscara convive 24 horas no ar, e o conhecimento do grupo foi bem, dúvidas com que cada uma foi dispersada."
"Quando eu vim para participar, desse grupo, eu não tinha exatamente em mente qual seria a atividade. Fiquei surpresa com as relações tão iguais no dia a dia das equipes de trabalho. Cheguei calada, observando, analisando. Às vezes, pensava: Meu Deus! O que estou fazendo aqui? Só tem gente problemática, revoltada. Pensei até em não vir mais, mas por pensar eu voltei. Participei, entendi. Vi lágrimas, risos: sobrevivendo."	"Hoje, eu afirmei que meus pensamentos, minhas verdades não eram tão fortes assim. Eu também errava, eu também chorei. Eu vi onde eu tinha que melhorar. Nada é tão perfeito assim. Tem que haver, acima de tudo, respeito pelo ser humano num todo. Acreditar, vencer, realizar. Todos juntos, uma equipe de enfermagem sempre voltada não só para os pacientes, mas também para equipe: mente sadia."
"Quando eu cheguei nesse grupo me sentia pisada, massacrada, sem liberdade para expressar os meus sentimentos e angústias. Esse espaço nos ofereceu oportunidade para uma visão mais ampla: desanimada."	Fez o desenho de um coração e escreveu: *"esperançosa"*. Completou com um texto escrito: *"A Luiza foi um instrumento usado por Deus para fazer esse trabalho aqui conosco, que para mim foi muito proveitoso."*
"Quando cheguei ao grupo, estava ansiosa, apreensiva, com medo de errar. Ao mesmo tempo ansiosa, muito preocupada com meu comportamento: medo."	"Depois fui ficando mais calma e pensativa, comecei a usar esse trabalho como se fosse um tratamento. Comecei a selecionar algumas atitudes de amigos e amigas e estou melhorando as relações com os outros: paz."
Fez um autodesenho em que se expressa chorando.	Desenhou-se sorrindo e escreveu: *"Sorrindo com as colegas"*.

Análise da décima sessão

Essa sessão era a última referente à coleta de dados, na próxima seria feita a devolutiva dos encontros.

Logo no início da sessão, uma participante revelou sua percepção referente à imagem de homem que ficou da sessão anterior. Diz-se chocada ao perceber que: – O homem fica lá sozinho, com tudo aquilo pressionando, a realidade é cruel.

Sua indignação também é a nossa como pesquisadora do mundo do trabalho. Tal qual essa participante, é assim que vemos o trabalhador: sozinho, isolado pelas estruturas que prescrevem a individualização do trabalho decorrente dos modos operatórios. Pressionado pelos aspectos que compõem a complexidade do mundo do trabalho como apresentados no dodecaedro: papel profissional; processo de trabalho; ambiências; remuneração; estrutura temporal; conteúdo do trabalho; questões de personalidade; estrutura hierárquica; fatores psicossociais; políticas de saúde e segurança; desdobramentos institucionais e dimensão relacional. Aspectos esses que fazem aflorar sentimentos de que o mundo do trabalho tem revelado uma realidade cruel.

Notadamente, nos primeiros relatos, os participantes manifestaram conflitos interpessoais decorrentes da estrutura temporal; especificamente, relacionados às escalas de folga.

Como foi mostrado em sessões anteriores, os conflitos entre trabalhadores recém-chegados no setor e os antigos também foram expressos.

Para o desenvolvimento do aquecimento específico, o Diretor buscou temas de interesse nas pessoas do grupo:

– Assédio moral no trabalho (duas escolhas).

– Saúde do trabalhador da área da saúde.

– Equipe de trabalho.

– Indiferença no tratamento ao trabalhador doente (duas escolhas).

Ao juntar esses temas num problema ou situação comum, o grupo expressou palavras relacionadas a conflitos presentes na dimensão relacional. A partir delas, o Diretor direcionou a etapa de dramatização.

Na cena do subgrupo 1, os componentes focalizaram os conflitos enfrentados pelo trabalhador "novato" no setor. Ele é recebido com indiferença e descaso pelos colegas e, diante desse tratamento, traduz um sentimento de mágoa.

Na cena do subgrupo 2, o conflito de relacionamento decorre de problemas relacionados à estrutura temporal, mais precisamente no que se refere ao não cumprimento de escala por um funcionário, o que acarreta sobrecarga de trabalho. O problema do absenteísmo, que pode denotar insatisfação no trabalho, é interpretado de forma preconceituosa.

Diante das manifestações produzidas com relação à figura da "novata", o Diretor introduziu um jogo, o de "consciência da própria máscara", por meio do qual os participantes puderam se relacionar com a novata por máscaras de expressão. Ao tornar-se aquilo que a face expressava, verbalizavam seus sentimentos com relação àquelas atitudes.

Nos comentários, o tempo foi dedicado para se lembrarem de máscaras que cotidianamente necessitam utilizar e compartilharam experiências.

Esse jogo é importante porque

> dependendo do quanto as máscaras são espontaneamente criadas, elas expressam muito dos sentimentos e atitudes mais importantes da pessoa, e dos quais ela podia não estar consciente. (Stevens, 1988, p. 197)

Concluindo, para avaliação final das atividades realizadas, solicitamos a comparação entre dois momentos distintos: respectivamente anterior e posterior aos encontros. Os resultados revelaram que nossos objetivos com relação ao estudo foram alcançados, pois os exercícios deram oportunidade para os participantes reconhecerem e diferenciarem modelos saudáveis e nocivos de relações interpessoais. Permitiram-lhes experimentar alternativas diferentes de lidar com situações conflitantes no cotidiano de trabalho e promoveram a coesão grupal.

Tabela 35 - Demonstrativo dos personagens sociodramáticos emergentes na sessão

Personagens	Caracterização
Ser humano	Sozinho, pressionado.
Colegas de trabalho (auxiliares de enfermagem)	Desrespeitosos, indiferentes, falsos, preocupados consigo mesmos, arrogantes, fingidos.
Auxiliar de enfermagem	Submisso, polivalente, desanimado, folgado, rejeitado, impotente, desrespeitado.
Enfermeira	Ausente.

Tabela 36 - Demonstrativo dos principais sentimentos manifestados na sessão

Aceitação
Indiferença
Desrespeito
Preocupação
Ressentimento
Medo
Indignação
Insegurança
Revolta
Insatisfação
Tristeza
Desamparo
Retraimento
Ingratidão
Tensão
Inveja
Fracasso
Conflito
Confronto
Vergonha
Falta de colaboração
Igualdade
Mudança
Esperança
Desconfiança

Tabela 37 - Demonstrativo das principais necessidades manifestadas na sessão

Compreensão
Expressão
Atenção
Informação
Esclarecimento
Desabafo
Colaboração
Solidariedade
Respeito

Tabela 38 - Demonstrativo das principais preocupações presentes na sessão

Preocupações com o comportamento do outro
Relacionamento
Expor-se
Vinculação
Expressão
Poder

DESCRIÇÃO DA SESSÃO DE DEVOLUTIVA

Data: 29/01/2007

Horário: das 13h00 às 16h00

Número de participantes: 8

Para essa reunião, foram convidados todos os auxiliares/técnicos de enfermagem que haviam participado dos encontros. O contato foi realizado por meio de telefonema feito pelo Diretor; os que ele não conseguiu contatar foram avisados e convidados pela enfermeira que acompanhou o projeto.

Objetivos:

- Apresentar aos participantes os dados que comporiam o relatório.
- Confirmar os resultados da análise.
- Verificar as opiniões dos participantes sobre os itens apontados.
- Atender às sugestões de inclusão e exclusão de dados.

O Diretor chegou por volta das 13h00 para organizar a sala e os materiais. Aos poucos, os participantes chegaram. Aproximadamente às 14h00, iniciou a apresentação.

Como não havia aparelho de multimídia, o Diretor improvisou a apresentação com o retroprojetor. A seguir, entregou uma folha de papel e canetas para os presentes e pediu para que, durante a apresentação do conteúdo, eles anotassem suas dúvidas e sugestões para a elaboração do relatório final.

Quando o Diretor se referiu ao reconhecimento do papel profissional, uma participante apontou que havia necessidade de discutir esse assunto entre os membros da equipe de trabalho, porque nem sempre são reconhecidos por outros profissionais.

Ao término da apresentação da categoria "Estrutura Temporal", quando o Diretor falou sobre o itinerário, uma participante disse:

– Se eu moro na área, tenho que ver quem mora longe, no período que teve aqueles ataques a ônibus. Cheguei às 15h00, mas teve gente que não veio trabalhar. Falaram que quem não veio teve falta. Teve um dia que cheguei em casa às 21 horas.

Outra funcionária disse que nessa situação, quando o trabalhador falta por causas desses imprevistos, deveria haver um acordo para que ele não ficasse com falta.

O Diretor pontuou ter percebido que nessas situações há pressões tanto externas quanto internas, e ambas deixam o trabalhador ansioso.

Outra participante comentou: – Eu sou mineira e percebo que nós que moramos em São Paulo não dormimos bem. Chegamos em casa tem coisa para fazer, dormimos tarde, temos sono preocupado, ficamos preocupados com o horário pra acordar. – Continuou: – Eu não vou ao banheiro durante o dia, levanto à noite toda para ir ao banheiro.

O Diretor seguiu a apresentação, chamando atenção para o limite de tempo. Quando abordou sobre o conteúdo do trabalho, falou do desvio de função e quis saber dos participantes quais eram as funções por eles exercidas que não tinham a ver com a enfermagem.

Listaram as seguintes: *office-boy*, segurança, porteiro. Finalizaram dizendo: – *Tudo sobra pra gente*.

O Diretor discorreu sobre as questões de personalidade. Comentou sobre a adaptação ao trabalho, referiu-se às diferenças de atividades entre setores devido às especificidades do atendimento.

Uma participante o interrompeu, dizendo:

– Eu fiquei um tempão no centro cirúrgico, foi uma mudança muito grande.

O Diretor perguntou: – Agora você está em outro setor. Onde você se sentia melhor?

A participante disse que na clínica, porque o centro cirúrgico é muito fechado.

Uma segunda participante falou que o centro cirúrgico é muito agitado. Ela trabalhou bastante em centro cirúrgico e se sente muito agitada: – Estou aqui, e não consigo ficar sentada.

Seguindo as apresentações, o Diretor discorreu sobre a categoria estrutura hierárquica. Perguntou se sua avaliação sobre a maneira como via essa estrutura estava correta. Disse ter percebido a existência de uma estrutura formal e outra informal, ou seja, existe um chefe descrito no organograma, mas no dia a dia outros também dão as ordens.

Os participantes confirmaram positivamente:

É assim mesmo, todo setor tem o capitão do mato. Todo setor tem aquele que manda e acabou.

– Até certo ponto a hierarquia funciona, depois não funciona mais.

Outra fez uma observação sobre como percebia a situação da diretora de enfermagem: – Ela fez uma campanha pra mudar a reza, mas agora ela está na toca do inimigo – disse, referindo-se ao lugar onde hoje se localiza a sala da diretoria, ou seja, próxima ao superintendente.

Uma participante deu um exemplo sobre descumprimento das promessas feitas pela diretora durante a campanha. Comentou que ela havia prometido resolver o problema do turno de seis horas, mas que até o momento não tinham sido atendidas as reivindicações.

Sobre isso, relatou: – Já saiu o decreto, mas o reitor não deu esse direito para nós. Ele não dá seis horas, alegando que pode ter problemas porque depois terá que contratar mais funcionários para suprir o quadro e será cobrado. Ele vai ter problema e ele não vai colocar o pescoço dele na corda.

Outra participante disse que faz seis horas, todavia tem que pagar doze horas três vezes no mês. Segundo ela, os ambulatórios fecham aos finais de semana e então precisam pagar doze horas em outro dia da semana.

Uma participante relatou que existem escalas diferentes com relação às seis horas. Tem uma diferença de 15 minutos entre as escalas dos trabalhadores internos e as dos trabalhadores dos ambulatórios.

Nesse instante, a professora Frida pontuou sobre as diferenças de contrato de trabalho entre celetistas e estatutários.

Uma participante interrompeu e disse que precisava falar:

– Quero falar sobre os materiais que faltam. Quando chegam, temos que correr atrás. Primeiro é o hospital; depois, o que sobrar fica para os ambulatórios.

O Diretor perguntou: – Como vocês ficam sabendo que chegou material?

Ela respondeu que ligam para informar, e outra acrescentou que é preciso fazer o pedido todos os dias e ficar telefonando para verificar se chegou.

O Diretor sinalizou novamente sobre o limite de tempo e iniciou a apresentação sobre os fatores psicossociais.

Quando se referiu ao espaço de expressão, exemplificou com um discurso presente nas sessões na qual um participante falava sobre a senzala. Nesse instante, a doutora Frida perguntou qual a reação do grupo quando a colega dizia isso. Respostas:

– É assim mesmo.

– É mais ou menos isso: um monte de gente pra mandar e você tem que obedecer, sem ter materiais, condições. Às vezes, tem um monte de trabalho pra você, e outro não tem nada pra fazer porque é puxa-saco.

– Nós tentamos mudar, mas não tem como. Nós não somos chefes. Isso cria atritos entre os colegas.

– Isso aqui é muito mal administrado. A enfermeira-chefe deveria ter aulas de administração. Recebemos muitos não sem querer saber e dar apoio. E outros, ainda, pioram a situação.

– Quando a [colega que usava o termo senzala] se referia aos períodos de vida aqui, que foram difíceis, eu entendi, porque já passei por isso também.

Outra disse: – Tem gente que esconde o que você faz. Cria armadilhas no setor para prejudicar os colegas. Senzalas são momentos.

O Diretor iniciou a apresentação do item "Políticas de Saúde e Segurança".

Uma participante disse: – Eu estou trabalhando há seis meses com o joelho inchado e ninguém quis saber. Aí, outro dia, eu fui ao médico e ele pediu ressonância. Por que não pediu antes?

Na sequência, o Diretor fez a apresentação do item relativo aos "Desdobramentos Institucionais". Uma participante pediu a palavra e relatou: – Outro dia fui na médica, ela fez uma prescrição rápida, aí eu pedi para ela me prescrever um eletro mas a médica falou um monte de vezes que ela iria fazer o pedido porque era critério médico, não porque eu havia pedido.

O Diretor iniciou a apresentação sobre o item "Dimensão Relacional", destacando que, de todos os outros aspectos apresentados, esse foi o que apareceu com relevância nas atividades, sobretudo nos conflitos entre veteranos e novatos.

Participante: – É verdade...

Outra participante comentou: – Sai no mata-mata.

Diretor: – Chega ao ponto de assédio moral?

Participante: – Algumas vezes, sim.

Participante: – Infelizmente tem isso sim, tem uns donos do setor lá que falam até pro pessoal da limpeza por que o funcionário mudou de setor.

Outra participante disse que, nessas situações, à noite ela fica agitada.

O Diretor pediu para ela exteriorizar o que sentia. Como era uma noite agitada?

Participante: – Fico com taquicardia, pensando sobre o que aconteceu.

Dando sequência à apresentação, o Diretor discorreu sobre o sofrimento ético proveniente desses conflitos nos locais de trabalho.

Participante: – A Mascarada.

O Diretor comentou que para tudo na vida há remédio, sendo possível encontrar soluções para os problemas apontados. Comentou que durante as atividades grupais, depois que fizeram a "bula", deram um nome de remédio para esses problemas. Perguntou se eles lembravam que nome era esse.

O Diretor, percebendo que não se lembravam, disse: – Conscientização, não foi esse o nome do remédio que vocês sugeriram?

Participante: – Ah, é verdade...

Outra participante enfatizou: – O nome deve ser Jesus Cristo.

O Diretor continuou a apresentação. Disse ter percebido, no decorrer dos encontros, que o grupo se uniu mais e mostrou as proposições que seriam apontadas no relatório final. Enfatizou ainda a importância de haver espaços para se encontrarem e se expressarem.

Participante: – Sempre tem alguém falando que vai desmanchar a copinha. Acham que nós não precisamos de espaço.

Outra participante comentou: – Onde eu trabalho tem uma bela copa, mas não tem sala pras enfermeiras, nós ficamos embaixo da escada.

Uma terceira acrescentou: – Não pensam nem nos pacientes nem nos funcionários quando vão fazer reformas.

O Diretor atentou novamente para o horário, disse que precisavam encerrar porque o setor seria fechado.

Perguntou se concordavam ou não com o que estava descrito no relatório. Recebeu resposta afirmativa do grupo.

– Não precisa cortar nada.

– Eu acho que está bom.

– Nós nos acostumamos a trabalhar nessas condições.

– Já foi pior, quando eu entrei aqui, o centro cirúrgico era chamado de pavilhão nove, porque tinha três funcionárias que dava medo. Você tinha que enfrentar elas no nível delas e se bobeasse já era.

Uma participante comentou sobre a má qualidade de assistência à saúde dos funcionários e disse: – Quando você vai lá no [setor que atende os funcionários] eles marcam a consulta pra dali 15 a 20 dias. Teve gente que morreu decorrente de descaso.

Outra acrescentou: – A mudança de setor adoece os funcionários: um dia você está num lugar, num outro dia vai pro outro, isso adoece os funcionários; aí ele vira vagabundo, não quer trabalhar, eles têm que ver isso.

Não havendo mais tempo para comentários, o Diretor encerrou a sessão e agradeceu a participação de todos, porém percebeu que os encontros não foram suficientes para que os trabalhadores pudessem expressar tudo o que tinham para dizer.

Dados complementares da devolutiva

Na mesma semana, após a devolutiva para os grupos, o Diretor fez contato por telefone com duas participantes que tinham comparecido a todas as sessões, mas que não estavam presentes na reunião.

Ao falar com a primeira delas, foi informado de que houve um problema de comunicação. Ela fora avisada pela enfermeira sobre a data da reunião durante o período em que estava de férias. E, quando retornou, não recebeu nenhum aviso formal. Então, deduziu que não haveria a reunião naquela data.

Todavia, agradeceu ao Diretor por ter ligado e disse que a participação no grupo foi muito importante para repensar a maneira como se relacionava.

O Diretor agradeceu-lhe pelas contribuições trazidas ao grupo.

A outra participante justificou sua não participação pelo fato de atualmente trabalhar em outro setor, sendo impossível sair durante o expediente.

O Diretor perguntou se a transferência de setor tinha sido espontânea. Ela respondeu afirmativamente. Indagou também como ela se sentia no setor. Ela comentou que ainda estava se adaptando, pois os procedimentos são bastante diferentes dos que ela estava habituada a fazer, mas que se sentia satisfeita no novo posto de trabalho. Agradeceu pela oportunidade em participar do grupo, disse que foi muito útil para ela.

Finalizando o diálogo, o Diretor agradeceu-lhe por sua presença nos encontros anteriores.

6
Análise e discussão dos resultados

> *"A verdadeira viagem de descobrimento não é encontrar novas terras, mas ter um olhar novo."*
>
> (Marcel Proust)

A COMPLEXIDADE DOS DADOS

Durante nosso percurso de pesquisa de campo, ao mesmo tempo que procurávamos captar a realidade, tínhamos o compromisso de compreendê-la, tecendo-a sob o referencial teórico-metodológico sociodramático. Desse modo, a análise aconteceu concomitantemente à coleta dos dados.

As respostas dos atores sociais – participantes da pesquisa – evidenciaram, com expressões verbais e não verbais, relações intersubjetivas de uma microrrealidade. Esta traduzia, também, os temas que constituíam a imagem da macrorrealidade do mundo do trabalho, assim como os problemas da população trabalhadora.

Em nosso papel de observador-participante, captávamos uma variedade de situações e fenômenos observados na própria realidade, mas também percebíamos que já havíamos apreendido manifestações correlatas em outras microrrealidades. Com esses achados, o representativo da macrorrealidade, salientado nas obras de Moreno, foi sendo revelado.

No decorrer dos encontros, delineava-se o drama do mundo do trabalho decorrente de vários aspectos, que dele se originavam e se interconectavam, permitindo-nos uma visão multifacetada desse contexto.

Na representação dos papéis sociodramáticos, os trabalhadores participantes do nosso estudo traziam conteúdos vivenciados por outros trabalhadores, retratando o drama dessa coletividade, que é tão crucial quanto complexo.

Para compreendermos o que havíamos coletado, fizemos uma leitura do material e procuramos desvendar o conteúdo subjacente àquilo que era manifestado nas dramatizações, nas falas, nas expressões não verbais, como os desenhos e outras características do fenômeno que pesquisávamos.

Ao definirmos o foco de sistematização dos dados encontrados, buscamos esquematizar, por meio de uma representação simbólica subjetivada, aquilo que havíamos apreendido.

Nesse momento de análise dos dados, enquanto tecíamos as matrizes de nosso pensamento entre as palavras e os objetos, nossas ideias foram se sistematizando e ganhando formas.

Em nossas sistematizações, deparamo-nos com um conjunto de mensagens transmitidas pelos atores sociais, que revelaram uma multifatoriedade de conteúdos, instigantes pela complementariedade com que se apresentavam.

Tornava-se visível, dessa forma, o grande desafio da leitura desses dados: os problemas essenciais representados formavam um conjunto de complexos constituídos por entidades multidimensionais, que interagiam e retroagiam entre as partes e o todo e o todo e as partes.

Diante do desafio de englobar esses conteúdos, a primeira ação foi desenhá-los, subjetivando o nosso objetivo. Recorremos à figura do círculo, que foi insuficiente para expor a multidimensionalidade dos achados.

Enquanto mergulhávamos na crise de nossa própria incompreensão, paramos por um tempo para observar nossos rabiscos de pensamento.

Começamos a girar a folha de papel em que esboçávamos nosso complexo conhecimento, buscando situar qualquer informação em seu contexto, com o fim de integrá-lo.

Por detrás do círculo complexo, três eram os desafios científicos: o metodológico, a reflexão sobre o objeto pesquisado e a visualização da percepção global dos fatos para constituir uma nova teorização sobre eles.

O desafio metodológico

Desvelar a proposta da metodologia sociodramática aplicada ao campo da saúde no trabalho, ao mundo técnico e científico, mostrando a riqueza de conteúdos por ela traduzidos, para a compreensão do processo saúde-doença no contexto laboral.

O desafio sobre o objeto

Os aspectos das condições e da organização do trabalho, vistos não só em sua constituição, mas também como elementos desencadeadores para um contexto predisponente para o adoecimento no trabalho.

O desafio teórico

A construção de um saber sobre os fatos observados como forma de aprofundar a reflexão sobre o adoecimento da população trabalhadora, um problema crucial de nossa época.

Diante desses desafios e afogados em informações, começamos a murmurar questionamentos sobre o que observávamos no círculo: num movimento de girar para os lados, eis que subitamente uma percepção aflorou e nos permitiu, num primeiro momento, reconhecer que o objeto para o qual olhávamos era o gira-mundo do trabalho.

Os conteúdos ali representados, embora significativos e específicos daquele grupo, tratavam de problemas que vivenciávamos em outros contextos. A coletânea de dados apresentava um momento de discussão atual de questões de saúde no trabalho.

O conjunto de temas relevantes poderia, numa primeira leitura, ser classificado em doze categorias de análise. A primeira versaria sobre o papel profissional; os estudos de Moreno apontam para o adoecimento do indivíduo quando não consegue desempenhá-lo adequadamente.

Mendes (1995), estudioso da patologia do trabalho, também se preocupou com esse aspecto ao descrever sobre a saúde mental relacionada ao desempenho do papel profissional.

Um segundo grupo de temas que comporia essa coletânea de análise tecia considerações sobre o processo de trabalho, que eram narradas pelos participantes, que revelavam os modos operatórios dos postos de trabalho.

O terceiro grupo indicava aspectos relativos à ambiência, colocando à mostra questões sobre as condições de trabalho.

Entre os temas havia também sinalizadores para as questões de remuneração, que mereciam ser citadas porque constituíam um quarto tema emergente no grupo.

A estrutura temporal tinha sido pontuada várias vezes nos grupos; constituía-se, então, num quinto tema a ser analisado.

Um sexto tema trazia indicadores do conteúdo do trabalho, digno de ser analisado quando o assunto é saúde do trabalhador, sobretudo porque permite entender o valor atribuído ao trabalho e as possibilidades de controle e influência do trabalhador sobre suas atividades.

As questões de personalidade também afloraram durante as atividades grupais e mereceram ser pontuadas como categoria de análise, somando-se aos demais grupos.

Num oitavo grupo, listamos indicadores da estrutura hierárquica, marcada pela distância entre a estrutura formal e a real.

O nono agrupamento de temas destacava aspectos relevantes dos fatores psicossociais no trabalho, como: perspectivas no emprego, falta de espaço para dar voz às queixas, percepção sobre desenvolvimento de carreira, entre outros.

Entre esses temas, indicadores de políticas de saúde e segurança também se fizeram presentes e, diante da forma como se apresentavam, evidentemente constituíam um décimo tema relevante para análise.

Queixas quanto aos desdobramentos institucionais também sinalizaram conteúdos importantes de ser pontuados num 11º grupo.

Por fim, um 12º grupo referia-se à dimensão relacional, com temas alusivos à configuração das relações interpessoais, aos problemas trazidos pelas distorções télicas, às questões de incivilidade, entre outros.

O conjunto de temas, com características produtoras de adoecimento, retratava o estado de arte do método sociodramático, ou seja, captar a imagem do mundo do trabalho representada na miniatura, numa microrrealidade.

Frente à consumação dos enredos sociais e individuais representados, percebemos que, enquanto pesquisadora da saúde no trabalho, logramos detectar achados semelhantes a outros contextos estudados. Enfim, giramos o mundo do trabalho, e observamos que os conteúdos se repetiam como um refrão coletivo.

A ideia do gira-mundo remeteu-nos a uma imagem da infância. Quando criança, brincávamos com um objeto artesanal feito de retalhos de tecido, denominado, em nossa comunidade, de gira-mundo. As lembranças, um tanto vagas, não permitiram, num primeiro momento, o resgate da quantidade de partes que compunham aquele objeto. Recordamo-nos da curiosidade de desvendar o início do objeto e também de conhecer seu conteúdo.

Num segundo momento, dominada pela ideia do gira-mundo, entramos em contato com uma artesã que o confeccionava. Para nossa surpresa, era formado por doze partes, geometricamente denominado de dodecaedro. A curiosidade da infância novamente se aguçou, agora orientada para a compreensão do problema estudado.

A imagem do círculo foi abandonada, mas não poderíamos avançar em nossa análise, sem compreender a apropriação desse saber, bastante singular perante essa resposta simbólica, pois "uma característica distintiva do símbolo reside justamente no fato de estar no meio do caminho entre as palavras e as coisas" (Carrara, 1994, p. 42).

Esse mesmo autor, citando Durkheim, diz que símbolos bem fundados são conceitos construídos; daí a importância de conhecer a simbologia do dodecaedro.

Em Chevalier e Cheerbrant (2001), encontramos vários significados simbólicos relativos a essa figura geométrica. Para os autores:

> o poliedro de doze faces deriva do pentagrama: doze pentagramas que se toquem por um lado e se liguem por uma espiral compõem, uma vez direitos no espaço, o sólido conhecido como dodecaedro. Essa passagem da segunda para a terceira dimensão, a partir do pentagrama, é considerado por Matila C. Ghyha como o arquétipo do crescimento dinâmico. (p. 345)

Ainda, segundo esses autores, o dodecaedro tem o papel de exprimir o universo todo. Por isso foi dotado, na tradição pitagórica, das propriedades as mais surpreendentes, de ordem matemática, física e mística.

Citando Léonard Sanint-Michel, acrescentam:

> O dodecaedro não é só a imagem do Cosmo, ele é o seu número, a sua fórmula, a sua ideia. A terra dos Bem-Aventurados exibe essa forma. É a realidade profunda do Cosmo, a sua essência. Pode-se dizer, sem que isso implique em força de expressão, que o dodecaedro é o próprio Cosmo. (Chevalier; Cheerbrant, 2001, p. 345)

Sobre a simbologia dessa figura, vale acrescentar ainda que "o dodecaedro, construído segundo as proporções da razão áurea ou número áureo (e a partir do pentagrama, cujo poder benéfico é conhecido), é das formas a mais rica em ensinamentos eurrítmicos, cosmogônicos e metafísicos" (Chevalier; Cheerbrant, 2001, p. 345).

Encontramos, nessas concepções, a representação das descrições da Cosmovisão Moreniana, por meio da qual o precursor da metodologia sociodramática "articulou o sentido de seu trabalho e de toda sua preocupação, para compreender e favorecer o que denominou de fome de transformação humana" (Menegazzo *et al.*, 1995, p. 65).

Ao conceituar "fome de transformação" remeteu-se à essência da capacidade criadora do homem. Segundo Menegazzo *et al.* (1995), ao proferir uma conferência para explicar esse conceito, Moreno comparou-o à "sensação de paraíso perdido transformado na busca da Terra Prometida". Todavia, com esse conceito, Moreno procurou explicar o drama humano no caminho do crescimento.

Esse sentido cosmológico para explicar sua visão de homem e a relação deste consigo mesmo, com o outro e também com o mundo configura uma perspectiva precursora da questão, inaugurada na obra moreniana.

Dessa maneira, Moreno expressou a importância da disponibilidade humana para o ato criador, em que "a única realidade perceptível é o fruto da criação, a criatura, e não a própria criação" (Chevalier; Cheerbrant, 2001, p. 295).

Em sua obra, o conceito de espontaneidade está intimamente relacionado aos conceitos de criatividade e liberdade, vinculados à visão cosmogônica.

> Em um sentido cosmológico, a espontaneidade se opõe à energia física que se conserva. No psicológico, desenvolve no homem um estado de perpétua originalidade e de adequação pessoal, vital e existencial à realidade que se vive. Se em sua dimensão filosófica é a explicação da constante criatividade do mundo, na individual pressupõe uma concepção do homem como gênio em potencial. A dimensão cosmológica encontra-se subjacente a todo julgamento posterior. (Martín, 1984, p. 121)

Pensar o mundo do trabalho sob a ótica moreniana implica, pois, recorrermos a uma visão cosmogônica no sentido de poder compreender a complexidade dos fatos observados. Se o mundo do trabalho está em constante transformação, deve existir algo que impulsione essas alterações. Seria a espontaneidade o elemento mediador agindo como propulsor das constantes mudanças no contexto de trabalho?

Voltando aos nossos dados, agora poderíamos expressá-los numa sinopse gráfica à guisa de um esforço para explicar o interjogo dos temas relevantes, denominados de doze categorias de análise, cada qual com seus subtemas, também conectados numa visão cosmológica.

Diante disso, conforme descrito por Morin (2003), para essa construção gráfica era preciso substituir o pensamento que isolava e separava por um que distinguia e unia. Era "preciso substituir um pensamento disjuntivo e redutor por um pensamento complexo, no sentido originário do termo *complexus*: o que é tecido junto" (p. 89).

Uma visão sistêmica sinalizava a interação dos complexos, pois cada pentagrama relacionava-se com outro e apresentava um conjunto de aspectos que interagiam, formando um conjunto de partes complexas que convergiam para constituir um todo organizado.

Figura 19 - Demonstrativo do "gira-mundo" do trabalho

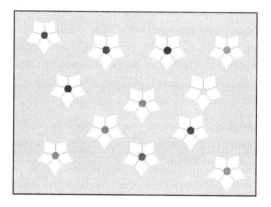

De acordo com Seixas (1994, p. 130),

> epistemologicamente falando, o sociodrama sistêmico cibernético apoia-se numa visão sistêmica construtivista do mundo que, entrelaçando-se com dois conceitos morenianos básicos (espontaneidade e tele), gera uma concepção peculiar do homem, de universo, do objeto da terapia, e do terapeuta.

Nesse sentido,

> dentro de uma visão sistêmica, entendemos como sistema um conjunto de partes ou elementos de uma realidade que, desenvolvendo ações interagentes, guardam entre si relações diretas de interdependência e controle total devido ao relacionamento entre eles. (Seixas, 1994, p. 130)

O pentagrama tem uma simbologia múltipla, porém está sempre fundamentado no número cinco, que, por sua vez, na concepção de Chevalier e Cheerbrant (2001), exprime a união dos desiguais. Segundo esses autores, o pentagrama representa também o microcosmo, já que a junção de doze representa o Cosmo. Exprime, também, um poder feito da síntese de forças complementares.

Segundo esses autores, o pentagrama, na tradição pitagórica, "era chamado de higia (de Higia ou Higéia, deusa da saúde) e as letras que compunham essa palavra eram colocadas em cada uma de suas pontas" (p. 707).

Por analogia, os subtemas foram descritos nas pontas dos doze pentagramas, representados por palavras cujo conteúdo se relacionava com o conceito de saúde no trabalho.

Finalizando nossa estruturação gráfica, observamos que cada categoria deveria ser pensada dentro de seu contexto; ao mesmo tempo que seus subtemas eram complementares, as categorias eram interdependentes. Por conseguinte, não bastava inscrever todas as categorias e seus subtemas; era preciso procurar

> as relações e inter-retroações entre cada fenômeno e seu contexto, as relações de reciprocidade todo/partes: como uma modificação local repercute sobre o todo e como uma modificação do todo repercute sobre as partes. (Morin, 2003, p. 25)

Diante dessas concepções, verificamos a existência de uma complexa interação entre aspectos físicos, psicológicos e sociais relevantes para a compreensão do processo saúde-doença no trabalho, os quais ultrapassam a análise de sua causalidade e multicausalidade.

Caberia, então, nesse momento, tentar contribuir para a correção dessa lógica clássica, do campo da saúde no trabalho e, através de uma análise sistêmica dos dados, estender o conhecimento pelo reconhecimento da integração do todo no interior das categorias, sem ignorar o subjetivo, o afetivo e o criador.

A ideia de sistema foi introduzida para pontuar também os aspectos que fazem parte da organização do trabalho.

Para facilitar nossa compreensão, seguimos os sete princípios descritos por Morin (2003):

1. O princípio sistêmico: mostrou-nos que era impossível conhecer a organização do trabalho, sem conhecer as partes que a compõem.

2. O princípio hologrâmico: os pentagramas colocavam em evidência que há uma complexidade na organização do trabalho, em que não apenas a parte está no todo, como também o todo está inserido nas partes. Em cada ponta dos pentagramas, a quase totalidade do objeto pesquisado estava representada.

3. O princípio retroativo: de modo similar, porém mais complexo, a dinâmica da organização do trabalho é regida por um conjunto de sistemas reguladores

baseado nas múltiplas retroações entre os subtemas. Numa forma negativa, o sistema pode vir a ser desestabilizado. Essa desestabilização dos modos de funcionamento da organização do trabalho pode sofrer uma reação ainda mais violenta devido a fenômenos políticos, sociais, econômicos e psicológicos, o que, consequentemente, produzirá pressões internas e externas nas instituições, podendo gerar um contexto predisponente para o adoecimento dos trabalhadores.

4. O princípio recursivo: num circuito girador, o homem, na sua relação com o trabalho, é produto e efeito daquilo que produz. Os indivíduos são os mantenedores do sistema e construtores de culturas institucionais. Isso ocorre porque a característica do padrão, em um sistema, é a circularidade. Isso quer dizer que os padrões de interação entre os pentagramas tendem a se repetir recursivamente, alternando-se e se modificando. Esse efeito recursivo dita os modos de funcionamento da organização do trabalho, que não é estática, mas sim dinâmica.

5. O princípio de autonomia e dependência: os pentagramas autoorganizados estão formados por elementos em fluxo permanente, circularmente entrelaçados entre si, que em nível global geram como emergente um padrão instável que é o que reconhecemos como sistema autônomo (Seixas, 1994, p. 130).

6. Princípio dialógico: os pentagramas unem-se, mas são indissociáveis em seus aspectos.

7. Princípio de retroação de conhecimentos: para desenvolver o conhecimento sobre a organização do trabalho, é preciso conhecê-la. Para conhecê-la, é preciso compreender os significados retratados pelas representações do coletivo de trabalhadores num determinado contexto. A reforma do pensamento sobre o processo saúde-doença no trabalho deve, portanto, integrar a cultura da população trabalhadora com a do mundo dos engenheiros, médicos, psicólogos, sociólogos, pensadores. Desse modo, essas duas culturas, quando colocadas em comunicação, poderiam propiciar soluções para os problemas que afetam a realidade do mundo do trabalho.

Para Moreno, o homem é algo mais que um ser biológico, psicológico, social e cultural; é um ente cósmico. Portanto, no centro do dodecaedro, estaria, então, o homem atuando como um liame, prendendo ou ligando uma coisa a outra, girando o mundo do trabalho, sendo este último um cosmo em devir. É nesse universo que o homem se esforça para realizar seus projetos, lugar do fazer e do construir.

De acordo com essa perspectiva, portanto, se o mundo do trabalho é estruturado cosmologicamente, está vinculado ao arquétipo da situação criadora (obrar, construir, estruturar, dar forma, informar, formar).

Observa-se, contudo, que o trabalho implica as noções de prazer e de sacrifício (opostos, dualidades). Trabalhando, o ser humano dá forma a uma matéria e participa da energia primordial para modificá-la, o que não se dá sem luta, daí o sacrifício. Na outra face, está o prazer, a lei energética da criação.

As doze categorias que formam o dodecaedro simbolizam a complexidade interna do mundo do trabalho, representam o complexo espaço-tempo e o número da ação, pois estão em constante movimento. O sistema sempre tenderá a reagir globalmente a qualquer estímulo produzido em qualquer de suas partes. Assim, promover fortes mudanças e seu ajustamento deve ser um processo contínuo.

Os pentagramas são regidos pela relação do homem consigo mesmo, com o outro e com o mundo. As situações ansiogênicas provenientes do movimento dos pentagramas podem bloquear a espontaneidade pois geram desequilíbrio e desarmonia. A doença do homem na sua relação com o trabalho é, portanto, uma consequência desse contexto.

A organização do trabalho é um organismo vivo que exibe um alto grau de estabilidade. Contudo, essa estabilidade é profundamente dinâmica e caracterizada por flutuações contínuas, múltiplas e interdependentes; por conseguinte, para se constituir como um sistema saudável, a organização do trabalho precisa ser flexível, visto que a rigidez bloqueia a espontaneidade do trabalhador.

A rigidez da organização do trabalho, caracterizada por cadências, estilos de comando, controle, ambientes, repetitividade dos gestos, monotonia das tarefas, entre outros aspectos, robotizam o homem direcionando-o para a psicopatologia.

A saúde no trabalho, portanto, é uma relação de bem-estar, resultante do equilíbrio entre o trabalhador e os modos de funcionamento da organização do trabalho, que envolve os aspectos físicos e psicológicos do organismo, assim como as interações com seu meio ambiente natural, social e espiritual.

Para compreender a complexidade do mundo do trabalho e sua relação com o processo saúde-doença dos trabalhadores, faz-se necessário o conhecimento da totalidade dos aspectos que envolvem esse contexto. A ciência, nessa área, evoluirá com a descoberta das realidades específicas. A junção dessas microrrealidades proporcionará a compreensão mais sistematizada do todo. Portanto, o binômio saúde-doença será entendido com foco nas microrrealidades, ou seja, nos pentagramas.

O objeto do sociodrama no campo da saúde laboral é a organização do trabalho com sua estrutura relacional própria. Para nós, o adoecimento do trabalhador emana da relação que ele estabelece com a organização do trabalho.

Nesse sentido, podemos dizer que a realidade do mundo do trabalho apreendida subjetivamente pelo trabalhador é constituída por um conjunto de relações. Se a relação homem-trabalho se caracteriza por relações espontâneas, ela se torna prazerosa; porém, se estabelecida por uma injunção despersonalizante, faz emergir uma vivência de sofrimento, e o adoecimento é notoriamente evidenciado.

Nessa relação, pode ocorrer um estresse temporário, resultante de desequilíbrios momentâneos como, por exemplo, mudanças de gerenciamento. Por outro lado, pode ocorrer um estresse crônico, prolongado, decorrente de constantes pressões, o qual desempenha um papel significativo no curso de muitas doenças.

Como essa estrutura é invisível, o sociodrama focado no entendimento do processo saúde-doença no trabalho deverá ser conduzido de tal forma que os trabalhadores possam exteriorizar sua trama relacional com a organização do trabalho. Isso se torna possível por meio de papéis no cenário dramático, facilitando a percepção e possibilitando a cocriação de respostas novas ou adequadas durante a dramatização.

Dessa maneira, por meio das técnicas de ação, os trabalhadores poderão produzir percepções alternativas de sua realidade cotidiana e coparticipar das sugestões para criação de proposições que favoreçam um ambiente de trabalho saudável.

A ação dramática, por natureza, libera a espontaneidade permitindo que o indivíduo desenvolva a percepção de si, do outro e do contexto onde está inserido, podendo, assim, produzir modificações sistêmicas e, portanto, alterar os aspectos da organização do trabalho.

Tome-se como referência a explicação de Seixas (1994, p. 138)

> de que a interação entre papéis e contrapapéis é a menor unidade sistêmica existente e que, uma vez alterada e "telificada" a relação de uma dessas unidades, esta transformação terá fora da sessão, além da concepção de que modificando-se uma das partes de um sistema, este se transforma na sua totalidade, devido a característica de sua globalidade.

Essas considerações levam-nos ao rumo da seguinte reflexão: como alterar a dinâmica da organização do trabalho, sem modificar as relações humanas, e como modificar as relações humanas no trabalho, sem alterar a dinâmica da organização do trabalho, posto que uma produz a outra?

Eis, portanto, uma perspectiva que nos leva a procurar um elo complexo entre o trabalhador e o trabalho. Nessa relação, o indivíduo é o produto de um ciclo de reprodução e também reprodutor de um ciclo, já que é ele que cria os modos de funcionamento da organização do trabalho. Portanto, o ser humano é ao mesmo tempo produto e produtor da organização do trabalho, complementando-se no duplo papel: o de vítima e o de vitimizador.

Como vitimizador tornou-se o operador econômico da construção do sistema capitalista, na medida em que ele próprio é uma peça interna no aparelho, pois ambos se retroalimentam.

Contrapondo esse papel, encontramos o homem vítima de sua própria construção. O sistema que o alimenta também apaga nele aspirações e possibilidades e o comprime por meio de um trabalho às vezes forçado e tecnificado.

Esse estado de coisas explica, sem dúvida, a confusão de nossa época.

A massa pós-moderna não tem ilusões: sabe que trabalhará sempre para um sistema, capitalista, socialista, ou marciano. Por isso ela não crê no valor moral do trabalho nem vê na profissão a única via para a autorrealização. (Santos, 2005, p. 92-93)

Ainda, segundo esse autor, a condição pós-moderna dificulta o sentir e o representar do mundo em que se vive. Por isso, a metodologia sociodramática faz-se necessária, pois, por meio dela, os trabalhadores poderão sentir e representar para si mesmos o mundo do trabalho em que estão inseridos. Como confirmação disso, seguem os resultados de nosso trabalho.

RESULTADOS E DISCUSSÃO

Os procedimentos utilizados permitiram-nos avaliar aspectos das relações interpessoais e conhecer alguns fatores relativos às condições de trabalho que consideramos importantes e dignos de serem apresentados. Para uma melhor visualização dos resultados, agrupamo-los em doze categorias, a saber: Papel Profissional, Processo de Trabalho, Ambiências, Remuneração, Estrutura Temporal, Conteúdo do Trabalho, Questões de Personalidade, Estrutura Hierárquica, Fatores Psicossociais, Políticas de Saúde e Segurança, Desdobramentos Institucionais, Dimensão Relacional. Todas elas estão descritas na sequência, e pontuamos, sucintamente, os principais temas trazidos pelos participantes sobre o contexto de trabalho.

Papel profissional

Figura 20 - Demonstrativo de pentagrama

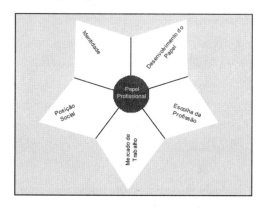

O conceito de papel, sob a ótica da filosofia moreniana, é levado a todas as situações de vida, "pois seu processo de desenvolvimento começa com o nascimento e continua por toda a existência do indivíduo e sua participação na sociedade" (Menegazzo *et al.*, 1995, p. 141).

Nesse sentido, o papel profissional faz parte dos papéis sociais, mas possui uma área privada vinculada diretamente ao eu e apresenta particularidades próprias. Assim sendo, nele se incluem também os motivos e aspirações relativas à *escolha da profissão*, pois

> profissão é um acervo de conhecimentos específicos e técnicos de um determinado conhecer e fazer, acrescido das vivências e situações vividas durante o percurso não só de formação desse profissional como de tudo que antecedeu à sua entrada na profissão. (Datner, 2006, p. 40)

Diante dessas concepções, vê-se que o trabalho direciona o indivíduo para sua *posição social*, pois

> o trabalho, comparece como um mediador entre ordem individual e social: não vale apenas pelo que representa enquanto garantia de sobrevivência, mas também por ser capaz de assegurar ao indivíduo as especificidades que o identificam e os distinguem dos outros indivíduos. (Araújo, 1999, p. 238)

Datner (2006) distingue papel profissional de papel funcional. Ela considera "o papel profissional um dos tantos papéis do conjunto de papéis que a pessoa desenvolve durante a vida. Pertence à pessoa e não à organização. Esse papel é assumido na ação de trabalhar, independentemente do cargo assumido" (p. 40-41).

Já o papel funcional, na opinião da autora, refere-se à descrição de um cargo para atender às exigências de uma organização.

Nesse item, discorremos sobre o papel profissional, ou seja, "o conjunto de competências pessoais relacionadas com o trabalho e que possibilitam à pessoa assumir um cargo numa empresa" (p. 41).

Compreendemos que, nas relações homem-trabalho, comportam-se relações de identificação, na medida em que inscrevem marcas na imagem de si e do mundo que são internalizadas como pertencentes ao sujeito (Araújo, 1999). Assim sendo,

> o trabalho, através de seu duplo caráter, realiza também um movimento duplo no processo de construção social de identidade do sujeito: conforta no campo objetivo de condições de produção-reprodução do sujeito e permite também o jogo simbólico, a inscrição de significado humano no mundo. (p. 238)

Com base nessas concepções, pudemos apreender, durante as atividades grupais, alguns aspectos relativos ao papel profissional no grupo estudado. São descritas na sequência:

Com relação ao papel profissional, demonstraram forte identificação, manifestada por meio de desenhos, discursos e também nas cenas.

> *"O primeiro paciente que cuidei, eu tinha 17 anos. Ele tinha tuberculose. Os médicos disseram: 'joguem a menina pra cuidar dele; se ela pegar, não vai fazer falta no hospital'. Cuidei dele com muito carinho, amo a enfermagem, o... [instituição] é como se fosse minha casa."*

O reconhecimento dos doentes pelos cuidados recebidos foi enfatizado como fonte de autoestima, satisfação e prazer.

> *"A profissão de enfermagem preenche o meu ego, tudo pra mim é muito bom, tudo eu faço com muito amor."*

> *"Fechei os olhos e lembrei de um paciente de que cuidei. Ele fazia hemodiálise e, toda vez que ele me via descendo as escadas, ele cantava... Linda, só você me fascina.... Amava esse paciente, sempre me apego a alguém de que eu cuido. Quando ele morreu, parecia que eu tinha morrido junto. Tenho o disco, o CD com a música que ele cantava pra mim."*

Em suas manifestações, foi possível apreender que os trabalhadores percebem a profissão de enfermagem como um alicerce para o bom funcionamento da instituição. Uma das participantes, ao se expressar, fez uma pirâmide utilizando as mãos e disse que via a enfermagem na base, como sustentação da instituição. Verbalizou ainda:

> *"O poder também está em nós. E ninguém vê isso. O poder está em nossas mãos. Nós não sabemos, temos medo."*

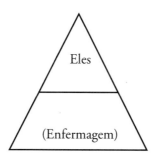

Observamos que eles valorizam o trabalho que executam e reconhecem sua importância para a sociedade.

"Quando fechei os olhos, eu imaginei só coisa boa; fechei os olhos e pensei 'quero ver os olhos de quem precisa de amor', quando você cuida do paciente, você vê os olhos dele brilhando. É um coração vermelho que pulsa, pulsa, com muito amor. Eu me arrumo para meus pacientes, gosto quando eles falam que estou bonita, cheirosa. Eu não penso em me aposentar. Eu não falo do lado feio da enfermagem."

Durante as atividades, denunciaram a imposição de bloqueio à manifestação das emoções frente ao trabalho. Eis um discurso:

"Às vezes, você tem que esquecer da sua dor. Se você perde um filho, uma mãe, acabou a licença você tem que estar lá para trabalhar. E sempre tem que chegar com um sorriso. Com o chefe, com a equipe de trabalho, você tem que estar sempre sorrindo. Você tem que se manter, ninguém reconhece o que você faz."

O papel profissional apareceu também ligado à busca de garantia da subsistência, mediado por sentimentos de luta, persistência e esperança e por desafios impostos pelo *mercado de trabalho*, sobretudo no que se refere às oportunidades de emprego.

As experiências adquiridas nas trajetórias e travessias profissionais, dentro e fora da instituição, e as estratégias empregadas para vencer os obstáculos são manifestadas como fonte de orgulho.

A prática dos profissionais da enfermagem é complexa, na medida em que o cuidar define a essência do trabalho. Telles (2006) destacou o dicotômico sentido do cuidar nessa profissão, esclarecendo que o cuidado técnico se caracteriza pela extensa gama de procedimentos realizados durante os atendimentos, e o cuidado humano, pelo contato mais efetivo com o paciente, no atendimento de sua dor e seu sofrimento. O comprometimento desses profissionais com a saúde do ser humano, na disponibilização dos dúplices cuidados, apresenta-se também descrito no Código de Ética da enfermagem, o qual prescreve que a atuação deverá proteger, promover e recuperar a saúde (Brasil, 1995).

Daí, o temor de perder o COREN (Registro Profissional), caso não consigam desempenhar adequadamente o papel em conformidade com as diretrizes regulamentadoras da profissão.

Em vista disso, a atuação profissional pressupõe responsabilidade, cuidados, dedicação, amor e apego aos pacientes. Nesse sentido, tornar-se trabalhador de enfermagem não passa apenas por uma questão de identificação, mas também se reproduz na relação estabelecida com o ofício, mediante a prática do cuidar.

Com relação ao papel profissional, observamos que, para solucionar os problemas e manter a qualidade do atendimento, às vezes os trabalhadores têm de providenciar, por si próprios, materiais básicos e levá-los para o setor. Esse procedimento, ao mesmo tempo que cria expectativas de reconhecimento futuro, traz sentimento de revolta, pelo fato de o trabalhador não dispor das condições para o adequado *desenvolvimento do papel profissional*, que é dar assistência ao doente da forma como gostaria.

Se, por um lado, percebe o reconhecimento advindo dos pacientes, por outro, sente que há na instituição alguns obstáculos que impedem o bom desempenho do papel. Dentre esses, destacaram-se a falta de infraestrutura em alguns locais de trabalho, a falta de materiais básicos para prestar assistência de qualidade, como papel higiênico, copos e até mesmo luvas em alguns setores. Esses obstáculos institucionais tornam-se empecilhos para a completa e almejada prestação de assistência aos pacientes e, assim, constitui uma fonte geradora de sentimentos negativos, como impotência, revolta e frustração.

Ainda no que diz respeito ao papel profissional, vimos que ao mesmo tempo que o trabalho é estruturador, sendo via de construção da identidade, satisfação e do prazer, pode também, sob determinadas condições, constituir-se em elemento patogênico ao homem, na medida em que seu desenvolvimento fica bloqueado pelos modos de funcionamento da organização do trabalho.

Para Moreno (1978), o desenvolvimento de papéis está alicerçado na espontaneidade criadora, e ele ainda considera ser o espaço psicodramático/sociodramático o lugar para a recriação.

Como poderíamos, então, considerar o papel profissional como um aspecto de merecida análise no processo saúde-doença no trabalho?

Para Moreno, o bloqueio da espontaneidade deve-se ao aumento da ansiedade. Segundo ele, quanto mais ansiedade, menos espontaneidade. E, assim, no mundo do trabalho, o adoecimento do trabalhador pode vir do estado de ansiedade produzido pela "opressão oficial", mediante os modos de funcionamento da organização do trabalho. Podemos pensar esse impacto à saúde em diferentes situações, como quando ao trabalhador é imposta uma função que ele não deseja cumprir. Além de caracterizar o desvio de função, trazendo problemas de ordem jurídica, pode também tornar-se um estado de permanente frustração. Ou, então, quando o trabalhador desempenha o papel que escolheu, porém não como desejaria, podendo emergir dessa situação os sentimentos de impotência e medo, sobretudo, porque as atividades desenvolvidas não condizem com as prescritas no Código de Ética da Profissão. O código profissional, pelas suas normas de conduta, produz reservas que, no dia a dia são enfrentadas à medida que o prescrito entra em conflito com o real.

Nas cenas e nos discursos, percebemos que a falta de materiais para prestar assistência ao paciente afeta brutalmente a autoestima dos trabalhadores, pois em muitas situações eles têm de assumir o cuidado dos pacientes, mesmo diante das dificuldades diante das condições de trabalho.

Processo de trabalho

Figura 21 - Demonstrativo de pentagrama

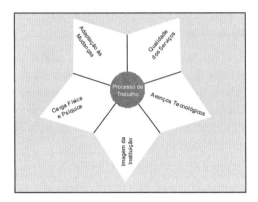

O processo de trabalho faz parte da organização, refere-se aos modos operatórios e à divisão do trabalho entre os indivíduos. Desse modo, os "processos de trabalho compreendem formas específicas de conceber e executar as tarefas, envolvendo operações diversas orientadas à produção de um produto ou prestação de um serviço" (Araújo, 1999, p. 239).

Ainda, segundo esse autor, "no processo de trabalho entram em cena redes dinâmicas de relações do homem com a natureza, do homem com os outros homens e do homem consigo mesmo" (p. 238). E, na sua concepção, "é através da análise do processo de trabalho existente que se pretende identificar as relações que estruturam e organizam o cotidiano das pessoas no trabalho e confirmam a determinada percepção de riscos à saúde" (p. 239).

Por meio dos procedimentos utilizados em nossa coleta de dados, apreendemos alguns elementos objetivos e subjetivos referentes ao processo de trabalho da enfermagem, que podem contribuir para o aumento da *carga física e psíquica* desses profissionais. São eles: responsabilidade por pessoas; responsabilidade pela segurança dos pacientes mediante a introdução de procedimentos; responsabilidade por valores materiais (máquinas, equipamentos, entre outros); ciclos repetitivos de trabalho; exigências biomecânicas impostas por equipamentos; exigências posturais; demandas de discriminação precisa, como visão, audição; demandas de atenção e concentração elevadas; mudanças no processo de trabalho devido a reformas nos setores, implementação de novas tecnologias, transferência de postos de trabalho, entre outras; atividade de intensa carga emocional devido ao contato diário com pessoas que necessitam de apoio e vivem em situações de sofrimento; outros fatores, como cuidados de segurança pessoal relacionados à execução de atividades que envolvem riscos químicos e biológicos.

Dentre as principais queixas relacionadas ao processo laborativo, prevaleceram as associadas à sobrecarga de tarefas. Do ponto de vista físico, o cansaço nas manifestações dos participantes advém, principalmente, do esforço muscular excessivo despendido para executar as atividades diárias.

Para garantir que o processo de trabalho caminhe de forma adequada, quando veem que a assistência aos pacientes pode ser prejudicada pela falta de infraestrutura, entram em situação de tensão. Para o enfrentamento desse problema, a alternativa é a busca de controle e, então, criam estratégias individuais e coletivas para a manutenção do sistema e também novas formas de evitar a queda na *qualidade dos serviços* prestados.

Ainda em relação ao processo de trabalho, a sobrecarga concorre para o "efeito dominó" e culmina no comprometimento da saúde do trabalhador: inicia-se com a tensão provocada pela urgência em atender muitos pacientes nas filas, o que demanda ritmo e volume intenso de atividades; complica-se com o reduzido número de profissionais de plantão e a inexistência de substitutos, mormente para suprir ausência de funcionários comprometidos com férias, faltas e atrasos; agrava-se com a falta de solidariedade e de esforço de alguns deles para com a equipe; os inevitáveis sentimentos de raiva, mágoa e frustração, por sua vez, exteriorizam-se em acusações mútuas. Enfim, a sobrecarga pode tornar-se fonte de cansaço e insatisfação e evoluir para o absenteísmo, o que gera fragilização no trabalho, e esse contexto instaura toda sorte de condições propícias ao adoecimento físico e psíquico dos trabalhadores.

Quanto às características das atividades, requerem destaque a rotinização de alguns procedimentos e a dependência de outros profissionais. No índice de competências, a resolução de problemas envolve a capacidade de iniciativa; entretanto, a autonomia da enfermagem delimita-se a tomadas de iniciativa que contribuam para o bem-estar dos pacientes, não se estendendo a outras dimensões, sobretudo com relação a procedimentos que demandem prescrição.

Cotidianamente, esses profissionais necessitam adaptar-se às mudanças inseridas no processo de trabalho e à implementação de novos equipamentos decorrentes do *avanço tecnológico*. Também o processo de *adaptação* a essas inovações caracteriza situações ansiógenas e, portanto, danosas à saúde.

A globalização gerou no mundo do trabalho novas exigências de mercado, dentre as quais se destaca a busca pela qualidade total nos produtos e serviços ofertados. Diante desse panorama, os trabalhadores tentam a qualquer custo preservar a *imagem da instituição* como forma de assegurar sua sobrevivência e, ao mesmo tempo, manter seu *status quo* diante do mercado e da sociedade.

Nesse sentido, deparamos com o trabalhador capturado por um mecanismo de persuasão perversa de sustentação da imagem do sistema institucional. Conforme descreveu Pagès *et al.* (1990), "trabalhar numa instituição implica a adesão a todo um sistema de valores, a uma filosofia, e é esta adesão ideológica que galvaniza as energias e incita as pessoas a se dedicarem 'de corpo e alma' a seu trabalho" (p. 75).

Esses valores passam a ser considerados como escritura sagrada e se transformam em "conserva"; estas, por sua vez, sacralizam o trabalhador no mundo profano da produção capitalista, que o faz sentir-se como "Cristo Redentor", carregando o setor de trabalho nas costas, conforme manifestado por uma das participantes numa das cenas do primeiro encontro.

Ambiências

Figura 22 - Demonstrativo de pentagrama

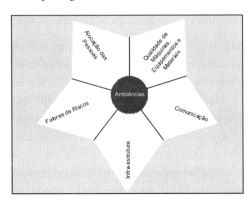

No que se refere à ambiência, a literatura pertinente ao campo da saúde no trabalho reconhece que, quando é desagradável, pode causar sintomas psíquicos devido a empecilhos, como *fatores de riscos* físicos, químicos, biológicos e mecânicos; condições de desconforto (térmico, sonoro, iluminação insuficiente); *infraestrutura* física inadequada e demais fatores que comprometem as condições de trabalho, como a falta de materiais e a má *qualidade de máquinas, equipamentos e materiais*. As condições relativas aos problemas de ambiência têm sido fonte de tensão e ansiedade, podendo traduzir-se em impactos à saúde.

Segundo Glina e Rocha (2000), o ambiente de trabalho desagradável, com temperaturas extremas (calor/frio), iluminação inadequada, falta de espaço e poluição do ar, pode se constituir um fator estressante no contexto laboral.

No que se refere à ambiência, procuramos apreender das queixas e dos discursos dos participantes aspectos relativos às condições de trabalho que podem produzir efeitos desfavoráveis à saúde e também ao desenvolvimento do papel profissional.

Principalmente durante os comentários, os participantes apontaram suas insatisfações com alguns aspectos do ambiente de trabalho; dentre os quais, queixaram-se da incoerência na estrutura física de alguns ambulatórios quanto aos tipos de enfermidades e respectivas modalidades de tratamento.

"No ambulatório onde atende pneumo, nós sabemos quem tem tuberculoso sendo atendido lá, e você já viu a casa, não tem estrutura nenhuma, não tem ventilação, é baixa."

"O ambulatório onde trabalho recebe pessoas com dor e é cheio de escadas, e os pacientes têm que subir escada para ter atendimento."

Ainda, sobre a ambiência, apontaram a falta de conforto térmico em alguns ambulatórios, devido à estrutura física que compromete a ventilação; também mencionaram o comprometimento do conforto acústico, devido ao barulho produzido por máquinas e equipamentos.

Em suas manifestações, reconhecem os fatores de riscos e os possíveis agravos à saúde por eles produzidos, mas se demonstram impotentes e céticos quanto à resolução dos problemas relacionados a questões dessa ordem.

Houve muitas queixas de falta de recursos materiais básicos para propiciar condições favoráveis de trabalho. Em alguns laboratórios, a insuficiência interfere na qualidade da assistência prestada.

> *"Hoje, pra trabalhar na enfermagem, nós temos que ter muita garra. Você não tem condições para trabalhar. Hoje no meu setor não tinha copo; eu peguei dinheiro meu e fui comprar copo. Não há respeito para com a gente, nem pelos de dentro, nem pelos governantes. É aqui que a gente cura os doentes. Na TV, toda hora está passando a situação dos hospitais."*

> *"No meu setor não tem cadeiras, chá, prato pra sopa, muitos dos pacientes vêm sem dinheiro, com fome, e nós, as funcionárias, temos que fazer o papel de assistente social. O setor só tem cinco cadeiras, são cinco lugares. Se chegar mais paciente não tem onde ficar."*

Apesar das queixas referentes aos riscos, um dos problemas relacionado à ambiência, de merecido destaque, diz respeito à maneira como os ambulatórios estão estruturados; estão localizados em diferentes espaços, alguns consideravelmente distantes, fazendo que os trabalhadores fiquem isolados, serializados e atomizados em seus respectivos ambulatórios dentro do complexo ambulatorial.

Essa forma de *alocação das pessoas* torna-se ainda mais comprometida nos ambulatórios em que o quadro funcional é defasado, onde há poucos ou apenas um trabalhador para desenvolver todas as atividades cotidianas, pois temos que considerar que a individualização é a redução dos grupos sociais. E, como apontou Pagès *et al.*, sobre a maneira como eles estão alocados, "não há uma soma de indivíduos e, portanto descaracteriza o poder da influência sobre os objetivos, as finalidades e as políticas dessa organização, prevenindo, assim, as reivindicações coletivas" (1990, p.125).

Nesse sentido, entendemos que essa forma de alocação das pessoas, além de comprometer a coesão grupal, tem uma dinâmica própria do bloqueio da *comunicação*, pois se evita, assim, que saberes circulem, que macetes se institucionalizem e que a cooperação se efetue. Segundo Glina e Rocha (2000),

> a comunicação entre as pessoas é um fator relevante de bem-estar, porque o trabalho representa um papel importante na necessidade de satisfação social. A oportunidade de se discutir os problemas associados com o trabalho é fundamental, esta é a razão por que o trabalho solitário é estressante. (p. 60)

O bloqueio da comunicação também "não permite saber quais são aqueles que têm interesses similares aos seus e com os quais se poderia estabelecer uma solidariedade" (Pagès *et al*, 1990, p. 127).

Do ponto de vista do adoecimento, é conhecida a preocupação de Moreno com o isolamento das pessoas, fato por ele considerado um problema de saúde grupal. Acrescente-se, ainda, que, segundo esse autor, indivíduos isolados são mais propensos a sofrer acidentes de trabalho. Essas concepções traduzem nossa preocupação com a categoria ambiência, pois aspectos descritos nesse pentagrama apresentam uma gama de problemas no processo saúde-doença no trabalho.

Remuneração

Figura 23 - Demonstrativo de pentagrama

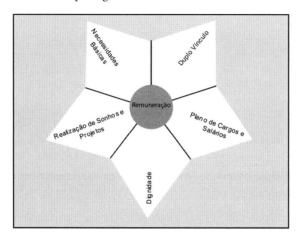

Apesar de a organização do trabalho ser considerada o elemento fundamental na análise saúde-doença no contexto laboral, torna-se também imprescindível incorporarmos a remuneração como um componente desse processo, pois o salário constitui-se um fator de condições de trabalho, e quando não adequado, afeta também a *dignidade* da população trabalhadora.

A existência de uma prática generalizada de baixos salários no Brasil tem obrigado muitos trabalhadores a buscar mais de um emprego para garantir o atendimento de suas necessidades, caracterizando, assim, o *duplo vínculo* empregatício. Isso foi observado dentre os profissionais estudados, pois devido ao baixo salário, alguns se obrigam a cumprir duas jornadas de trabalho, assumindo duas formas de contrato, seja dentro da própria instituição seja em instituições distintas.

Quanto aos benefícios, as queixas apontaram insatisfação dos participantes com a falta de atividades anteriormente realizadas na instituição, dentre elas se destacaram as festas comemorativas.

Foram feitos apontamentos referentes à ausência de perspectiva de ascensão profissional, devido à falta de clareza nos *planos de carreira*. Desse modo, a remuneração pode se revelar um aspecto desencadeador de insatisfação no contexto do trabalho, sobretudo quando não cobre as *necessidades básicas*, como alimentação, moradia, transporte, entre outros, além de impor limitações para a *realização de sonhos e projetos*.

Estrutura temporal

Figura 24 - Demonstrativo de pentagrama

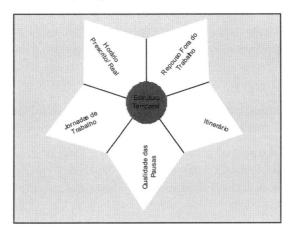

A estrutura temporal corresponde às seguintes características:

> o número de turnos consecutivos de trabalho, a duração de cada turno, os horários de início e final dos diversos turnos, a regularidade dos horários de trabalho, a flexibilidade do sistema de turnos, os horários parciais ou em turno completo, a distribuição do tempo livre (pausas entre jornadas de trabalho em turnos). (Fischer *et al.*, 2003, p. 35)

Fischer *et al.* (2003), ao discorrerem acerca da distribuição temporal do trabalho, apontam para os problemas sociais que os trabalhadores dos turnos noturnos vivenciam, pois podem enfrentar dificuldades de convivência com familiares e amigos, além de ver reduzidas suas possibilidades de participação em cursos e eventos triviais, caminhando para o isolamento social.

Mediante essas considerações, outro aspecto de merecido destaque, refere-se à estrutura temporal do trabalho a que são submetidos os trabalhadores para manter o funcionamento do sistema.

A respeito desse item, pudemos observar que a estrutura temporal dos ambulatórios está organizada por meio de escalas, com sistema de turnos que correspondem aos períodos matutino e vespertino e *jornadas de trabalho* de seis e oito horas, com variados horários de início e término.

Com relação a essa categoria, verificamos que o descumprimento do horário, por parte de alguns, é fonte de constantes atritos e irritabilidade entre colegas de trabalho do mesmo setor.

Conflitos interpessoais advêm também da distribuição de horários. Constantes reivindicações têm sido feitas em prol de uma reformulação das escalas, para que todos possam usufruir da jornada de seis horas. Porém, alguns aspectos burocráticos quanto aos vínculos contratuais têm impedido a solução do problema.

Algumas queixas revelaram invasão e prejuízo até mesmo do horário de *repouso fora do trabalho*: além do desperdício de tempo para percorrer o *itinerário*, o trajeto é permeado por inquietações com a violência urbana (assaltos e ataques de vândalos) e possíveis transtornos ocasionados por inundações e congestionamento.

Além disso, queixaram-se da divergência entre o *horário prescrito e o horário real* porque, apesar de aquele estar afixado nas escalas, nem todos os trabalhadores o cumprem.

Ocorreram queixas quanto à distribuição do tempo livre, traduzida na má *qualidade das pausas* para refeição. Segundo os trabalhadores, o intervalo é insuficiente e compromete a saúde de todos, pois os obriga a fazer as refeições rapidamente para retornar depressa ao posto de trabalho.

> *"Falta funcionário, quem vem trabalhar faz o serviço de dois ou três. Funcionários que são afastados não são substituídos... Se vai tomar café, tem que tomar correndo; vai levar material para outro lugar, tem que ir correndo. Quem passa e vê que está tomando lanche já fala que está fazendo hora. Estou vendo que é por isso que estou ficando estressada, um monte de colegas que se afasta por doença, umas meninas novas de 40/50 anos ou que têm que trabalhar até os últimos dias como a ... (funcionária que faleceu recentemente)."*

Sobre as escalas de férias, segundo eles, não há substitutos; então, quando alguém do setor entra em férias, há um acúmulo de atividades, o que sobrecarrega ainda mais os que estão trabalhando, aumentando sua carga física e psíquica. O mesmo ocorre com as licenças, faltas e outros tipos de afastamentos. Também aí não há trabalhadores para suprir essas eventuais ocorrências.

"Quando a gente tira férias, causa transtorno pra quem fica. Não temos substituto de férias."

Demonstraram falta de clareza nos critérios estabelecidos para as folgas.

Somam-se aos problemas relacionados a estrutura temporal, o tempo despendido por alguns trabalhadores com o itinerário. Observamos, ainda, que a distância entre o local de trabalho e a residência faz que muitos deles tenham de acordar muito cedo para chegar no horário que lhes é determinado. Alguns perfazem até três horas de itinerário para chegar ao trabalho.

Acrescentaram-se queixas referentes à má qualidade do sono, incluindo sonhos inquietantes com o trabalho e dificuldades de desligar a mente devido às preocupações ao final da jornada.

Conteúdo do trabalho

Figura 25 - Demonstrativo de pentagrama

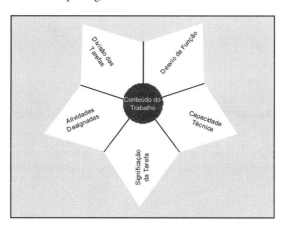

O conteúdo do trabalho da enfermagem compõe-se de tarefas permeadas por significações. Em vista disso, uma mudança de posto de trabalho, principalmente de maneira brusca, sem atuação espontânea do trabalhador, pode ocasionar conflitos intrapsíquicos e interpessoais. Além disso, há casos em que o trabalhador tem de se desdobrar numa multiplicidade de *atividades designadas* pela instituição. Essa polivalência também aparece associada ao *desvio de função*. Em muitos momentos, o trabalhador necessita desempenhar tarefas alheias às atribuições profissionais. Desse contexto, emergem sentimentos de revolta, frustração e raiva.

Do ponto de vista de carga mental, percebemos que o atendimento aos pacientes, apesar de constituir fonte de satisfação devido à possibilidade de viabilizar a devolução de saúde e bem-estar às pessoas, pode ser responsável pela emergência de sentimentos de decepção, frustração e baixa autoestima, quando não se alcançam esses objetivos tão esperados. Em compensação, o reconhecimento por parte dos pacientes supera as frustrações quanto à necessidade de ser escalado para tarefas percebidas como desinteressantes, consideradas "chatas", como o banho de leito, por exemplo.

O desenvolvimento do conteúdo do trabalho da enfermagem exige *capacidade técnica* específica para a realização dos procedimentos. Verificamos que embora a instituição realize constantemente treinamentos de aperfeiçoamento e capacitação, boa parte da aprendizagem ocorre por meio do contato com os colegas mais experientes.

Durante as atividades grupais, revelaram que o prazer no trabalho vem da percepção do valor significativo das atividades, sobretudo no que se refere ao sentimento de servir à sociedade e, em troca, receber dos pacientes o reconhecimento pelos serviços prestados.

A *divisão das tarefas* da enfermagem é subdividida em quatro categorias profissionais: atendente de enfermagem, auxiliar de enfermagem, técnico de enfermagem e enfermeira. As manifestações dos participantes revelaram que as atividades específicas dessas quatro categorias estão bem definidas entre si. Todavia, os conflitos ocorrem em situações nas quais esses trabalhadores necessitam desenvolver atividades cuja responsabilidade, na opinião deles, compete a outras categorias profissionais, como o pessoal da higiene, os médicos, os administrativos, entre outros.

"Nós trabalhamos de boy, escriturária, faxineira, mas o nosso serviço ninguém pode fazer. A gente se desdobra."

Vemos, portanto que

> no espaço de trabalho, as exigências são contraditórias, mas os trabalhadores constroem uma prática para contorná-las, que só é eficaz, porque é rica em conhecimentos. São os conhecimentos que permitem responder aos imprevistos no desenvolvimento, implantação e manutenção dos sistemas, e ainda gerir os riscos para saúde. (Assunção, 2003, p. 1014)

Questões de personalidade

Figura 26 - Demonstrativo de pentagrama

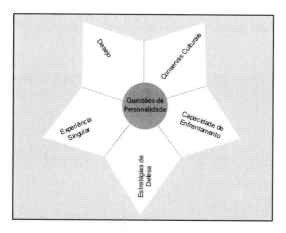

Para Moreno (1983), o nascer em situação grupal é de tamanha importância para a personalidade humana, a ponto de ser considerado o determinante do psiquismo. Por isso, os fatores subjacentes aos aspectos de personalidade também devem ser considerados quando analisamos o processo saúde-doença no trabalho, pois a interação no trabalho depende da maneira pela qual o psiquismo de cada um irá interagir com os demais. E isso decorre da personalidade, da *experiência singular* e, ao mesmo tempo, das "regras" e tradições do coletivo, que passam a fazer parte da vida dos individuais (Seligmann-Silva, 2003).

Do ponto de vista sociodramático, as regras, tradições e também os valores constituem as *"conservas culturais"*. Para Moreno (1983), estas podem impedir a capacidade de ser autêntico, com risco de o indivíduo cair na rigidez e na impessoalidade.

Ainda na concepção moreniana, o caráter fundamental sociável da personalidade individual é ampliado ao extremo, na medida em que ele considera que os conflitos do homem se originam em sua relação com os demais; isso, segundo ele, é reportado na realidade do contexto sociodramático pois, nas representações vivenciadas, o indivíduo pode perceber que o problema que parecia ser próprio e singular é também compartilhado por outros participantes. Assim sendo, essa comunidade de sentimentos relativos aos problemas sociais e de saúde que acontecem e se integram na representação dramática foi reconhecida e manifestada durante nossos encontros, como se observa nos exemplos dos discursos subsequentes.

"De repente, a gente vê que todo mundo tem alguma coisa como eu."

"Foi bom, porque trabalhamos pensando que todos trabalham em locais como o nosso setor, onde não tem problemas, e daí vemos que têm pessoas que passam por problemas, serviu para abrir os olhos."

"Quando vi a ... chorando, achava que ela tinha que ser tratada, até que eu me vi chorando, porque vi que todos somos iguais, temos o mesmo sentimento. Porque o hospital cresce, e você não tem valor. Eu valorizo muito a amizade porque quem tem amigo não morre sozinho. Eu vi a colega chorar, vi que o bicho que parecia enorme, na verdade, não passava de uma pulga. Hoje eu vivo, porque não passei por um terço do que elas passaram."

Os exemplos descritos confirmam as concepções de Moreno de que as experiências individuais não são realmente exclusivas do indivíduo, mas propriedade psicológica pública. Isso explica porque esse autor "toma como base de sua terapia a natureza social do homem, todas as suas técnicas são essencialmente de interação e se fundamentam no conceito de encontro" (Martín, 1984, p. 165). Moreno também "expôs o encontro como uma das possibilidades humanas na relação consigo mesmo, com o outro com o mundo e com a transcendência" (Menegazzo et al., 1995, p. 81).

Sob a ótica da vertente moreniana

> o desempenho de um papel é tanto uma função perceptiva quanto representativa, enquanto a aprendizagem de papéis é um passo adiante, pois em tais representações e desempenhos é possível reensaiar operativamente e treinar para atuar de modo adequado em situações futuras. (p. 142)

Percebemos que algumas pessoas são dotadas de maior *capacidade de enfrentamento* (*coping*) e, portanto, conseguem tolerar, controlar e minimizar demandas ambientais conflitantes e desafiadoras. Já outras, diante desse mesmo contexto, respondem com hostilidade, impaciência e irritabilidade. Eis alguns exemplos de como alguns participantes mencionaram suas condutas sociais.

"Muito bom, mas é pouco tempo pra nós falarmos. Tenho um problema de que quando a pessoa fala, meu pensamento já está longe, observando os detalhes. Não temos que ter medo de enfrentar as situações. Não guardo as coisas, eu falo o que tem que falar."

"Todo mundo fala de você sem te conhecer, todo mundo fala ou tem dificuldade de falar pessoalmente. Eu resolvo direto com a pessoa, tem que falar comigo, eu sou de falar, não sou de mandar recado."

No contexto laboral, as *estratégias de defesa individuais* estão, muitas vezes, relacionadas às ausências no trabalho, traduzidas em atrasos e licenças. Isso foi exemplificado por uma trabalhadora que, não podendo desenvolver adequadamente seu papel profissional devido a pressões de colegas, deixou de comparecer quatro dias ao trabalho.

Foi possível, também, observar situações em que predomina a apatia, ou seja, um comportamento extremamente passivo do trabalhador diante do contexto. Vale acrescentar que, para Moreno,

> certo tipo de doença resulta de que pessoas ou imposições externas ao sujeito, lhe tenham extraído sua própria espontaneidade, levando-o a excessiva preocupação com a opinião dos demais, como julgamento alheio, nisso empregando grande parte de sua energia psíquica, que se perde. (Martín, 1984, p. 240)

"Eu me sinto impotente, porque parece que falamos a vida inteira, e vamos falar a vida inteira e não adianta nada."

Quando se manifesta sobre o *desejo* de mudança, o trabalhador mobiliza sua vontade de se expressar e de ser ouvido diante de um sistema vincular dominante em que se sustenta. Esbarra em limites, acata as exigências e, ao negar as possibilidades de ter seu desejo atendido, se submete aos mecanismos institucionais.

Mediante as exposições descritas, concordamos com Moreno, quando ele diz que a personalidade deve ser estudada em seu próprio meio ambiente, e por meio das relações interpessoais. Eis aqui o ponto de partida para o desenvolvimento deste estudo, que surgiu, na verdade, de uma profunda inquietação com as questões relativas aos impactos impostos nas relações de trabalho, à saúde da população trabalhadora. Para nós, as relações interpessoais no ambiente laboral possuem lugar de destaque quando o assunto é saúde do trabalhador, pois o bom relacionamento humano é a condição que fundamenta os vínculos afetivos no ambiente de trabalho.

Segundo Fernandes *et al.* (2006), a valorização do ser humano passou a ser, neste novo milênio, uma preocupação crescente, pois as mudanças ocorridas na esfera social, tecnológica, cultural têm reflexo direto na qualidade de vida dos seres humanos. Daí a importância de nos atermos aos modos de funcionamento das relações interpessoais no trabalho e a seus impactos à saúde no contexto laboral. Pois quando as demandas do ambiente externo excedem as capacidades do indivíduo, há o prolongamento do estresse, o que produz efeitos negativos à saúde (Araújo *et al.*, 2003). Ao depararmos com esse tema, sentimos a necessidade de melhor entendê-lo, a fim de que nosso fazer, como profissional da saúde do trabalhador, possa contribuir para a compreensão da complexidade do processo saúde-doença no trabalho. Portanto, concordamos com Dejours (2004, p. 31) que "o trabalho não é, como se acredita frequentemente, limitado ao tempo físico efetivamente passado na oficina ou no escritório. O trabalho ultrapassa qualquer limite dispensado ao tempo de trabalho; ele mobiliza a personalidade por completo".

Estrutura hierárquica

Figura 27 - Demonstrativo de pentagrama

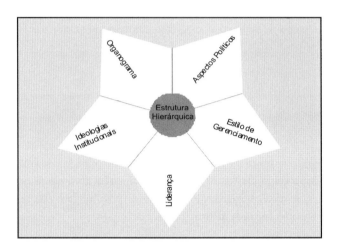

Segundo Pagès *et al*. (1990, p. 74), "quando se evoca a *ideologia* que uma instituição produz, geralmente se refere a um sistema de representação do qual se servem os detentores do poder para ocultar a realidade".

No que tange à estrutura hierárquica, as manifestações trazidas pelos participantes denunciaram que as chefias exercem atividades pautadas numa ideologia de que é necessário fazer a instituição funcionar a qualquer custo. Dessa maneira, os trabalhadores compartilham, cada vez mais, das ideologias institucionais e participam também de sua elaboração e efetivação, o que contribui para a manutenção do sistema, através das "conservas culturais", devido à "colagem" do indivíduo ao sistema. Isso ocorre, porque "a organização influencia as estruturas psicológicas do indivíduo: este adere a ela e o faz funcionar, o que por sua vez leva a modificações psicológicas nos outros indivíduos e, assim por diante" (Pagès *et al*., 1990, p. 171).

No contexto estudado, a estrutura hierárquica sofreu uma reestruturação nos quatro anos anteriores à nossa coleta de dados. Essa modificação trouxe alterações no *estilo de gerenciamento*, passando de um modelo paternalista e participativo para o de alto grau de autoritarismo, o que, por sua vez, impactou diretamente a cultura organizacional.

Juntamente ao novo estilo de gerenciamento, novas normas e novos padrões de conduta foram instituídos, passando a direcionar a dinâmica organizacional. Concomitantemente, houve uma reestruturação do quadro de pessoal, com demissões e também restrições de alguns benefícios, como a extinção das festas comemorativas. O impacto dessas mudanças foi negativo e manifestado no clima organizacional.

Vale ressaltar que a cultura organizacional é definida pela liderança, e cabe aos líderes o papel de canalizar as informações; no entanto, verificamos indícios de uma *liderança* ineficaz devido, sobretudo, à falta de clareza nas informações transmitidas aos subordinados.

Opinaram ainda que as posições hierárquicas não estão bem definidas, ou seja, parece não haver por parte daquelas que as ocupam clareza quanto ao *organograma* da instituição.

De um modo geral, o que foi possível observar é que existe uma estrutura hierárquica prescrita formal e outra informal, ou seja, em muitas situações não há respeito à estrutura oficial: as ordens de comando são expedidas por pessoas que não ocupam cargos de chefia e supervisão, circunstâncias que também geram conflitos de relacionamento nos ambientes de trabalho.

Vale acrescentar que,

> uma classe dominante só pode impor uma ideologia conforme seus interesses particulares, na medida em que consegue integrar ideologias próprias daqueles que ela quer submeter. Deve oferecer uma relação do real relativamente coerente com as práticas sociais dos membros da instituição e fornecer-lhes uma concepção de mundo conforme suas aspirações. (Pagès *et al.*, 1990, p. 74)

O discurso abaixo exemplifica isso:

> *"Na enfermagem, a maioria dos erros ocorre por pressão, sobrecarga. Quando eu enfartei foi porque estava com sobrecarga. Levei bronca, fui assediada, a outra pessoa que trabalhava comigo foi pressionada, pode saber que por detrás há sempre um Hitler pressionando."*

A pressão ocorre em decorrência das cobranças internas, devido à apropriação da subjetividade pelos modos de funcionamento das relações entre chefia e subordinado.

Ao atuar como submisso, o trabalhador molda sua personalidade ao sistema; do ponto de vista da teoria moreniana, "conserva-se", pois não consegue dar respostas novas e adequadas à cultura institucionalizada. Isso se torna destrutivo, pois "todos se acomodam à regra geral mesmo quando se pode ser a vítima de seus efeitos específicos" (Pagès *et al.*, p. 125). Diante das impossibilidades de instaurar mudanças, o trabalhador sofre e, ao mesmo tempo, alimenta o poder. Impedido de falar e de se defrontar com os mecanismos do poder, vê no grupo o espaço para contar o que sente, conforme disse uma das participantes durante o primeiro encontro: *"tantos anos de senzala"*.

Ainda em suas manifestações, os participantes demonstraram falta de clareza na definição da estrutura hierárquica; queixaram-se dos *aspectos políticos* que propiciam os favorecimentos individuais; revelaram, em seus discursos, que os trabalhadores têm necessidade da atenção de seus superiores; e reclamaram da falta de respeito aos valores e da falta de justiça, reconhecimento e recompensa pelo bom desenvolvimento do trabalho. Em vista disso, solicitam maior participação na tomada de decisões, necessitam que os supervisores demonstrem respeito, incluindo um comportamento pautado em valores éticos e a adequada comunicação das informações.

Segundo Glina e Rocha (2000, p. 233),

> a falta de valores éticos compromete a saúde psicossocial. O respeito à dignidade relaciona-se profundamente com os processos em que se desenvolve confiança. Quem se percebe ferido em sua dignidade não pode confiar em quem o fere.

Fatores psicossociais

Figura 28 - Demonstrativo de pentagrama

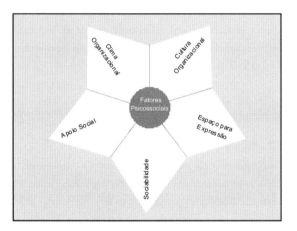

A avaliação dos fatores psicossociais no trabalho (FPST) também merece atenção devido à sua ampla influência na saúde dos trabalhadores, tanto como fator de risco como de promoção da saúde, nas dimensões físicas, psíquicas e sociais.

Segundo Martinez *et al.* (2004, p. 55),

> a satisfação no trabalho está associada à saúde dos trabalhadores nos seus aspectos "saúde mental" e "capacidade para o trabalho", mostrando a importância dos fatores psicossociais em relação à saúde e ao bem-estar dos trabalhadores.

Segundo esses autores, "o trabalho não é uma entidade, mas uma interação complexa de tarefas, papéis, responsabilidades, incentivos e recompensas, em determinado contexto sociotécnico".

Uma longa discussão seria necessária para expor a relação entre os fatores psicossociais e o trabalho. Nesse estudo, deteremo-nos, brevemente, em cinco aspectos ligados aos FPST: cultura e clima organizacional, *sociabilidade*, espaço de expressão e apoio social, devido ao fato de esses aspectos terem sido enaltecidos no contato com os trabalhadores.

Os fatores psicossociais no trabalho referem-se à relação homem-trabalho, suas percepções, atitudes, seus pensamentos, valores e sentimentos, ou seja, dizem respeito à influência dos processos de natureza subjetiva do trabalhador na sua interação com o trabalho, que pode resultar em processos adaptativos ou não. Assim sendo, quando o trabalhador sente que sua estrutura mental está inadaptada ao conteúdo das tarefas que lhe são conferidas, traduz manifestações de insatisfação e sofrimento, geradas pelo estado de ansiedade acionado nessas circunstâncias. Pois,

> o trabalho é aquilo que implica, do ponto de vista humano, o fato de trabalhar: gestos, saber fazer, um engajamento do corpo, a mobilização da inteligência, a capacidade de refletir, de interpretar e de reagir às situações; é o poder de sentir, de pensar e de inventar. (Dejours, 2004, p. 29)

Porém, para compreender essa relação, faz-se necessária a investigação da realidade, conforme enfatizou Moreno (1978).

Percebemos que mediante situações conflituosas os trabalhadores tendem a criar estratégias de defesa psicológicas como forma de enfrentamento dos contextos que os angustiam. Geralmente, o confronto com as tensões e os conflitos é feito individualmente, já que a elaboração das defesas coletivas são restritas.

Evidenciou-se que o *clima organizacional* é de apatia e ceticismo para com a resolução dos problemas institucionais. Esse fato foi fortemente exteriorizado durante nossas visitas aos ambulatórios. Quando explicávamos os objetivos, éramos constantemente interrompidos com advertências de que não iriam participar, sob alegação de que não acreditavam que essa pesquisa pudesse desencadear mudanças no contexto de trabalho. Como exemplificado no discurso:

> *"Saúde no trabalho é uma utopia, porque médico dá atestado de trabalho pra um dia com diagnóstico de labirintite."*

Ressalte-se que clima organizacional é um fenômeno resultante da interação dos elementos da *cultura organizacional*, sendo eles descritos por Souza (1978) como: preceitos, tecnologia e caráter. Ainda na concepção desse autor, "cultura organizacional é o conjunto de fenômenos resultantes da ação humana, visualizada dentre fronteiras de um sistema" (p. 36). Os preceitos são por eles descritos com o seguinte entendimento:

a autoridade e o conjunto de regulamentos e valores, explícitos ou implícitos, que regem a vida organizacional. Incluem aí: política administrativa, costumes sociais, estilos de gerência, rituais, cerimônias, tabus, tradições, dogmas, sanções, padrões de conduta esperados etc. (Souza, 1978, p. 36)

Para essa autora, o segundo elemento pertencente à cultura organizacional diz respeito à tecnologia, sendo que esta é composta pelo

conjunto de instrumentos e processos utilizados no trabalho organizacional, inclusive as suas relações com o ambiente externo. Incluem-se aí: maquinaria, equipamentos, divisão das tarefas, estrutura de funções, layout, racionalização do trabalho, recursos materiais, cronograma, redes de comunicação, linguagem especializada, metodologia de serviços etc. (p. 36)

Somado a esses dois elementos, um terceiro édenominado pela autora de "caráter" e diz respeito ao "conjunto das manifestações afetivo-volitivas espontâneas dos indivíduos que compõem a organização. Incluem-se aí: alegria, depressão, agressividades, medo, tensão, malícia, jocosidade, entusiasmos, carinho, apatia etc." (p. 37).

No que tange à cultura da instituição, evidenciou-se a preocupação com a pesquisa científica sobre diagnósticos de patologias incomuns. Numa das cenas realizadas com um dos grupos, uma personagem que protagonizou o papel de médica disse: – Isso aqui é um hospital-escola, atendemos quando nos interessa. – Na cena, ela menospreza o paciente que apresenta um sintoma comum e diz para a enfermeira que ela *"tem que saber despachar esse povo"*.

A cultura, assim instituída, repercute na seletividade do atendimento, uma vez que parece prevalecer o interesse em atender o "paciente com qualidade total", ou seja, aquele que apresenta um sintoma incomum e que merece ser investigado. Esse olhar sobre o paciente reproduz na ideologia dos "grandes princípios" da instituição, e contradiz com as conservas descritas no Código de Ética da Enfermagem, o qual prescreve assistência a todos sem discriminações. Dessa maneira, os trabalhadores vivenciam no cotidiano laboral estímulos contraditórios entre o prescrito e o real, que se traduzem em conflitos internos.

Durante um dos encontros, uma participante, para se manifestar sobre como se sentia no contexto de trabalho, escolheu a figura de um homem amarrado e disse: – Eu escolhi essa figura, porque é assim que me sinto no meu local de trabalho e perante a instituição.

O termo "amarrado" é interessante, pois indica o início de uma consciência a respeito do bloqueio da espontaneidade.

Na continuidade dessa sessão, a figura do homem amarrado foi escolhida pelos demais participantes do grupo para expressar como percebiam as políticas institucionais.

Surgiram expressões de conformismo e também de cobrança relacionadas aos problemas institucionais. Quanto às cobranças, verificamos sua ocorrência principalmente entre colegas de trabalho.

Os participantes apontaram, na maioria das sessões, a reivindicação de *espaço para expressão* e enfatizaram a necessidade de promovê-lo. *"Às vezes precisamos de uma pessoa para ouvir, e não do remédio."* Nesse discurso, o trabalhador revela o bloqueio dos canais de escuta e denuncia o sofrimento que envolve a falta de espaço para expressão. Um sofrimento que não pode ser amenizado pelo medicamento, mas, sim, compartilhado.

A expressão do sofrimento também é temida, como pôde ser observado durante o primeiro encontro quando uma participante, após falar sobre seu problema de saúde e associá-lo ao conflito que teve com a chefia, disse: – Não gostaria de expor o meu caso, mas depois que comentei senti que foi bom ter falado, me sinto mais aliviada.

Expor o caso, embora sentido como necessário, reflete em seu discurso o temor perante o grupo, fato que foi melhor compreendido por nós no decorrer das atividades, quando as discriminações sobre o processo de adoecimento incutidas na cultura institucional vieram à tona.

Eles expressaram, também, sentimento de revolta e tristeza ao saber que colegas adoeceram devido ao trabalho. E sentem-se magoados com a instituição quando não encontram *apoio social*, acolhimento e respeito, principalmente no que diz respeito à assistência à saúde de seus trabalhadores. Demonstram-se feridos em sua dignidade por uma descrença que os magoa, em decorrência dos modos como são tratados quando estão doentes.

"Nós ficamos apreensivos, porque funcionário fica doente e leva dois meses pra fazer um exame."

"Fiquei no pronto-socorro porque não queriam me dar atestado, fiquei sentada com pressão alta, passando mal. Minha amiga tava com enxaqueca, vomitando, e os médicos mandaram ela trabalhar."

"Existe excesso de cobrança e falta atendimento e assistência para os funcionários."

"Dizem que os funcionários gostam muito de atestado."

O adoecimento transforma-se em temor, à medida que os trabalhadores percebem a dor e o sofrimento que atingem os colegas de trabalho. E reconhecem que o ambiente de trabalho ameaça a saúde física e mental, o que colabora para o surgimento da ansiedade a qual passa a ser vivenciada como medo de adoecer também, de ser a próxima vítima do sistema, do qual eles também fazem parte.

Reconheceram, com relação ao ambiente de trabalho, que a maneira como a organização do trabalho está estruturada, com sua dinâmica regida por fortes pressões institucionais, colabora para a fragilização dos vínculos afetivos entre os trabalhadores.

> *"Nós, a enfermagem, somos o coração do hospital, mas somos medrosas, desunidas, desorganizadas, porque não conseguimos nos mobilizar, vemos colegas serem humilhadas e cochichamos com outro achando bom."*
>
> *"Somos um grande número e não nos unimos, não nos respeitamos, não somos amigos."*
>
> *"Gostamos de ver a desgraça dos outros."*
>
> *"Fulana fica sentada a noite toda esperando atendimento, e nós nem olhamos."*

Revelaram-se ansiosos e preocupados com a degradação da saúde mental e manifestaram o temor de adoecer mentalmente, expresso pelo termo *"o medo de pirar"* e de precisar submeter-se a tratamento psiquiátrico.

> *"É triste ver a pessoa pirar assim, é um lugar de onde ninguém volta, um médico me disse que o cérebro é o único lugar onde não se pode soldar."*

Detiveram-se nas concepções do processo saúde-doença nas relações:

> *"Pra mim é qualidade de vida, espiritual, financeiro e psicológico. Doença é quando falta qualidade em algum desses itens, não é só quando o corpo adoece, mas também quando a cabeça está com problemas, má alimentação, sapato apertado no pé..."*
>
> *"Saúde nem sempre é ausência de doença, mesmo com alguma patologia podemos ser uma pessoa saudável."*
>
> *"Saúde é olhar ao redor e se sensibilizar com as outras coisas, deixando cair uma lágrima; se não me sensibilizar estou doente, sempre tem alguém pior. Olhar o próprio umbigo, você está doente."*
>
> *"Saúde é poder compartilhar e ajudar as outras pessoas. Doente é a pessoa que só pensa em si."*
>
> *"Saúde é bem-estar físico, mental e financeiro. Doença, a pior que existe, 'são' os maus governantes, omissão a uma doença. Doença crônica é a omissão. Chefes que não assumem nada, sentimento de desamparo com a substituição do chefe, sindicato não atuante..."*
>
> *"Saúde é viver, ajudar as pessoas. Doenças, pior do que falta de respeito não existe, não tem cura."*

Numa visão panorâmica do complexo de ambulatórios, deparamo-nos com o choque entre as concepções dos trabalhadores e a maneira como o trabalho está organizado. Em cada ambulatório, temos os doentes sendo estudados em partes, ou seja, um ser humano esquartejado.

Moreno, no ano de 1934, introduziu o conceito de microscopia social para explicar a importância da análise dos pequenos grupos e, a partir dessas ponderações, fundamentou a importância da microssociologia. Desse modo, quando analisamos as configurações que delineiam o universo social de um grupo de trabalhadores num determinado contexto de trabalho, estamos estudando a estrutura de uma coletividade e, portanto, os fatores psicossociais que lhe são subjacentes.

Por conseguinte, ao nos debruçarmos sobre a análise dos fatores psicossociais no trabalho, precisamos apreender os elementos da cultura organizacional e observá-los *in situ*.

Segundo Souza (1978, p. 38), o clima organizacional

> é uma resultante das variáveis culturais. Quando estas são alteradas, ocasionam alterações no clima. Curiosamente, o clima é mais perceptível do que as suas fontes causais. É comparável a um perfume: percebe-se o efeito, sem conhecer os ingredientes, embora, às vezes seja possível identificar alguns deles.

À luz de nossos instrumentos – as visitas e as atividades grupais –, podemos dizer que conseguimos captar alguns ingredientes desse "perfume" que nos foi emanado através das manifestações dos protagonistas, como se observou no discurso de uma participante: – Acaba o grupo, e a vontade de falar, não. – Se esta era a resposta para como tinha sido aquele encontro, para o Diretor ficou a interrogação, pois, de fato, para esta resposta, caber-lhe-ia uma série de perguntas: – O que mais você queria ter falado? Por que não falou?

Políticas de saúde e segurança

Figura 29 - Demonstrativo de pentagrama

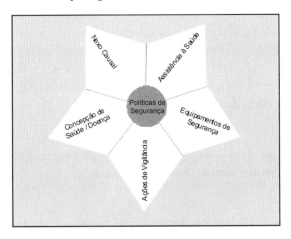

No tocante às questões de segurança e saúde no trabalho, houve apontamentos que indicaram preocupações com riscos químicos, biológicos e com a organização do trabalho, entre outros. Todavia, nas *concepções de saúde e de doença* exteriorizadas pelos participantes, as questões de conflitos relacionais foram destaques. Em muitas cenas e também por meio dos discursos, foram exemplificados casos de adoecimento posteriores a situações de conflitos interpessoais no trabalho. Constatamos que os modos de funcionamento da organização do trabalho detêm a responsabilidade pelo surgimento de conflitos interpessoais no ambiente laboral, pois, à medida que comprometem os vínculos afetivos, afetam o bem-estar e, consequentemente, a saúde.

Há uma cultura institucional na qual prevalece a concepção de que o adoecimento dos trabalhadores está relacionado a fatores de personalidade. Dessa forma, na maioria dos casos, o trabalhador é visto como o único culpado por seus problemas de saúde e, assim, os riscos potenciais do ambiente do trabalho são ignorados. Esse contexto compromete o estabelecimento do *nexo causal* entre o trabalho e o adoecimento dos trabalhadores, o que contribui para prejudicar a prevenção primária e aumentar os índices de afastamento.

Atribuir aos trabalhadores a culpa pelo seu adoecimento e, sobretudo, relacioná-lo a "problemas psicológicos" parece ser o mais apropriado do ponto de vista institucional. Com esse procedimento, entretanto, a instituição reforça a negação da doença e, como forma de amenizar o problema, cria *estratégias normativas*, dentre as quais, impedir afastamentos por motivo de doença, obrigando os trabalhadores, em algumas situações, a recorrer a meios legais para conseguir afastarem-se do trabalho. Com o estabelecimento das normas, o mecanismo de dominação é instituído, define os princípios. E, através destes princípios, serão tratados todos os problemas de saúde, "eles constituem o 'ponto de vista' a partir do qual a realidade é apreendida e é em relação a eles que cada um deverá posicionar-se" (Pagès *et al.*, 1990, p. 51).

Outro aspecto que compromete as *ações de vigilância* e controle dos problemas de doenças relacionadas ao trabalho diz respeito à subnotificação, decorrente do medo que os trabalhadores têm de serem discriminados, de ficarem visados ou serem transferidos de posto de trabalho. Surgiram relatos de que, por medo de sofrerem represálias, subnotificam as queixas de saúde. Alguns dos participantes apresentaram queixas de banalização da dor e de descaso da instituição para com seus problemas de saúde. Houve cobranças da necessidade de garantir a segurança individual, ameaçada pela falta de *equipamentos de proteção* para executar tarefas de risco biológico, como a falta de luvas, por exemplo. Também ocorreram reclamações de maus-tratos durante consultas.

> *"Nem ia me importar de demorar dois ou três meses para marcar um gineco, mas se chegássemos lá e fôssemos bem tratados, tratados com carinho."*

Elkeles e Seligmann (2000) consideram que as "empresas que mantêm restrita compreensão do tema 'trabalho e saúde', as vivências de mal-estar dos funcionários não são aceitas como riscos para saúde e as oscilações da produção são interpretadas como 'aversão ao trabalho'" (p. 217).

Assim, segundo esses autores, "nestas organizações, não resta ao funcionário, impossibilitado de lidar de outro modo com seu sofrimento, senão canalizar as tensões para o corpo, onde o sofrimento irá se expressar por intensos sintomas físicos" (p. 217).

Desdobramentos institucionais

Figura 30 - Demonstrativo de pentagrama

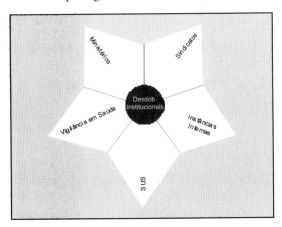

Outra categoria que merece ser mencionada quando o assunto é saúde no trabalho diz respeito aos desdobramentos institucionais, pois as ações em saúde do trabalhador envolvem vários segmentos, como *sindicatos, ministérios, SUS* e também os órgãos de *vigilância em saúde* nas esferas federal, estadual e municipal.

Dessa maneira, tanto as instâncias internas como as externas à instituição precisam de fato assumir seus papéis prescritos de forma eficaz na prevenção de doenças e promoção da saúde dos trabalhadores por meio de ações de diagnóstico, vigilância, intervenção, normatização, acompanhamento e controle de riscos, entre outras.

Dentre as *instâncias internas* a que são atribuídas essas responsabilidades estão as Comissões Internas de Prevenção de Acidentes (CIPA), o Serviço Especializado em Engenharia de Segurança e Medicina no Trabalho (SESMT) e outras comissões, constituídas de acordo com as necessidades e os regimentos institucionais.

No que diz respeito às instâncias exteriores à instituição, as medidas de proteção e prevenção de doenças e proteção à saúde passaram a ser dever do Estado, conforme descrito no Art. 196 da Constituição da República Federativa do Brasil, datada de 1988. A partir de então, passou a fazer parte das competências do Sistema Único de Saúde (SUS) a execução de ações de saúde do trabalhador.

A Portaria n. 2.437, do Ministério da Saúde, institucionalizou a Rede Nacional de Atenção Integral à Saúde do Trabalhador (RENAST), a qual reuniu condições para o estabelecimento de uma política de estado e os meios para execução de ações integradas no campo da saúde no trabalho, através dos Centros de Referência de Saúde do Trabalhador (CEREST) articulados aos demais órgãos públicos.

Durante os relatos, os participantes mostraram-se revoltados com o quadro gerado pelo caos do sistema de saúde brasileiro, sobretudo devido à falta de investimentos dos órgãos governamentais junto às instituições hospitalares.

Outra modalidade de queixa aludiu às falhas na assistência à saúde, prestada pela instituição, no que se refere ao atendimento dos seus próprios trabalhadores.

Dimensão relacional

Figura 31 - Demonstrativo de pentagrama

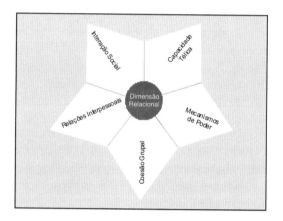

No sentido holístico, as relações humanas podem ser compreendidas por meio dos relacionamentos entre os seres humanos. Moreno considera patológico o fato de o indivíduo, em seus relacionamentos interpessoais, perceber o outro com distorções, e isso ele denominou de transferência. Assim, sob a ótica moreniana, se o fator *tele* é responsável pela correta percepção do outro, a transferência seria então a responsável pelas distorções e pelo adoecimento do vínculo. Nesse sentido, se a boa relação depende do predomínio do fator *tele* sobre a transferência, a dinâmica desses conceitos merece ser compreendida mediante um diagnóstico sobre o processo saúde-doença no trabalho, sobretudo porque a deliberada degradação das condições de trabalho tem sido considerada fonte da emergência de comportamentos de hostilidades entre trabalhadores (Salvador, 2004). E, segundo Dejours (1992), a desorganização dos investimentos afetivos provocados pela organização do trabalho pode colocar em perigo o equilíbrio mental dos trabalhadores.

Para Fernandes *et al.* (2006), as relações interpessoais são elementos que contribuem para a formação do relacionamento humanizado no ambiente de trabalho. Por isso, situações nas quais o trabalhador se sente injustiçado, humilhado ou pressionado podem contribuir tanto para o aumento da angústia, quanto para o desenvolvimento da depressão, conforme descreveu Elkeles e Seligmann-Silva (2000).

No que se refere à dimensão relacional, é importante salientar que, para Moreno (1978), a doença nesse âmbito está associada à debilitação do *fator tele*. Segundo ele, a ausência de capacidade télica distorce as percepções e cria preconceitos.

O conceito de *tele* foi por ele descrito para explicar a relação entre pessoas, como um elemento de ligação entre elas, fonte de *coesão grupal*, favorável ao relacionamento sem distorções e concebida como o "cimento" para a manutenção da saúde das *relações interpessoais*.

O contexto laboral é constituído por um conjunto de relações télicas formadas por relacionamentos que constituem o coconsciente e o coinconsciente grupal. A trama relacional nos ambientes de trabalho exterioriza-se no cotidiano por papéis e contrapapéis, sendo estes formados pelos modos de funcionamento da organização de trabalho.

Segundo Menegazzo *et al.* (1995, p. 55), Moreno denominou de coconsciente "os estados conscientes comuns, que podem ser alcançados em certas interações do grupo psicodramático". E, ainda segundo esses autores, "em qualquer vínculo estabelecido haverá, paralelamente, um vínculo consciente aparente para os dois integrantes do mesmo e um nexo de inconsciente para inconsciente, criado por intermédio das experiências compartilhadas, que Moreno denominou de coinconsciente" (p. 56).

Dentre os resultados, percebemos que a *interação social* presente no contexto de trabalho é prejudicada pela falta tanto de união quanto de liberdade para a expressão de sentimentos e opiniões, o que faz diminuir a autoestima. Sobre esse aspecto é importante salientar que, inversamente, espaços festivos otimizam a sociabilidade e a comunicação.

Os conflitos profissionais entre trabalhadores novatos e veteranos também têm sido fonte geradora de conflitos interpessoais, visto que são permeados por sentimentos de medo, pois os trabalhadores mais antigos sofrem o temor de vir a ser substituídos pelos recém-chegados, e estes, por sua vez, temem as críticas e represálias daqueles considerados "os donos do setor".

Percebemos que, movidos pelo desejo de aceitação no novo grupo de trabalho, os trabalhadores transferidos, substitutos ou recém-contratados são submetidos a rituais de integração mediados por *mecanismos de poder*, como humilhação, submissão, pressão, dominação e coação. Desse modo, em algumas situações, assumem o setor sozinho para provar aos colegas que deram conta do recado.

As relações interpessoais foram identificadas como fator de influência significativa sobre o estado emocional dos trabalhadores, manifestando-se na forma de sofrimento ético decorrente dos conflitos entre colegas de trabalho e supervisores. Por meio dos procedimentos utilizados, pudemos apreender quão permeadas estão as relações de trabalho pelos mecanismos de poder elencados, configurando-se, em algumas situações, indicadores de assédio moral.

Os resultados obtidos mostraram, ainda, que os relacionamentos entre os trabalhadores estão prejudicados por distorções télicas, o que favorece a emergência de conflitos interpessoais; estes, por sua vez, comprometem a vinculação grupal, criando um contexto predisponente para o adoecimento.

Registrou-se insatisfação devido à falta de colaboração entre colegas do setor em alguns ambulatórios.

"Quer que eu fale o que sinto? Eu acho que eles precisam respeitar mais a gente, os colegas não respeitam a gente. Talvez tenha que mudar, chamar o corpo de enfermagem. É mais fácil se unir com outros profissionais, você acaba sendo a chata do setor."

Os participantes relataram situações denunciadoras da existência de atritos entre trabalhadores recém-chegados e os mais antigos do setor.

– Quem trabalha o ano todo pra folgar no Natal e Ano Novo, quem trabalha nessas datas, vai trabalhar de novo, as funcionárias novas trabalham e as velhas folgam. – declarou uma participante, citando o exemplo do que aconteceu com sua filha, que também trabalha de auxiliar de enfermagem na instituição. Disse que o ambulatório onde ela trabalhava foi extinto e ela foi transferida em novembro para outro setor. Entretanto, a escala de dezembro já havia sida programada e, então, ficou sem folga no Natal e no Ano Novo. Comentou que a filha ficou nervosa, teve aumento da pressão arterial devido ao problema. Confessou que ela mesma ficou nervosa e teve o sono perturbado devido às preocupações com isso.

Mencionaram, também, a falta de integração, como demonstrado nos discursos subsequentes.

"Acho muito importante o encontro aqui, faltei no último porque tive que resolver uns problemas; é bom pra se conhecer, não sabia nem o nome de algumas colegas. Estou gostando de vir."

"Foi bom pra rever as meninas, saber das coisas que acontecem com elas, avaliar o nosso setor, comparando com os outros."

Os participantes consideraram imprescindível elencar, ao longo da coleta de dados, determinadas vivências no ambiente de trabalho que são provocadas por relações interpessoais conflituosas, expressas num conjunto de sentimentos que denunciam um estado de sofrimento ético, como: ofensa moral, desrespeito, defesas psicológicas contra o sofrimento, desconfiança, humilhação, falsidade, indiferença, negação psicológica do mal-estar, desqualificação das queixas (temor de revelar sintomas), ofensa à dignidade, mentiras, distorções na comunicação, fraqueza, apatia, impotência para a resolução de conflitos, preconceito.

"Valores, enquanto o ser humano não tiver valores, não vamos a lugar algum. O que foi tirado da gente, o resultado é psiquiatria, se tirarem seus valores, você pira, você precisa dos valores,

você ver a sua amiga precisando e não poder fazer nada, elas só querem escrever livros e nem se importam com os funcionários. Eu tive que exigir do médico um afastamento, porque falaram que ela roubou aparelho, até daqui ela não aguentou o tranco, algumas pessoas riram dela e eu nem vi, não tomo psicotrópico, nada de tarja preta. Falo que não me tiram, só saio se eu quiser." (Participante chorou novamente ao verbalizar o fato, aos poucos as lágrimas diminuíram e foram substituídas por uma sensação de força e convicção.)

Percebemos que, por meio das atividades sociodramáticas, houve o desenvolvimento da capacidade télica, conforme ficou exemplificado em dezenas de relatos, entre os quais selecionamos estes:

"Não achava que no ... (setor), os funcionários passavam por esse estresse tão grande, achava que eu passava mais com os pacientes do meu setor."

"Eu tinha uma visão sobre a colega X, que ela não tinha nada a ver comigo; outras vezes que eu fui no sindicato, achava que ela era de falar e não de fazer, daí conversando com ela, olhando nos olhos, fui conhecendo ela melhor, tenho uma visão diferente dela, tenho pena de não tê-la conhecido antes."

"Foi bom, porque trabalhamos pensando que todos trabalham em locais como o nosso setor, onde não tem problemas, e daí vemos que tem pessoas que passam por problemas, serviu pra abrir os olhos."

"Fiquei pensando por que não podemos pegar a companheira que chega e ajudá-la, porque o trabalho ela sabe, não sabe a rotina."

"Deu para perceber que o paciente precisa de apoio, respeito, temos que tomar uma atitude, porque não sabemos o que ele tem."

"Acho muito importante, porque nós achamos que não há barreiras, um quer jogar a culpa no outro, e sobra sempre pra alguém, no nosso grupo de trabalho também acontece isso, um põe a culpa no outro."

"Hoje me fez ver que eu sou uma pessoa que deve ser mais humana, e nós devemos ser profissionais humanizados."

"Serviu para refletirmos sobre o setor, em casa, pra tentar mudar nossa atitude em relação aos colegas de trabalho."

"Serviu pra pensar, se vigiar, ver se não estamos magoando ninguém, os filhos, os colegas de trabalho até a chefe. Foi muito bom, até pra gente, pra nossa cabeça, pra dar um sorriso (pros outros colegas), dar uma força, as coisas às vezes não são o que nós pensamos."

"Serviu pra eu refletir. Com o gênio forte que eu tenho, principalmente com a amarração que você deu na vez passada, saber que as meninas também sentem isso, eu estou vendo os encontros como uma terapia. Eu vi isso na semana passada quando eu me segurei em uma reunião, eu só perguntei para a chefe se haveria cursos, dessa vez eu só perguntei, não debati e, quando

cutucada, não fiquei histérica, me segurei, não fiquei nervosa e me parabenizei. Estou vendo a situação diferente agora: não me estressei quando me pediram pra ajudar no congresso, eu estou vendo as coisas como aprendizado. Quando me perguntam sobre o encontro eu digo que não poderia falar sobre o que acontece aqui, mas posso dizer que acho 'saboroso' e muito gostoso, descobri que aprendemos mesmo depois dos 50 anos de idade."

"A atividade que eu menos gostei foi aquela que tinha a 'Mascarada', a pessoa que tinha duas faces. Eu acho que aquilo não fez bem pra muita gente, mexeu muito com o meu emocional. Hoje a J. conseguiu mexer comigo..."

Esses achados confirmam as concepções de Elkeles e Seligmann-Silva (2000, p. 214) de que "a abordagem de saúde mental se tornou inseparável do estudo da sociabilidade na análise das repercussões humanas no trabalho".

As vivências do cotidiano de trabalho contadas por esse grupo retrataram, em miniatura, resultados semelhantes a outros estudos, desenvolvidos por vários pesquisadores em diferentes contextos. São histórias que se repetem, microrrealidades que retratam a macrorrealidade do contexto de trabalho dos profissionais da enfermagem, cujos resultados são convergentes.

Nossas análises são semelhantes aos achados de Elias e Navarro (2006) que, ao estudarem o cotidiano de trabalho de profissionais da enfermagem de um hospital-escola, detectaram problemas de saúde orgânicos e psíquicos decorrentes principalmente do estresse e do desgaste produzido pelos aspectos das condições e da organização do trabalho.

Lemos *et al.* (2002) resenharam a tese de Beck (2000), e enfatizaram que os problemas inerentes à organização do trabalho descritos por esse autor são fonte de desconforto e sofrimento entre os profissionais de enfermagem.

O sofrimento psíquico desses trabalhadores em sua relação com o trabalho, decorrentes de aspectos das condições e organização do trabalho, bem como as consequências negativas para a saúde também foram apontados por Murofuse *et al.* (2005).

Barbosa *et al.* (2004), por meio de uma investigação epidemiológica, destacaram que o contexto laboral em que se inserem os profissionais de enfermagem é frequentemente marcado por riscos, os quais repercutem em elevado absenteísmo e licenças de saúde. Concluem pela necessidade da intervenção de sindicatos e de melhorias das condições de trabalho como forma de atenuação desse quadro.

Enfim, outros estudos também convergem para denunciar a amplitude dos impactos que os aspectos das condições e a organização do trabalho acarretam à saúde desses trabalhadores. Entretanto, vemos que as ações interventivas e preventivas carecem ser mais eficazes tanto por parte das próprias instituições em que estão esses profissionais quanto por parte das instâncias externas às instituições responsáveis pela prevenção de doenças e promoção da saúde da população trabalhadora. Do contrário, continuarão a se perpetuar indefinidamente os estudos e as propostas minimizadoras sem, contudo, viabilizar-se o essencial: a melhoria da qualidade de vida desses trabalhadores.

Ressalte-se que a humanização da assistência em saúde deve partir também da compreensão do trabalhador da área enquanto cuidador que também necessita de cuidados. Concordando com Fernandes *et al.* (2006, p. 147), que "não há humanização da assistência sem se cuidar da realização pessoal e profissional dos que a fazem", entendemos que, numa organização de trabalho desumanizante, é um paradoxo falar em humanização da saúde.

Considerações finais

"Vim para o grupo para desabafar, nos apresentamos, conheci pessoas, vi que o que sinto é o mesmo do grupo."

Inicialmente, cabe destacar a pertinência da fusão dos procedimentos utilizados: as visitas aos postos de trabalho, que nos auxiliou no entendimento da estrutura organizacional quanto ao espaço físico e também nos colocou em contato mais efetivo com a realidade.

As atividades grupais com ênfase na metodologia sociodramática permitiram a expressão da subjetividade dos trabalhadores, de suas experiências profissionais e a validação consensual das respostas coletivas, contribuindo para detectar especificidades da organização e das condições de trabalho, viabilizando (por meio de representação ou dramatizações críticas dos modos de funcionamento da organização do trabalho e de sua influência na emergência dos conflitos interpessoais) o esclarecimento das estreitas relações entre esses fatores e o processo saúde-doença no trabalho.

No contexto sociodramático, os profissionais da enfermagem manifestaram desconforto, mágoa, revolta diante dos aspectos das condições e da organização do trabalho, sobretudo por perceberem o descaso da instituição para com eles.

Acrescente-se, ainda, que o sociodrama mostrou-se, de fato, um método eficaz para apreender os aspectos do cotidiano do trabalho nocivos à saúde dos trabalhadores. Ademais, a metodologia auxiliou-nos na elaboração de um diagnóstico dos problemas aí existentes, por meio do qual apresentamos proposições à representante da instituição, tendo em vista a implementação de ações para viabilizar um ambiente de trabalho menos sofrido.

Durante as atividades grupais, inserimos técnicas sociodramáticas que promoveram o afloramento da espontaneidade dos participantes, permitindo-lhes a exteriorização de suas percepções, ideias, crenças e seu sentimentos relacionados ao processo saúde-doença no trabalho.

O método sociodramático propiciou aos participantes a sistematização de suas percepções sobre os aspectos das condições e da organização do trabalho e seus impactos à saúde; já as percepções sobre as relações interpessoais caracterizaram, inclusive, aquilo que seria desejável pelos participantes e, por fim, serviram para instrumentalizá-los para o reconhecimento de formas adequadas da resolução de conflitos.

Durante os encontros, os participantes puderam jogar com papéis, desenvolvendo, assim, a percepção de si, do outro e do mundo, o que contribuiu para ampliar a capacidade télica. Além disso, as atividades grupais auxiliaram na interação entre estes, assim como na coesão grupal, conscientizando-os sobre a importância do compartilhar, do estar junto para crescer e, sobretudo, do unir-se para enfrentar coletivamente os obstáculos do cotidiano de trabalho.

Por meio das técnicas de ação verbal e não verbal, no "Como se" sociodramático, cenas reais do cotidiano de trabalho foram representadas. Os participantes, trabalhadores ativos, são no dia a dia observadores da organização do trabalho e, portanto, suas expressões são fundamentais para compreendermos os modos de funcionamento desse sistema.

Enquanto sociodramatista, atuando em nosso papel de observador-participante, percebemos, na consumação dos enredos sociais e individuais, que a realidade do mundo do trabalho foi retratada tanto nos problemas vividos pelos trabalhadores da instituição estudada quanto na constituição de imagens de um contexto mais amplo. Isso referenda e confirma a concepção de Moreno (1999) de que os conteúdos representados na microrrealidade traduzem a macrorrealidade.

Esse autor foi criativo não só por ter deixado sua marca pessoal e específica ao articular seus achados, mas também por ter cativado leitores e críticos para uma nova modalidade de apreensão dos fenômenos humanos.

A trajetória intelectual que ele desenvolveu, ou seja, o conjunto de suas reflexões teórico-metodológicas, inovou as concepções sobre o ser humano em diferentes áreas do conhecimento, sobretudo no âmbito das ciências sociais e da psiquiatria.

Moreno (1983) descreveu a gênese da criatividade, sendo ele mesmo criativo. Minayo e Deslandes (2002), ao discorrerem sobre a "criatividade do pesquisador", consideraram este um processo de construção do conhecimento dialético por se constituir em campos de natureza subjetiva e objetiva.

Vivemos num período denominado pós-modernismo, que impõe aos seres humanos uma série de constantes desafios nas várias dimensões (política, cultural, tecnológica, intelectual, moral, espiritual e, sobretudo, social), afetando a vida dos indivíduos nos diferentes contextos (econômico, político, da saúde, educação, relações sociais, do trabalho, meio ambiente etc.), gerando tensões, conflitos e ameaças à sua sobrevivência. A compreensão desses fatos, portanto, não se pode reduzir apenas a dimensões externas, observáveis e mensuráveis.

E, ao refletirmos sobre as múltiplas possibilidades de experienciar a abordagem teórico-metodológica moreniana na contemporaneidade, concordamos quanto ao fato de as ideias de Moreno terem sido prematuras para o século XX; no século vigente é que seriam adequadas.

Os problemas da sociedade moderna demandam enfoques metodológicos capazes de compreender a complexidade do real. Nesse sentido, a metodologia psicodramática otimiza a compreensão dos fenômenos relacionados aos problemas da humanidade, sejam eles, sociais, psíquicos, éticos, morais, entre outros, devido, principalmente, a sua visão socionômica, pelo seu caráter totalizador em detrimento de metodologias fragmentadas, com conceitos obsoletos e variáveis irrelevantes.

A continuidade do ato inaugural referente ao marco do 1º de abril em Viena, lançado por Moreno (que teve o intuito de criar espaço para o exercício da democratização, da cidadania e liberdade de expressão das subjetividades coletivas, capazes de implodir os processos de mudanças sociais), necessita ser resgatado por profissionais de diferentes áreas atuantes nos diversos contextos da sociedade, de modo a construir uma mobilização social positiva.

Endossamos a concepção de Moreno (1983) de que cada ser humano traz imerso em seu íntimo o desejo de transformação. Difícil, porém, é saber como realizá-lo. Nesse caso, vale lembrar que o caminho se constrói dando-se o imprescindível primeiro passo, saindo da inércia para a ação.

Finalizando, esperamos que este estudo possa contribuir para mostrar a importância de experienciar a metodologia sociodramática no contexto organizacional, sobretudo no campo da saúde no trabalho.

Com base no diagnóstico, diante das categorias identificadas como indicadores de causas de agravos à saúde dos trabalhadores, listamos algumas sugestões de medidas que poderão intervir positivamente para a promoção da saúde no contexto estudado. Estas foram apontadas no relatório entregue à instituição. Ei-las:

– Propiciar espaços de interação social entre os trabalhadores.

– Permitir a participação dos trabalhadores em decisões e ações que afetem o trabalho.

– Valorizar a importância dos trabalhos realizados.

– Prever tempo de pausas para refeições.

– Incentivar a colaboração e cooperação entre os trabalhadores.

– Apresentar clareza na tomada de decisões e equidade na distribuição da estrutura temporal.

– Promover espaços que possibilitem o cultivo de valores éticos nos relacionamentos humanos.

– Dar atenção às queixas de sintomas de doença apresentadas pelos trabalhadores.

– Estabelecer padrões equitativos de distribuição de horário.

– Oferecer melhores condições de infraestrutura e de materiais.

– Adequar o número de trabalhadores às demandas de atendimento.

– Reestruturar a elaboração das escalas inserindo substitutos para férias e demais eventualidades.

– Prever tempo de recuperação (pausas) de acordo com as cargas de trabalho.

– Humanizar os postos de trabalho.

– Esclarecer o organograma e as estruturas de planos de carreira.

– Desenvolver liderança.

– Implementar alguns aspectos do constitucionalismo na organização do trabalho como uma forma de prover a qualidade de vida. Como elementos-chave, elencam-se: liberdade de expressão, tratamento imparcial e cumprimento dos direitos trabalhistas.

– Adequar a assistência prestada aos objetivos institucionais.

Por fim, criar meios que favoreçam o bom relacionamento interpessoal, condição importante para o resgate da promoção da saúde dos trabalhadores dessa instituição.

Como consideração final, ressalta-se a importância da metodologia sociodramática no âmbito da saúde por meio de políticas e ações, tomando-se como referência as singularidades dos sujeitos nessas ações.

Mesmo considerando que há ainda importantes caminhos a serem trilhados quanto à vivência dessa metodologia em saúde, é conveniente pontuar que ela disponibiliza uma diversidade de instrumentos ao alcance de profissionais de diferentes áreas, paralelamente à capacitação dos mesmos. O profissional da saúde dispõe de um procedimento prazeroso e, sobretudo, instigante, dadas a sua natureza e as suas propriedades.

Finalizando, vale acrescentar que esta pesquisa, como tantas outras, mais suscita do que resolve as questões. Por isso, concordamos com Wechsler (2005), quando ele diz que poderíamos aderir apenas às Considerações Finais e não às Conclusões. Pois, como apontou Minayo (1999), "pesquisa é um processo em espiral que começa com um problema ou uma pergunta e termina com um produto provisório capaz de dar origem a novas interrogações". Ressalte-se, assim, a importância de estudos longitudinais para elucidar os resultados das ações sugeridas, bem como para suscitar mais perguntas às respostas encontradas.

Referências bibliográficas

AGUIAR, M. *O teatro terapêutico*: escritos psicodramáticos. Campinas: Papirus, 1990.

ALMEIRA, W. C. *Psicoterapia aberta*: o método do psicodrama, a fenomenologia e a psicanálise. São Paulo: Ágora, 2006.

AMARO, S. T. A. A questão da mulher e a Aids: novos olhares e novas tecnologias de prevenção. *Revista Saúde & Sociedade*, v. 14, n. 2, p. 89-99, 2005.

ARAÚJO, T. M. *et al*. Aspectos psicossociais do trabalho e distúrbios psíquicos entre trabalhadoras da enfermagem. *Revista de Saúde Pública*, v. 37, n. 4, 2003. Disponível em: http://www.scielo.br/scielo.php?script=sci_arttext&pid=S0034-89102003000400006&lang= pt. Acesso em: 14 fev. 2007.

ARAÚJO, T. O olhar do sujeito sobre o trabalho que executa. Sua percepção sobre os riscos e as tarefas: um estudo com trabalhadores em telecomunicações. In: SAMPAIO, J. R. *Qualidade de vida, saúde mental e psicologia social*: estudos contemporâneos II. São Paulo: Casa do Psicólogo, 1999, p. 237-259.

ASSUNÇÃO, A. Uma construção ao debate sobre as relações saúde e trabalho. *Revista Ciência e Saúde Coletiva*, v. 8, n. 4, p. 1.005-1118, 2003.

BARBOSA, M. A. *et al*. Reflexões sobre o trabalho do enfermeiro na saúde coletiva. *Revista Eletrônica de Enfermagem*, 2004. Disponível em: http://www.fen.ufg.br. Acesso em: 3 fev. 2007.

BECK, C.L.C. *Da banalização do sofrimento à sua ressignificação ética na organização do trabalho*. 2000. Tese (Doutorado). Universidade Federal de Santa Catarina, Florianópolis.

BRASIL. *Código de ética dos profissionais de enfermagem*. COFEN: Conselho Federal de Enfermagem, 1995.

BUSTOS, D.M. *Psicoterapia psicodramática*. São Paulo: Brasiliense, 1979.

_____. *Novos rumos em psicodrama*. Trad.: Maria Alice Ferraz Abdala. São Paulo: Editora Ática, 1992.

_____. Sociometria: Teoria das Relações Interpessoais de J. L. Moreno. In: BUSTOS, D.M. *Perigo... Amor a vista! Drama e psicodrama de casais*. 2. ed. ampl. São Paulo: Aleph, 2000, p. 71-95.

CAMPOS, G. W. S. *Um método para análise e cogestão de coletivos*. São Paulo: Hucitec, 2000.

CARDOSO, F. A. Jogos dramáticos no ensino da enfermagem pediátrica. *Revista Brasileira de Psicodrama*, v. 10, n. 1, p. 103-112, 2002.

CARRARA, S. Entre cientistas e bruxos – ensaios sobre dilemas e perspectivas da análise antropológica da doença. In: ALVES, P. C.; MINAYO, M. C. S. (org.). *Saúde e doença* – um olhar antropológico. Rio de Janeiro: Fiocruz, 1994, p. 33-55.

CASTANHO, G. P. Jogos Dramáticos com Adolescentes. In: MOTTA, J. (org.). *O jogo no psicodrama*. São Paulo: Ágora, 1995, p. 23-43.

CHEVALIER, J.; CHEERBRANT, A. *Dicionário de símbolos*. Rio de Janeiro: Editora José Olympio, 2001.

COKIE, R. *Palavras de Jacob Levy Moreno*. Vocabulário de citações do psicodrama, da psicoterapia de grupo, do sociodrama e da sociometria. São Paulo, Ágora, 2002.

DATNER, Y. *Jogos para educação empresarial*: jogos, jogos dramáticos, *role playing*, jogos de empresa. São Paulo: Câmara Brasileira do Livro, 2006.

DEJOURS, C. *A loucura do trabalho*. Estudo da psicopatologia do trabalho. São Paulo: Oboré, 1992.

_____. Subjetividade, trabalho e ação. *Revista Produção*, v. 14, n. 3, p. 27-34, 2004.

DOMINGUES, J. M. Desenvolvimento, modernidade e subjetividade. *Revista Brasileira de Cências. Sociais*, São Paulo, v. 14, n. 40, 1999. Disponível em: http://www.scielo.br/scielo.tpp. Acesso em: 18 set. 2006.

ELIAS, M. A.; NAVARRO V. L. A relação entre o trabalho, a saúde e as condições de vida: negatividade e positividade no trabalho das profissionais de enfermagem de um hospital-escola. *Revista Latino-Americana de Enfermagem*, jul. /ago. 2006. Disponível em: http://www.scielo.br/scielo.php?script=sci_arttext&pid=S0104-11692006000400008&lang=pt. Acesso em: 05 de mar. de 2007.

ELKELES, T; SELIGMANN-SILVA, E. Origens e enfrentamentos de duas epidemias – lombalgias na Alemanha e LER no Brasil: um estudo comparativo. In: GLINA, D.M.R; ROCHA, L.E. *Saúde mental e trabalho*: desafios e soluções. São Paulo: Editora VK Ltda, 2000.

Flora's Secret. Enya.-. Videolar S. A./ Warner Music Brasil Ltda. s/l, 2000. CD-ROM.

Wild Child. Enya. Videolar S. A./ Warner Music Brasil Ltda. s/l, 2000. CD-ROM.

FASSA, A. G.; FACCHINI, L. A. Como discutir a saúde do trabalhador? A contribuição do modelo operário e do jogo dramático. *Saúde em Debate*, v. 34, 1992, p. 13-16.

FERNANDES, A. M. O.; OLIVEIRA, C. F.; SILVA, M. O. *Psicologia e relações humanas no trabalho*. Goiânia: AB Editora, 2006.

FISCHER, F. M. *et al*. Work ability of health care shift workers: What matters? *Chronobiology International*, v. 23, n. 6, p. 1165-1179, 2006.

FISCHER, F. M.; MORENO, C. R.; ROTEMBERG, L. "A saúde do trabalhador na sociedade 24 horas". *Perspectiva*, São Paulo, n. 1, p. 34-46, 2003.

FONTES, A. P. Grupos de desenvolvimento pessoal e profissional: a readaptação ao trabalho. *Revista Brasileira de Psicodrama*, v. 10, n. 1, p. 41-54, 2002.

GLINA, D. M. R.; ROCHA, L. E. *Saúde mental e trabalho*: desafios e soluções. São Paulo: Editora VK Ltda, 2000.

GOMES, E. A. O criador do psicodrama: uma síntese biográfica. *Revista Brasileira de Psicodrama*, v. 13, n. 2, p. 155-166, 2005.

GONDIM, S. M. G.; SIQUEIRA, M. M. M. Emoções e afetos no trabalho. In: ZANELLI, J. C.; BORGES-ANDRADE, J. E. D.; BASTOS, A. V. B. (org.). *Psicologia, organizações e trabalho no Brasil*. São Paulo, 2004, p. 207-236.

GRAMIGNA, M. R. M. *Jogos de empresa*. São Paulo: Makron Books, 1993.

KAUFMAN, A. O psicodrama tematizado. In: PETRINI, S. R. A. *Rosa dos ventos da teoria do psicodrama*. São Paulo: Ágora, 1994, p. 123-128.

L'ABBATE, S. Educação em saúde: uma nova abordagem. *Cadernos de Saúde Pública*, v. 10, p. 1-13, 1994. Disponível em: http://www.scielo.br/scielo.php?script=sci_arttext&pid=S0102-311X1994000400008&lang=pt. Acesso em: 2 set. 2006.

LEMOS, J. C.; CRUZ, R. M.; BATOMÉ, S. P. Sofrimento psíquico e trabalho de profissionais de enfermagem. *Estudos de Psicologia*, v. 7, n. 2, p. 407-409, 2002.

LIEBMANN, M. *Exercícios de arte para grupos*. São Paulo: Summus Editorial, 2000.

LUCCA, S. R.; SCHMIDT, M. L. G. Psicodrama: uma abordagem metodológica qualitativa para o estudo da saúde do trabalhador. *Revista Brasileira de Psicodrama*, v. 13, n. 1, p. 61-76, 2005.

MARRA, M. M.; COSTA, L. C. A pesquisa-ação e o sociodrama. Uma conexão possível? *Revista Brasileira de Psicodrama*, v. 12, n. 1, p. 99-116, 2002.

MARTÍN, E. G. *J. L. Moreno*: Psicologia do encontro. São Paulo: Livraria Duas Cidades Ltda, 1984.

MARTINEZ, M. C.; PARAGUAY, A. I. B.; LATORRE, M. R. D. O. Relação entre satisfação com os aspectos psicossociais e saúde dos trabalhadores. *Revista Saúde Pública*, v. 38, n. 1, p. 55-61, 2004.

MASSARO, G. Subjetividade e psicodrama. In: PETRINI, S. R. A. (coord.). *Rosa dos ventos da teoria do psicodrama*. São Paulo: Ágora, 1994, p. 159-176.

MENDES, R. Patologia do trabalho. Aspectos conceituais da patologia do trabalho. In: MENDES, R. *Patologia do trabalho*. São Paulo: Atheneu, 1995, p. 33-58.

MENEGAZZO, C. M. et al. *Dicionário de psicodrama*. São Paulo: Ágora, 1995.

MILITÃO, A.; MILITÃO, R. *Jogos, dinâmicas & vivências grupais* – como desenvolver sua melhor "técnica" em atividades grupais. Rio de Janeiro: Qualitymark Editora, 2000.

MINAYO, M. C. S. (org.) et al. *Pesquisa social, teoria, método e criatividade*. Petrópolis: Editora Vozes, 2002.

MINAYO, M. C. S. *O desafio do conhecimento*: pesquisa qualitativa em saúde. São Paulo. Rio de Janeiro: Hucitec-Abrasco, 1999.

_____. Saúde como responsabilidade cidadã. In: BAGRICHEVSKY, M.; PALMA, A.; ESTEVÃO, A.; ROS, M. (org.). *A saúde em debate na educação física*. Blumenau: Nova Letra, 2006, p. 93-102.

MINAYO, M. C. S; DESLANDES, S. F. (org.). *Caminhos do pensamento* – epistemologia e método. Rio de Janeiro: Editora Fiocruz, 2002.

MINISTÉRIO DA SAÚDE. *Doenças relacionadas ao trabalho*: manual de procedimentos para os serviços de saúde. DIAS, E. C. D. (org.); ALMEIDA, I. M. *et al*. Brasília: Ministério da Saúde do Brasil, 2001.

MINISTÉRIO DA SAÚDE. *Manual de gestão e gerenciamento da rede nacional de atenção integral à saúde do trabalhador*. Brasília, 2006.

MONTEIRO, R. F. *Jogos dramáticos*. São Paulo: Ágora, 1994.

MORENO, J. L. *Fundamentos do psicodrama*. Trad.: Maria Silvia Mourão Neto. São Paulo: Summus Editorial Ltda, 1983.

_____. *Psicodrama*. Trad.: Álvaro Cabral. 2. ed. São Paulo: Cultrix, 1978.

_____ *Psicoterapia de grupo e psicodrama*. Trad.: José Carlos Vítor Gomes. 3. ed. Campinas: Livro Pleno, 1999.

MORIN, E. *A cabeça bem-feita*. Rio de Janeiro: Bertrand Brasil, 2003.

MUROFUSE, N. T; ABRANCHES, S. S; NAPOLEÃO, A. A. Reflexões sobre estresse e burnout e a relação com a enfermagem. *Revista Latino-Americana de Enfermagem*], mar. / abr. 2005. Disponível em: http://www.scielo.br/scielo.php?script=sci_arttext&pid=S0104-11692005000200019&lang=pt . Acesso em: 6 mar. 2007.

OS DEZ PAPÉIS DE UM LÍDER. Ipanema, Brasil. LinkQuality, s/d.

NAFFAT NETO, A. *Psicodrama* – descolonizando o imaginário. São Paulo: Editora Brasiliense, 1979.

PAGÈS, M. *et al*. *O poder das organizações*. São Paulo: Atlas, 1990.

PAMPLONA, V.; BAPTISTA, M. C. V. D. O psicodrama na promoção da humanização na assistência à saúde. *Revista Brasileira de Psicodrama*, v. 12, n. 1, p. 45-52, 2004.

PONTES, R. L. P. F. *Recortes do psicodrama e do pensamento complexo contribuindo para o desenvolvimento da relação professor-aluno*. Dissertação (Mestrado) – Centro Universitário Nove de Julho, São Paulo, 2006.

PERAZZO, S. *Ainda e sempre psicodrama*. São Paulo: Ágora, 1994.

RAMALHO, C. M. R. *Aproximações entre Jung e Moreno*. São Paulo: Ágora, 2002.

RAMOS-CERQUEIRA, A. T. A. *et al*. Era uma vez... contos de fadas e psicodrama auxiliando alunos no conclusão do curso médico. *Interface – Comunicação, Saúde, Educação*, n. 9, 2005, p. 1-12. Disponível em: http://www.scielo.br/scielo.php?script=sci_arttext&pid=S1414-32832005000100007&lang=pt. Acesso em: 30 ago. 2006.

REY, G. *Pesquisa qualitativa em psicologia*. Caminhos e desafios. São Paulo: Thompson, 2002.

ROJAS-BERMÚDEZ, J. G. *Introdução ao psicodrama*. São Paulo: Mestre Jou, 1970.

ROMAÑA, M. A. *A construção coletiva do conhecimento através do psicodrama*. São Paulo: Papirus, 1992.

ROMERO, E. *O inquilino do imaginário* – formas de alienação e psicopatologia. São Paulo: Editorial Lemos, 2002.

RUIZ-MORENO, L. *et al*. Jornal vivo: relato de uma experiência de ensino-aprendizagem na área da saúde. *Interface – Comunicação, Saúde, Educação*, n. 9, 2005, p. 1-15. Disponível em: http://www.scielo.br/scielo.php?script=sci_arttext&pid=S1414-32832005000100021&lang=pt. Acesso em: 30 ago. 2006.

SALVADOR, L. Assédio moral: doença que pode levar à incapacidade permanente e até a morte. *Enciclopédia Jurídica*, n. 9, 2002, p. 1-10 Disponível em: http://jus2.uol.com.br/doutrina/texto.asp?id=3326. Acesso em: 24 nov 2004.

SANTOS, J. F. O que é pós-moderno. *Coleção Primeiros Passos*, n. 165. São Paulo: Brasiliense, 2005.

SCAFFI, N. Socionomia na prevenção de AIDS entre indígenas. *Revista Brasileira de Psicodrama*, São Paulo, v. 10, n. 1, p. 13-30, 2002.

SCHMIDT, M. L. G. Algumas reflexões acerca da construção e contribuições da teoria socionômica. *Revista Psicologia para América Latina*. n. 11, 2007.Disponível em: http://pepsic.bvs-psi.org.br/scielo.php?script=sci_arttext&pid=S1870-350X2007000300009&lng=pt&nrm=iso>. ISSN 1870-350X. Acesso em 17 dez 2007.,

_____. A aplicação do objeto intermediário no psicodrama organizacional: modelos e resultados. *Revista Psicologia para América Latina,*, n. 8, 2006. Disponível em: http://pepsic.bvs-psi.org.br/scielo.php?script=sci_arttext&pid=S1870-350X2006000400012&lng=pt&nrm=iso>. ISSN 1870-350X. Acesso em: 20 de jan 2007.

_____. *O mundo do trabalho*: o psicodrama como instrumento de diagnóstico da influência da organização do trabalho na saúde dos trabalhadores. 2003. Tese (Doutorado em Saúde Ocupacional).– UNICAMP. Campinas.

SCUDELER, M. G. *Reconstruindo o imaginário* – uma reflexão sobre saúde e doença através do olhar psicodramático. 2000. Trabalho (Conclusão de curso). Instituto de Psicodrama e Psicoterapia de Grupo de Campinas. Campinas.

SEIXAS, M. R. D. Uma abordagem sistêmica do psicodrama. In: PETRINI, S. R. A. *Rosa dos ventos da teoria do psicodrama*. São Paulo: Ágora, 1994, p. 129-139.

SELIGMANN-SILVA, E. Psicopatologia e saúde mental no trabalho. In: MENDES, R. *Patologia do trabalho*. São Paulo: Atheneu, 2003, p. 1141-1182.

SOEIRO A. C. *Psicodrama e psicoterapia*. São Paulo: Editora Natura, 1976.

SOUZA, E. L. P. *Clima e cultura organizacionais*. São Paulo: Editora Edgard Blucher Ltda., 1978.

STEVENS, J. O. *Tornar-se presente*: experimentos de crescimento em gestalt-terapia. São Paulo: Summus Editorial, 1988.

TELLES, K. K. P. *Os sentidos do cuidar*: uma escuta psicanalítica sobre a atuação profissional do enfermeiro. 2006. Dissertação (Mestrado). UNESP. Assis.

VECINA, T. C. C. Reflexões sobre a construção dos papéis de vítima, vitimizador e não protetor, nas situações de violência intrafamiliar. *Revista Brasileira de Psicodrama*, n. 13, p. 79-96, 2005.

VIEIRA, D. F. Perspectivas éticas da psicoterapia de grupo. *Revista Brasileira de Psicodrama*, v. 10, p. 99-102, 2002.

WECHSLER, M. P. F. Articulando pesquisa-ação e pesquisa socionômica e seus métodos. *ANAIS DO V CONGRESSO IBERO-AMERICANO DE PSICODRAMA*. Cidade do México, 2005.

_____. *A pesquisa em psicodrama*. ENCONTRO DE PROFESSORES E SUPERVISORES. FEBRAP. Instituto Sedes Sapientiae. São Paulo, 1997.

YOZO, R. Y. K. *100 Jogos para grupos* – Uma abordagem psicodramática para empresas, escolas e clínicas. 8. ed. São Paulo: Ágora, 1996.

ZAMPIERI, A. M. F. *Sociodrama construtivista da AIDS*. Método de construção grupal na educação preventiva da síndrome da imunodeficiência adquirida. Campinas: Editorial Psy, 1996.

Impresso por :

Graphium
gráfica e editora

Tel.:11 2769-9056